우리 선조들의 智慧

―寒松 古典訓―
성백효

우리 선조들의 智慧

고반

성백효(成百曉)

1945년 5월 22일 충남(忠南) 예산(禮山) 출생.
아명(兒名)이자 자는 동영(東英), 호는 한송(寒松), 본관은 창녕(昌寧).
가정에서 부친 월산공(月山公)으로부터 한문 수학.
월곡(月谷) 황경연(黃璟淵)·서암(瑞巖) 김희진(金熙鎭) 선생 사사.

민족문화추진회(현 한국고전번역원) 부설 국역연수원 연수부 수료, 고려대학교 교육대학원 한문교육과 수료, 민족문화추진회 국역실 전문위원, 단국대학교 동양학연구소 사전편찬원, 국방부 전사편찬위원회(군사연구소) 책임편찬원.
국방부 공로상 수상, 민족문화추진회 고전번역상 수상.
민족문화추진회 부설 국역연수원 교수, 한국국학진흥원 고전국역자 양성과정 강사, 성균관대학교 겸임교수, 경희대학교 겸임교수.
서울대학교 인문대학 사학과 및 사범대학 국사교육과 한문 지도(약 15년).
문화재청(현 국가유산청) 문화재 전문위원, 서울시청 쓴소리단 위원, 전통문화연구회 부회장.
현) 사단법인 해동경사연구소 소장, 한국고전번역원 명예교수, 유원대학교 호서문화연구소 고문, 김해 월봉서원 원장.

우리 선조들의 智慧

제1판 제1쇄 발행   2025년 3월 14일

지은이	성백효
펴낸이	허재식
펴낸곳	고반
주소	(28042) 충청북도 괴산군 소수면 민들레마을길 58.
전화	043-832-1866
전송	0504-241-1866
전자우편	gb@gobanbooks.com
홈페이지	www.gobanbooks.com
블로그	blog.naver.com/gobanbooks
출판신고	제446-251002009000053호(2009년 7월 27일)
ISBN	978-89-97169-66-5 (03190)

ⓒ 성백효, 2025

값은 뒤표지에 있습니다.
지은이와 협의하여 인지는 생략합니다.

머리말

성백효(成百曉)

　필자는 앞서 옛날에 발표했던 글들을 모아 《세한(歲寒)의 마음》을 간행하면서 머리말에, '우리 선조들의 사상과 처세훈'을 뒤이어 출간하겠다고 말씀드린 바 있다. 그러나 그동안 건강이 좋지 못하고 해서 이제야 '우리 선조들의 지혜'란 이름으로 이 책을 발간하게 되었다.

　사서(四書)·오경(五經)과 제자(諸子) 그리고 중국의 역사책에서 발췌한 내용으로 채워진 《세한의 마음》과 달리, 이 책의 특징은 제목에서 나타낸 바와 같이 그 내용이 우리나라의 기록인 《삼국사기(三國史記)》와 《고려사(高麗史)》, 그리고 조선조의 여러 자료에 실려 전하는 그야말로 '우리 선조들의 지혜(사상과 처세훈)'라는 점이다. 물론 전한(前漢) 시대에 법을 잘 집행한 장석지(張釋之)의 고사 한 편이 있지만 말이다.

　불교의 경전(經傳)이나 그리스도의 성경 등은 굳이 출전을 따지지 않는다. 물론 동양의 고승(高僧)이 없었던 것은 아니지만 대부분 부처님 말씀으로 간주하며, 예수의 가르침은 우리나라에 들어온 지가 일천(日淺)하기도 하지만 대체로 마태복음 등의 간단한 책에 지나지 않는다.

　반면에 우리나라의 기록은 유학(儒學)을 국교(國敎)로 한 조선조는 말한 것도 없고, 삼국시대나 고려조에서도 모두 오륜(五倫)을 강조하여 부모에게 효도하고 나라를 위해 목숨을 바친 충신과 절사(節

士), 백성을 위해 국법을 철저히 지킨 국왕과 신하, 군주에게 직간(直諫)한 명신(名臣), 일생을 청렴결백하게 살아온 청백리(淸白吏), 부부간에 서로 사랑하고 형제간에 우애하고 친구간에 신의를 지키며, 어려운 사람을 적극적으로 도와준 미담(美談)과 일사(逸事)가 적힌 기록들이 참으로 많다.

물론 기록문의 신빙성 여부는 기록물에 따라 차이가 없지 못하다. 우리나라에 전해오던 이야기들을 모아 뒤늦게 간행된 《대동기문(大東奇聞)》은 내용의 주인공이 서로 뒤바뀌고 연도를 따져볼 때 경력이 맞지 않는 경우도 없지 않다. 《대동기문》은 구한말(舊韓末)과 일제 강점기에 진사(進士) 강효석(姜斅錫)이 편찬한 것으로, 우리 선조들의 일화는 여기에 가장 많다. 그러나 필자는 이러한 점을 감안하여 되도록 많이 취하지 않았다.

《대동기문》의 기록 중 연산군에게 아부하여 출세의 가도를 달리던 강혼(姜渾)을 꾸짖은 조언형(曺彦亨)의 이야기와 《연려실기술(燃藜室記述)》의 김종서(金宗瑞)를 훌륭한 인물로 만들기 위해 작은 실수도 반드시 질책한 황희(黃喜) 정승의 일화는 관직명과 시대가 서로 맞지 않는 것으로 알려져 있다. '남의 장단점을 꼬집어 말하지 않았다'라는 글에 보이는 상진(尙震) 역시 그 이름이 원래는 황희(黃喜)였는데 상진으로 바뀌어 《해동소학》에 실린 것이다. 이러한 오류는 옛날에는 정사(正史)인 《왕조실록》을 볼 수 없어서 상대적으로 신빙성이 떨어지는 구전(口傳)하는 설을 따라 기록해서 생긴 것이다. 우리 선조들이 이러한 것을 사실로 알고 계신 분이 많았고, 필자도 그대로 믿고 다른 출판물에 게재한 적이 있었기 때문에 본서에서 모두 삭제하지 않고 실어서 저간의 사정을 알리고 오류도 밝힌 것이다. 또 내용을 이미 게재한 출판물이 애당초 연도를 따진다거나 하는 일정한 기준이 없었고, 그때그때 생각나는 대로 게재했던 것을 일부 순서를 바꾸어 그대로 출판하였다.

또한 끝부분의 《목민심서(牧民心書)》 등에서 뽑은 인물평은 원전을 그대로 따른 것인데 뒤에 모아 소개하였으며, 각 편의 '평'은 원래 있던 것도 있고 필자가 보충한 것도 있음을 밝힌다.

중반부의 '아들을 훈계한 다섯 가지 이야기'와 '남을 질책하기 앞서 자신을 책망하라'라는 강희맹(姜希孟) 관련 기록과 '우계(牛溪) 성혼(成渾)의 청빈한 생활'이라는 성혼 관련 기록은 누구에게나 교훈이 될 수 있는 내용이고 후반부의 '사제간의 의리'는 다른 글에서 볼 수 없는 스승과 제자 간의 의리를 배울 수 있는 내용이다.

특히 말씀드리고 싶은 것은 옛날 기록들이 대부분 남자 위주로 되어 있는바, '우리 선조'란 꼭 우리 할아버지에게만 국한하지 않고 할머니들도 당연히 내포되어 있다는 사실이다. 그래서 말미에는 옛 부녀자들의 훌륭한 고사를 실었다.

다만 구시대는 농경 사회였으므로 바깥일은 힘이 센 남자가 하였고 제도상 정치와 국방 등의 업무는 남자가 전적으로 맡았으며, 부인은 집안에서 살림을 하고 자녀들을 낳아 초등 교육을 실시하였으며, 봉제사(奉祭祀)·접빈객(接賓客) 즉 선조에 대한 제사를 정성껏 모시고 손님을 잘 접대하는 것을 본분으로 여겼다. 중국이나 우리나라가 유교(儒敎)를 신봉하였기 때문에 그랬던 것이 아니요, 그 시대에는 대체로 모든 민족과 국가의 사회 환경이 그럴 수밖에 없었기 때문이다.

그러나 중국에는 여자를 가르치는 내용인 《여계(女誡)》와 《여사서(女四書)》 등이 일찍부터 간행되어 부녀자들이 배우고 익혔으며, 또한 훌륭한 부인들의 말씀과 행실을 소재로 한 《열녀전(列女傳)》이 기원전에 이미 간행되어 우리나라에서도 이 책을 여아들에게 가르쳤고, 부인들도 자신을 경계하는 귀감으로 삼았다. 다만 조선조에서는 여인들이 너무 총명하면 출가하여 시부모와 남편을 무시한다고 생각하였고, 또한 여자가 너무 글을 많이 알면 팔자(八字)가 기박하다는 미신 아닌 미신도 없지 않았다. 다만 조선조 이전은 기록이 불충분하여 자세히 알 길이 없다.

　한 가정을 이루는 데에는 반드시 훌륭한 부부가 있어야만 가능한 것이다. 그리하여 종자(宗子)와 종손(宗孫)뿐만 아니라 종부(宗婦)와 종손부(宗孫婦) 역시 모든 지손(支孫)들이 매우 존경하였으며, 종부와 종손부는 제사에도 참여하여 첫 번째 술잔을 올리는 초헌(初獻)은 종자와 종손이, 두 번째 올리는 아헌(亞獻)은 특별한 경우가 아니면 종부와 종손부가 올렸던 것이다.

　이에 따라 자제들을 예법으로 가르친 부인, 썩은 고기를 모두 사서 땅에 묻어버린 홍서봉(洪瑞鳳)의 어머니와 평산신씨(平山申氏)를 빛낸 상촌(桑村) 신흠(申欽)의 아내인 이씨(李氏) 부인, 연산서씨(連山徐氏) 가문을 일으키고 훌륭한 따님을 낳아 국가를 빛낸 이씨(李氏) 부인을 차례로 소개하였다. 그리고 맨끝에는 조선 후기 대학자였으나 일찍 세상을 떠나 시문집이 제대로 세상에 알려지지 못한 영재(寧齋) 오윤상(吳允常)의 《영재집(寧齋集)》에서 그의 할머니인 최씨(崔氏) 부인의 행적과 그의 큰고모인 오씨(吳氏) 부인의 행적을 연이

어 새로 번역하여 싣고 맨끝에 그 이유를 함께 기재하였다.

　독자들은 이 책에서 효행을 열거하지 않은 것에 대해 의아해하는 분도 계실 것인데, 우리 조선조와 구한말을 살았던 효자, 효부는 다 기재할 수 없을 정도로 많기 때문에 열거하지 않았다. 효자, 효부의 표본이라 할 수 있는 기록을 《세한의 마음》의 '효도는 모든 행실의 근본이다'에 실어놓았으니, 대신 그것을 참고하시기 바란다.

　요즘은 대부분 한자(漢字) 공부를 등한시하여 한자로 구성된 국어를 제대로 이해하지 못한다. 중고생은 말할 것도 없고 어른들도 독서를 하지 않는 관계로 한자에서 파생된 국어와 역대 왕조의 제도에 대해 까맣게 모르고 있다. 젊은 분들은 스마트폰에 집중하며 50대 이상의 노인들 역시 신문도 보지 않는다.

　지난 10월 9일 한글날을 맞이하여 《조선일보》 사회면에 한국교원단체 총연합회가 올해 실시한 조사에 의하면 학생들이 한자 능력과 문해력(文解力)이 크게 떨어져 고3 학생이 풍력(風力)을, 중3이 수도(首都)의 뜻을 몰라 교과서를 이해하지 못한다고 하였다. 심지어는 혼숙(混宿)을 '혼자서 자는 것'이라고 대답했다고 한다.

　그리고 다음날 《조선일보》의 〈萬物相〉에는 '문해력이 아니라 漢字력?'이란 제목 아래 "어느 중학교 지리 선생님이 한국 기후 특성을 가르치면서 칠판에 '새마을운동 전만 해도 천수답이어서 비가 오지 않으면 농사를 못 지었다.'고 썼다. 그러나 학생들은 이 문장을 이해하지 못했다. '천수답'이란 말이 생소했기 때문이다. 선생님이 '天水畓'이라고 쓰고 '하늘에서 비가 와야 농사짓는 논이란 뜻'이라고 설명하자 그제야 학생들이 고개를 끄덕였다."는 내용을 소개하였다.

학생들은 시험에 나오지 않는 국어는 공부하지 않는다. 스마트폰으로 주고받는 문자를 살펴보면 국어의 맞춤법은 고사하고 자기들끼리만 통하는 이상한 문자가 자주 보인다.

필자가 쓴 이 책은 본인의 문장력이 부족해서가 첫 번째 이유이겠지만 일반인들은 우리 선조들의 말씀이나 고려조와 조선조의 제도라 할 수 있는 관직명 등에 대해 제대로 이해하지 못해서 읽어도 무슨 뜻인지 모르는 경우가 없지 않을 것이다.

더구나 인간의 윤리도덕에는 전혀 관심이 없으니, 이 책을 읽는 분이 거의 없으리라는 것은 충분히 짐작할 수 있다. 그러나 《장자(莊子)》에 보면 자신의 마음(사상)을 알아주는 사람을 몇 백 년, 아니 몇 천 년 뒤에 만나도 이는 '조모우(朝暮遇)'라 하였다. 이는 아침저녁에 만나는 것처럼 쉽게(빠르게) 만난다는 뜻이다.

물론 본서의 내용은 모두 한자로 기록되어 있던 것을 필자가 번역한 것이다. 필자는 한국어 표현력이 부족하여 독자들이 난해하겠지만 여기에 소개한 '우리 선조들의 사상'은 그대로 매몰되지 않았으면 하는 바람에서 이 책을 간행하는 것이다. 독자들의 양해를 간절히 바란다.

나머지는 지난번 《세한의 마음》에서 이미 밝힌 바 있으므로 중복하지 않으며 우리 사단법인 해동경사연구소와 자매단체인 익선회를 적극 지원해주시는 김성진(金成珍) 이사장과 박희재(朴喜在) 부이사장, 권오춘(權五春) 고문, 그리고 여러 이사님들에게 깊이 감사드리며, 특히 편집과 교정을 전담해주신 우리 연구소의 신범식(申範植) 이사님, 연석환(延錫煥) 박사와 신선명(申先明) 연구원에게 경의를 표하며 지난번에 이어 이 책을 출판해주신 고반(考槃)출판사 허재식 사장님에게 고마운 마음을 전하는 바이다.

2025년 3월 일

머리말 _ 5

1 국사를 논함에 정적(政敵)은 없다
　　•이종성(李宗城) | 유척기(兪拓基) ____ 19
2 정적이라도 함부로 죽일 수는 없다•박문수(朴文秀) ____ 23
3 국법을 철저히 지킨 임금•세종(世宗) | 맹사성(孟思誠) ____ 25
4 국법을 어긴 외척을 처형한 임금•성종(成宗) ____ 28
5 아우와 자매에게 재산을 모두 나눠준 형•성담수(成聃壽) ____ 30
6 금덩이를 강물에 던져버린 형제 ____ 32
7 자기 종아리를 쳐 아우를 교육한 형
　　•박세영(朴世榮) | 박세무(朴世茂) | 박세옹(朴世蓊) ____ 34
8 형에게 배움을 청한 아우•홍천민(洪天民) | 홍성민(洪聖民) ____ 36
9 형제간의 공경과 다정•안현(安玹) | 이준경(李浚慶) ____ 38
10 형에게 순종한 재상•이이(李珥) ____ 40
11 전쟁터에 대신 나간 친구•윤섬(尹暹) ____ 42
12 남은 술은 자네가 다 마시게•조언형(曺彦亨) ____ 44
13 오히려 난 다행한 일이라 여겼네•홍담(洪曇) | 조사수(趙士秀) ____ 47
14 부탁을 거절하여 의리를 지키다•최숙생(崔淑生) ____ 49

15	친구 사이라도 공사(公私)를 구별한다 • 이무방(李茂芳) | 임담(林墰)	52
16	사람도 다듬어서 인재로 만든다 • 이창운(李昌運)	55
17	집안 사람이라도 고관은 만나지 않는다 • 이순신(李舜臣)	59
18	죽어서도 왕을 깨우치다 • 김후직(金后稷)	61
19	직언을 하다가 칼을 쓴 것도 영광 • 추적(秋適)	64
20	꺾일 줄 모르는 지조 • 김언신(金彦辛)	66
21	어리석은 임금에 걸맞지 않은 어진 신하 • 박한주(朴漢柱)	68
22	임금을 걸(桀)·주(紂)에 비유한 신하 • 김성일(金誠一)	70
23	참으로 곧은 신하로다 • 송명흠(宋明欽)	72
24	청백하고 정직한 신하를 비호한 임금 • 효종(孝宗)	76
25	꽃이나 구하여 무엇을 하시려는가 • 이시백(李時白) | 홍만회(洪萬恢)	78
26	명령을 어기고 농사를 짓게 하다 • 김이(金怡)	81
27	재상이라도 사사로운 청은 들어줄 수 없다 • 정붕(鄭鵬)	83
28	벼슬살이 하는 사람이 어부도 아니고 • 김렴(金廉)	85
29	고관들의 부탁이 왕명보다 중할 수야 • 유의(柳誼)	87
30	백성들을 끝까지 비호하다 • 권엄(權㤿)	89
31	이것으로 처마를 가리도록 하라 • 선조(宣祖)	92
32	조카사위라도 죄를 용인할 수는 없다 • 최영(崔瑩)	94
33	흔들리지 않고 한결같다 • 정택경(鄭宅慶)	96
34	사사로운 일에 어찌 역마를 타고 오는가 • 최부(崔溥)	99
35	법조문을 끝까지 지킨 중국의 법관 • 장석지(張釋之)	101

36	정승을 탄핵하다 • 조사수(趙士秀)	김성일(金誠一)	104
37	국왕의 친척을 혼내 주다 • 이원(李源)	107
38	계란이 곯았다 • 황희(黃喜)	110
39	금을 보기를 돌덩이와 같이 여기다 • 최영(崔瑩)	112
40	팔마비(八馬碑) • 최석(崔碩)	114
41	채찍 하나도 섬의 물건이다 • 이약동(李約東)	116
42	부의(賻儀)도 통례에 어긋나면 물리친다 • 김수항(金壽恒)	118
43	사람 됨됨이를 살펴 인재를 등용한다 • 이후백(李後白)	120
44	구차하게 목숨을 이어갈 것 같으냐? • 홍기섭(洪耆燮)	122
45	도둑질한 곡식은 나누어 가질 수 없다 • 검군(劍君)	125
46	많은 상(賞)은 사양한다 • 최치운(崔致雲)	128
47	조밥을 먹은 재상 • 박은(朴訔)	130
48	나는 우산이라도 있지만 • 유관(柳寬)	132
49	도둑도 개과천선하게 하다 • 허정(許烶)	134
50	지위고하를 막론하고 용서하지 않는다 • 전림(田霖)	136
51	타성과 무사안일을 근절하다 • 최흥원(崔興源)	138
52	대신의 바둑판을 뒤엎다 • 김수팽(金壽彭)	141
53	국법을 어긴 누이를 질책하다 • 민진후(閔鎭厚)	144
54	감히 아첨을 하여 칭찬 받으려고 하는가 • 윤개(尹漑)	147
55	위법인 것은 왕명이라도 따를 수 없다 • 서유망(徐有望)	149
56	나라가 약속을 지켜야 백성들이 믿는다 • 정약용(丁若鏞)	151
57	믿는 것이라고는 우리 집 초가삼간뿐 • 장필무(張弼武)	153

58	이삿짐이라고는 낡은 책 고리짝 하나•안성(安省)	155
59	농짝에 든 건 짚단뿐이네•유정원(柳正源)	157
60	아들을 합격시킨 고시관을 파면하다•정갑손(鄭甲孫)	159
61	대간(臺諫)의 눈치를 본 임금•영조(英祖)	161
62	사헌부는 형벌을 집행하는 관청이 아니다•안순(安純)	163
63	인재를 만들기 위해 부하를 닦달하다•황희(黃喜)	165
64	청개구리 판서•허성(許誠)	169
65	의로운 자는 죽음으로라도 오명을 씻는다•박이창(林以昌)	171
66	아이를 지나치게 보호하지 말라•장현광(張顯光)	173
67	박애(博愛)를 실천한 명의(名醫)•정희태(丁希泰)	178
68	묵었어도 녹미(祿米)를 먹어야지•맹사성(孟思誠)	184
69	구십이 되어서도 총명이 조금도 줄어들지 않았다 •황희(黃喜)	187
70	종일토록 게으른 기색을 나타내지 않았다•허조(許稠)	190
71	발 빠르지 못했더라면 거의 짓밟힐 뻔하였구나 •하연(河演)｜남지(南智)	193
72	어찌 공명(功名)을 피하는 자이겠는가•어변갑(魚變甲)	195
73	제 직분을 다했을 뿐입니다•정갑손(鄭甲孫)	198
74	절충하는 것은 그가 아니면 능하지 못하다•윤두수(尹斗壽)	201
75	자신을 알아 주는 사람을 위해 죽는다 •비령자(조寧子) 부자(父子)	204
76	가족도 만나 보지 않고 싸움터로 나가다•김유신(金庾信)	207
77	다 같이 분발하면 반드시 이길 것이다•계백(階伯)	209

78	용감무쌍한 화랑도•반굴(盤屈)｜관창(官昌)	211
79	활 만드는 비술(秘術)을 외국에 전하지 않았다 •구진천(仇珍川)	214
80	설득으로 외세를 굴복시키다•서희(徐熙)	216
81	외교는 당당하게•김인존(金仁存)	220
82	오로지 죽음으로써 성(城)을 지킬 뿐이다•최춘명(崔椿命)	223
83	우리 임금님의 명을 어길 수는 없다•김태현(金台鉉)	226
84	지도자는 죽음도 피하지 않는다•송상현(宋象賢)	228
85	세자에게 검소함을 가르친 임금•세조(世祖)	230
86	붓과 먹을 받은 자는 바른말을 내어야 한다•성종(成宗)	232
87	열 명의 의견이 어찌 나와 똑같을 것인가•한지(韓祉)	234
88	사관의 본분은 시사를 기록하는 것•김과(金科)	236
89	행패 부리는 하인의 주인을 혼내다•전림(田霖)	238
90	산자(山字) 관원이 행차한다•정석견(鄭碩堅)	240
91	자신을 조롱한 동자를 사위로 맞이하다 •박원형(朴元亨)｜윤효손(尹孝孫)	242
92	말이나 살찌울 생각이나 하고 있구나•권벌(權橃)	245
93	내 마음속 도둑과 싸우고 있었다•허조(許稠)	247
94	집에 혼자 있을 때에도 예복을 갖춰 입었다 •홍인우(洪仁祐)	249
95	남의 장단점을 꼬집어 말하지 않았다•상진(尙震)	251
96	지나친 예우를 피하다•이황(李滉)	255
97	욕설하는 여인을 내쫓지 않다•이항복(李恒福)	257

98	황소의 지둔(遲鈍)함을 가르쳐 주다•조식(曺植)│정탁(鄭琢) _ 260
99	잘못을 인정할 줄 아는 윗사람•유성룡(柳成龍) ─── 262
100	친구의 부친을 처벌할 것을 주장하다•장유(張維) ─── 264
101	참되게 이끌고 계신가를 근심하소서•이시백(李時白) ─── 266
102	기와집에는 이 물건이 맞지 않을 것이다•조속(趙涑) ─── 268
103	갈모를 돌려주지 않은 사람을 파직시키다•정홍순(鄭弘淳) _ 270
104	자네야말로 나의 스승이로다•김굉필(金宏弼)│조광조(趙光祖) _ 272
105	오만함도 좋지 않지만 비굴함도 좋지 않다•맹사성(孟思誠) _ 274
106	내가 이 자리에 있는 건 결코 우연이 아니었구나
•김우항(金宇杭) ─── 276
107	그 혼수는 내가 대신 마련해 드리리다•이창정(李昌庭) ─── 279
108	곤경에 빠진 여인을 구제하여 돌아온 보답•홍순언(洪順彦) _ 281
109	국고를 축낸 전임관을 그대로 보내주다•김숙자(金淑滋) ─── 284
110	도둑에게 곡식을 주어 보내다•김윤성(金允成) ─── 286
111	창고의 비단을 훔친 부하를 깨우쳐 주다
•남재(南在)│남지(南智) ─── 287
112	은(銀)을 훔친 서리(胥吏)를 꾸짖는 방법•김신국(金藎國) ─── 289
113	거위를 살리기 위해 누명을 감내하다•윤회(尹淮) ─── 291
114	스승을 위해 중국에서 서화를 구입해 제주도로 보내다
•이상적(李尙迪) ─── 293
115	사제간의 의리 ─── 298
116	아들을 훈계한 다섯 가지 이야기•강희맹(姜希孟) ─── 306
117	남을 질책하기 앞서 자신을 책망하라 ─── 325

118	우계(牛溪) 성혼(成渾)의 청빈한 생활•성혼(成渾)	330
119	영의정의 딸, 부인, 어머니	
	•홍섬(洪暹)의 어머니 송씨(宋氏) 부인	336
120	남편의 청렴한 덕을 더럽힐 수 있겠는가	
	•유응규(庾應圭)와 그의 부인	337
121	썩은 고기를 모두 사다가 묻어버리다	
	•홍서봉(洪瑞鳳)의 어머니	339
122	근검(勤儉)으로 가문을 빛낸 아내	
	•신흠(申欽)의 이씨(李氏) 부인	341
123	연산서씨(連山徐氏) 가문을 일으킨 이씨(李氏) 부인	343
124	최씨 부인의 행적	
	•오윤상(吳允常)	350
125	오씨 부인의 행적	
	•오윤상(吳允常)	363

덧붙이는 말 _ 369

문헌 소개 _ 374

I

국사를 논함에 정적(政敵)은 없다

이종성(李宗城) | 유척기(兪拓基)
《대동기문(大東奇聞)》

    영조 때 영의정을 지낸 이종성은 선조 때의 명신 이항복(李恒福)의 고손(高孫)이었다. 당시에는 노론(老論)·소론(少論) 간의 당쟁이 심화되어, 비록 한 조정의 동료라 하더라도 소속한 당이 다르면 무조건 서로 반목하는 것이 예사였다.

    소론인 그가 벼슬을 그만 두고, 장단(長湍) 오촌(梧村)에 있는 본가로 돌아가 있을 때의 일이었다. 어느 날, 아침 일찍 자리에서 일어난 그는 마당을 깨끗이 쓸고 손님을 맞을 준비를 하라고 집안사람들에게 일렀다. 그의 아들이 물었다.

"오늘 어떤 손님이 오시기로 돼 있습니까?"

"유척기 대감이 찾아오실 듯하다."

    아들은 깜짝 놀랐다. 유척기는 당시 조정에 명망이 높은 대신이었다. 그러나 노론인 유척기는 이종성과는 당색이 달랐으므로, 서로 원수지간이나 다름이 없는 사이였다. 아들은 의아해서 다시 아버지에게 물었다.

"그분은 아버님과는 서로 등을 진 사이인데, 어찌 우리 집을 찾아오신단 말씀입니까?"

"공적인 일에는 사사로운 감정 따위를 개입시킬 수 없는 일이니라."

그뿐이었다. 아버지는 더 이상 대답하지 않았다.

이날, 과연 유척기가 이종성의 집을 찾아왔다.

유척기는 청나라에 사신으로 가던 길이었다. 청나라에서는, 조선이 자기들의 제도를 따르지 않고, 그때까지도 명나라를 잊지 못하여 대보단(大報壇)을 세워 명나라의 황제인 신종(神宗)에게 제향하고 있다는 것을 트집 잡아 조선에 압력을 가하고 있었다. 조선 조정은 그에 대한 변명을 하려고 유척기를 청나라에 변무사(辨誣使)로 보내게 되었던 것이다.

유척기는 청나라에 가서 이 일을 어떻게 변명해야 할지 선뜻 묘안이 떠오르지 않았다. 그래서 청나라로 가는 길에 가까이 있는 이종성의 장단 본가를 찾아, 그의 지혜를 빌리려고 한 것이었다.

이종성은 찾아온 손님이 서로 원수처럼 지내던 반대당의 인사인지라, 얼굴을 맞대지 않으려고 대청마루 한 가운데 병풍을 치고 앉아 유척기를 맞아들였다. 이종성이 병풍을 사이에 두고 물었다.

"공(公)이 무슨 일로 나를 찾아오셨소?"

"내가 지금 변무사로 청나라로 가는 길인데, 청나라에 가서 어떻게 해명을 해야 좋을지 몰라서 공의 가르침을 받고자 왔소이다."

이종성은 한 동안 생각을 가다듬은 다음, 이렇게 말하였다.

"내가 본래 제삿밥을 좋아하는데, 내 이웃의 제사에 관한 얘기를 하나 하리다. 이웃에 개가(改嫁)해 온 여인이 한 사람 있는데, 때만 되면 전 남편의 제사(기제)를 정성껏 지냈답니다. 그것을 안 지금의 남편이 화를 내며 그녀를 꾸짖을 수밖에요. 그러자 그녀가 이렇게 말하더랍니다.

'만일 당신도 불행하게 세상을 뜨면, 내가 먹고 살 길이 없어 또 개가를 하게 될 텐데, 그렇게 되면 당신의 제사는 누가 지낸답니까? 또 다시 내가 지내야 하지 않겠습니까? 그때의 남편이 지금의 당신처럼 그렇게 생각하면 어찌하겠습니까?'

남편은 그 말을 옳게 여겨 자기 처가 전 남편의 제사를 지내는 것을 허락하고, 나에게 그 제삿밥을 가지고 와서 권하면서 그런 얘기를 해 줍디다. 나는 그녀를 참으로 기특하다고 생각하고 있소이다."

유척기는 그 말을 듣고는 빙그레 웃고 물러갔다.

청나라로 간 유척기는 이종성으로부터 들은 제사 얘기를 예로 들어, 조선이 이미 망한 명나라 황제를 제향하는 그 이유를 해명하였다. 그러자, 청나라는 조선이 '의리를 지킬 줄 아는 나라'임을 이해하고, 유척기 등 사신 일행에게 융숭한 대접을 하였다.

이로써, 오랫동안 조선을 괴롭히던 청나라와의 외교적 갈등이 해결되었음은 물론이다.

당쟁으로 날을 지샌 것으로 알려진 조선조의 지도층에서도 국가의 이익을 위해서는 이처럼 현명하게 서로 협력해 왔다. 오늘 날 당리당략만을 앞세우고 수단 방법을 가리지 않고 극한 대립을 일삼는 여야 간의 정치현실에 옛 사람들의 이러한 도량이 아쉽기만 하다.

이종성(李宗城, 1692~1752) 조선 영조 때의 문신. 본관은 경주(慶州), 자는 자고(子固), 호는 오천(梧川), 시호는 문충(文忠)이다. 경상도 암행어사로 활약했고, 홍문관부제학으로 양역(良役)의 폐해를 상소하였다. 영조의 탕평책을 반대, 파직되었으나 재기용되어 형조판서·이조판서 등을 거쳐 영의정까지 올랐다. 성리학에 밝고 문장, 글씨에 뛰어났다. 저서에 《오천집(梧川集)》이 있다.

유척기(俞拓基, 1691~1767) 조선 후기의 문신. 본관은 기계(杞溪), 자는 전보(展甫), 호는 지수재(知守齋), 시호는 문익(文翼)이다. 경종 때 왕세제(王世弟) 책봉 주청사의 서장관으로 청나라에 다녀왔다. 신임사화(辛壬士禍)를 일으켜 집권한 소론들로부터 탄핵을 받고 홍원현(洪原縣)에 유배되었다가 1725년(영조 1) 노론의 집권으로 대사간으로 등용되어 호조판서·우의정을 역임하고 영의정에 올랐다. 문집에 《지수재집(知守齋集)》이 있다.

2

정적이라도 함부로 죽일 수는 없다

박문수(朴文秀)
《대동기문(大東奇聞)》

　박문수는 영조(英祖) 때의 명신이다. 관직에 있는 동안 전국 각지에 여러 번 암행어사(暗行御史)로 나가 많은 일화를 남겼던 인물로 더욱 유명하다.

　당시, 조정은 노론과 소론으로 당파가 갈라져 치열한 당쟁을 거듭하고 있었다. 같은 조정에서 함께 벼슬을 하고 있는 신하들끼리도 당파가 다르면 서로 얼굴조차 맞대지 않으려 할 정도였다.

　그러한 때에, 노론의 영수 조무명(趙文命)의 아들인 조관빈(趙觀彬)이 죄를 짓게 되었다. 그러자, 소론 측에서는 일제히 들고 일어나 조관빈을 극형에 처하여야 한다고 주장하였다. 그러나 노론과는 반대당인 소론의 박문수는 조관빈을 비호하였다.

　"조관빈이 비록 죄를 지었다고는 하나, 그 죄가 죽음을 내릴 만한 죄는 아닙니다."

　이에 영조가 물었다.

"조관빈은 그대들의 원수가 아닌가? 그가 죽으면 그대들에게 좋을 터인데, 어찌 그를 죽이지 못하게 하는가?"

박문수는 이렇게 대답하였다.

"사사로운 감정으로 따진다면 원수지간이라 할 수 있으나, 같은 신하의 입장에서 본다면 그렇지가 않습니다. 전하께서 꼭 조관빈을 죽이려고 하신다면, 조관빈에게 죽을죄가 있어서가 아니라, 소신의 원수를 갚아주기 위해서 그를 죽인다고 하소서."

영조는 이 말에 크게 깨닫고 조관빈의 죄를 용서해 주었다. 박문수와 조관빈은 뒤에 판서를 지내기도 하였는데, 두 집안의 자손들은 그 뒤에도 비록 표면적으로는 원수처럼 지내었으나, 두 집안 중 어느 한 쪽에 어려운 일이 생기면 서로 나서서 도와주었다고 한다.

박문수는 당인(黨人)으로서의 사사로운 감정과 국법 적용의 공적인 처지를 엄정하게 구분할 줄 아는 정치인이었다. 자기가 미워하는 사람이면 작은 흠집이라도 끝까지 물고 늘어져서 헐뜯고 몰아붙여야 직성이 풀리는 요즈음 정치인들의 행태와는 차이가 크다 하겠다.

박문수(朴文秀, 1691~1756) 조선 후기의 문신. 본관은 고령(高靈), 자는 성보(成甫), 호는 기은(耆隱), 시호는 충헌(忠憲)이다. 이인좌(李麟佐)의 난에 전공을 세웠다. 함경도 진휼사(賑恤使)로 경상도의 굶주린 백성을 구제, 송덕비가 세워졌으며, 암행어사로 유명하였다. 병조판서·호조판서·우참찬 등을 지냈으며, 군정(軍政)과 세정(稅政)에 밝았다.

3

국법을 철저히 지킨 임금

세종(世宗) | 맹사성(孟思誠)
《연려실기술(燃藜室記述)》

　세종(世宗) 13년(1431), 선왕(先王)인 태종(太宗)의 실록(實錄)이 거의 완성되어 갈 무렵이었다. 세종이 《태종실록(太宗實錄)》의 감수 책임을 맡은 우의정 맹사성에게 말씀하였다.
　"태종대왕의 실록이 거의 완성되었다고 하니, 내가 한번 보고 싶구려."
　그러자, 맹사성은 왕명의 부당함을 간곡하게 지적하였다.
　"실록에 기록된 것은 당시의 일로서 후세에 보일 사실(史實)들입니다. 전하(殿下)께서 실록을 보신다 해도 태종대왕을 위하여 그 내용을 고칠 수는 없습니다. 만약 전하께서 실록을 보셨다 하면 후세의 왕들도 전하께서 실록을 보신 것을 전례로 삼아 어느 분이나 다 보시려고 할 것입니다. 이렇게 되면 사관(史官)들은 두려움 때문에 제대로 직책을 수행하지 못할 것입니다. 사관이 직책을 다하지 못하면 선대의 사실을 어떻게 후대에 전하여 보일 수 있겠습니까?"

세종은 자신의 잘못을 깨닫고 맹사성의 말대로 실록을 보지 않았다. 그 뒤로 역대의 왕들도 세종의 전례를 따라 실록을 보지 않게 되었다.

실로 이와 같이 아름다운 전례로 말미암아 조선왕조는 500여 년이 넘는 장구한 세월의 역사를 직필(直筆)한 훌륭한 기록문화를 보유할 수가 있었던 것이다.

조선조에서는 건국 초기부터 역사 사실을 중시하여 왕이 무슨 일을 하거나 말씀을 하면 일동일정(一動一靜)을 반드시 기록하였다. 승정원에 소속된 사관(史官)들의 기록은 볼 수 있었으나 춘추관(春秋館)에 소속된 기록들은 그 누구도 볼 수가 없었다.

이 사관들은 이것을 난초(亂草; 초서로 흘려 씀) 상태로 보관하였다가 왕이 승하하면 즉시 실록을 만들기 위해 실록청(實錄廳)을 설치하고 정승 중에 식견과 문장력이 있는 대신(大臣) 한 사람을 실록청의 총재로 임명하고 유능한 사관들을 모아 편집하여 실록을 완성하였다. 그 뒤 원본이라 할 수 있는 난초는 세검정(洗劍亭)의 시냇물에서 깨끗이 씻는데, 이는 난초를 기록한 사관을 사람들이 모르게 하기 위해서였는데, 이것을 세초(洗草)라 하였다. 그리고 이것을 보관하기 위해 선원각(璿源閣), 강화(江華), 적상산(赤裳山), 태백산(太白山), 오대산(五臺山) 등에 마련된 사고(史庫)에 보관하였다.

이 실록은 1년에 한 번씩 사관이 그곳으로 가서 여름에 햇볕에 말려 실록이 습기로부터 부패하는 것을 방지하였는데, 이것을 폭서(曝書)라 하였다. 이것을 담당한 사관만이 폭서를 하면서 실록의 내용을 약간이나마 볼 수 있었다. 이 실록은 분량이 많으므로 그 나라가 망하면 다음 조정에서 이 실록을 토대로 역사책을 편집하는 바, 중국의 《송사(宋史)》나 《명사(明史)》가 이에 해당하며, 《고려사(高麗史)》 역시 조선조에서 편찬하였다. 다만 고려시대에는 조선조처럼 깊은 산중에 사고를 설치하지 않았고 여러 번 전란(戰亂)을 겪어 실록의 기록이 별로 없으므로 《고려사》의 역사 기록이 완전하지 못한 것이다. 그러다가 연산군(燕山君)이 마지막으로 규례를 어기고 《성종실록(成宗實錄)》을 꺼내보고는 자신의 소생모(所生母)인 윤씨가 사약을 받아 죽은 사실을 알아내고 사화(士禍)를 일으켰던 것이다.

세종(世宗, 1397~1450) 조선 제4대 왕으로 재위는 1418년~1450년이다. 이름은 도(祹)이고 자는 원정(元正)이며 태종(太宗)의 셋째 아들이다. 충녕대군(忠寧大君)에 진봉(進封)되었다가 양녕대군(讓寧大君)이 세자의 자리에서 물러나자 그를 대신하여 세자에 책봉되고 태종의 양위(讓位)를 받아 즉위하였다. 1420년 집현전(集賢殿)을 설치하고, 1421년 도성(都城)을 개축하였다. 1426년 나이가 젊고 재주 있는 문신(文臣)을 뽑아 사가독서(賜暇讀書)하게 하였고, 《훈민정음(訓民正音)》 28자를 제정하여 반포하는 한편 정음청(正音廳)을 두어 유교전적(儒敎典籍), 음운서(音韻書) 등의 국문 출판을 담당하게 하는 등 큰 업적들을 남겨 동방(東方)의 성군(聖君)으로 추앙받는다. 능은 영릉(英陵), 시호는 장헌(莊憲)이다.

맹사성(孟思誠, 1360~1438) 조선 초기의 문신. 본관은 신창(新昌), 자는 자명(自明)·성지(誠之), 호는 동포(東浦)·고불(古佛), 시호는 문정(文貞)이다. 1386년(우왕 12)에 문과에 을과로 급제하고, 조선조에서 예조참판·이조판서·우의정 등을 역임하였다. 1407년(태종 7)에는 진표사(進表使)로 명(明)나라에 가는 세자를 시종관으로서 수행하였다. 음악에 조예가 깊었고 스스로 악기를 만들어 즐겼다고 전해진다. 《태종실록(太宗實錄)》을 감수, 좌의정이 되고 《팔도지리지(八道地理志)》를 찬진하였다. 조선 전기의 문화 창달에 크게 기여하였으며 청백리로도 유명하였다.

국법을 어긴 외척을 처형한 임금

성종(成宗)
《오산설림(五山說林)》

성종 때 왕실의 외척 한 사람이 승정원의 승지(承旨)로 있었는데 외척이라는 권세를 믿고 그 세도가 이만저만이 아니었다. 자단향(紫檀香; 향나무)이라는 매우 귀한 나무로 매우 사치스러운 집 한 채를 지었다. 당시의 국법으로서는 이러한 집을 짓지 못하게 되어 있었으므로, 그 소문을 들은 성종이 직접 외척을 불러 사실 여부를 물었다.

"내 들으니 그대가 자단향나무로 집을 지었다는구려. 그것이 사실인가?"

"절대로 그런 일 없습니다."

성종은 은밀히 내시를 시켜 사실 여부를 알아보게 하였다. 그 결과, 소문대로 그 외척이 자단향나무로 지은 것이 사실이었다. 이에 성종은 이렇게 말하였다.

"자단향 나무로 집을 지은 것은 국법을 어긴 것이기도 하려니와 내가 묻는 말에 거짓으로 대답하였으니, 이는 왕을 속인 것이다."

임금은 '갑자기 병이 나서 요양을 한다.'는 핑계를 대고 창덕궁에서 경복궁으로 처소를 옮겼다. 그리고는 불시에 어명을 내려 자단향나무로 집을 지어 국법을 어긴 외척을 사형에 처하도록 하였다. 성종은 처형 결과를 보고 받은 뒤에야 '내 병이 다 나았다.' 하고 환궁을 하였다.

 당시 성종은 모후(母后)인 대비(大妃)가 살아 있었다. 그러므로, '용서해 주라'는 대비의 요청이 있을 경우, 그 외척에 대한 처형이 어려워질 수도 있었다. 성종은 모후의 압력으로 국법의 집행이 흔들리는 것을 막기 위하여 미리 처소를 경복궁으로 옮겼다가 형 집행이 끝난 뒤에 환궁을 하였던 것이다.

 성종의 법 집행은 참으로 준엄하다 하겠다. 모후가 이 사실을 알았을진대, 필연코 법의 집행이 흔들리지 않을 수 없었을 것이다. 이를 미리 알고 대비한 성종의 처사는 과감하고 엄정하며, 효(孝)에 어긋남이 없는 완벽함 그것이었다.

성종(成宗, 1457~1494) 조선 제9대 왕(재위 1469~1494). 시호는 깅징(康靖)이며, 세조(世祖)의 손자이다. 세종(世宗)·세조가 이룩한 치적을 기반으로 하여 문화정책을 펴나갔다. 숭유억불(崇儒抑佛) 정책을 철저히 시행하였고, 1474년(성종 5) 《경국대전(經國大典)》을 완성하여 이를 반포하였으며, 1492년(성종 23)에는 《경국대전》을 더욱 보충하여 《대전속록(大典續錄)》을 간행하였다. 서적 간행에 힘을 써서 《여지승람(輿地勝覽)》·《동국통감(東國通鑑)》·《동문선(東文選)》·《오례의(五禮儀)》·《악학궤범(樂學軌範)》 등을 편찬·간행하였다. 학문을 좋아하였고 사예(射藝)와 서화(書畵)에도 능하였다.

5

아우와 자매에게 재산을 모두 나눠준 형

성담수(成聃壽)
《해동소학(海東小學)》

　성담수와 그의 아우 담년(聃年)은 학문과 덕망으로 이름이 높았다. 단종(端宗) 때 생육신(生六臣)의 한 사람인 성담수는 형제자매가 10여 명이나 되었다. 부모가 별세하여 3년상을 마친 다음, 형제들이 한 자리에 모여 재산을 분배하였다. 이때 성담수는 아름답고 좋은 가재들을 형제들에게 모두 나누어 주었다. 그리고는 가재 중에 부서지고 좋지 않은 것이 있으면 "이것은 부모님이 남기신 것이니, 내가 갖겠다." 하고 자신이 차지하였다.
　그의 누이동생이 이정견(李庭堅)에게 출가하였는데, 이정견은 그때 집이 없었으므로, 그는 자기 집을 이정견에게 주려고 하였다. 그러자, 여러 아우들이 모두 나서서 만류하였다.
　"부모님이 사시던 집은 반드시 맏아들에게 전해져야 합니다."
　그러나 그는 "우리는 다 한 부모의 피를 받은 자식들이다." 하고, 자기가 가지고 있던 면포(綿布)를 모두 이정견에게 주어 집을 장만하게 하였다.

　요즘은 큰자식이 부모 봉양을 하지 않다가 부모가 유산을 남기고 별세하면 자신이 맏아들이라 하여 유산을 더 차지하려고 추잡한 행동을 하며, 심지어는 형제간에 소송도 마다하지 않는다. 그 재산이 오래갈 리 없다. 필자가 형제간의 고사를 문두(文頭)에 놓은 것은 이러한 세태를 비판하기 위해서이다.

성담수(成聃壽, ?~?) 조선 초기의 은사(隱士). 본관은 창녕(昌寧), 자는 미수(眉叟), 호는 문두(文斗), 시호는 정숙(靖肅)이다. 성삼문(成三問)의 6촌이며, 생육신(生六臣)의 한 사람이다. 1456년(세조 2) 성삼문 등의 단종복위사건(端宗復位事件) 때 그의 아버지 희(熺)도 관련되어 국문을 받고 김해(金海)로 귀양갔다가 3년 후 풀려났으나 곧 세상을 떠났다. 이에 충격을 받은 그는 벼슬을 단념하고, 파주(坡州) 문두리(文斗里)에 은거하였다. 1782년(정조 6) 이조판서에 추증되었다.

금덩이를 강물에 던져버린 형제

《동국여지승람(東國輿地勝覽)》

고려 공민왕(恭愍王) 때에 우애가 깊은 형제가 있었다. 어느 날, 이들은 함께 길을 가다가 황금 두 덩이를 주웠는데, 형제가 의좋게 나누어 가졌다. 그 형제는 양천강(陽川江; 지금의 김포 부근)에 이르러 배를 타고 강을 건너게 되었다. 이들이 탄 배가 강의 한가운데에 이르자, 아우가 갑자기 황금덩이를 강물에 던져버리는 것이었다. 황금덩이를 버린 아우의 행동을 이상하게 여긴 형이 그 까닭을 물으니, 아우는 이렇게 대답하였다.

"저는 평소에 형님을 사랑하고 공경하는 마음이 돈독하였는데, 황금덩이를 나누어 가지고 보니 갑자기 형님을 저버리려는 마음이 싹 텄습니다. 이는 곧 황금으로 인하여 욕심이 생겨났기 때문입니다. 그래서 강물에 던져버린 것입니다."

아우의 말을 들은 형은 "네 말이 정말 옳다. 나도 너와 같은 생각을 했었다."라고 하며, 그도 역시 황금덩이를 강물에 던져 버렸다.

이는 물욕이 형제의 우애를 손상시킬 수 있음을 깨우쳐 주는 교훈적 일화이다. 오늘의 물질 만능주의 시대를 사는 현대인들에게 시사하는 바가 적지 않다.

자기 종아리를 쳐 아우를 교육한 형

박세영(朴世榮) | 박세무(朴世茂) | 박세옹(朴世蓊)
《해동소학(海東小學)》

　성종(成宗) 때의 학자인 박세영은 나이 19세일 적에 아버지를 잃었다. 어머니 이씨(李氏)가 그에게 당부하였다.
　"이제, 네가 어린 아우들을 잘 가르쳐, 우리 가문을 일으켜야 한다."
　세영에게는 열두 살 된 세무와 여섯 살 된 세옹 두 아우가 있었다. 세영은 아우들을 가르치면서 집안을 이끌어나갔는데, 나이 어리고 철없는 아우들은 놀기만 하고 면학에 게으름을 피웠다. 세영은 그럴 때마다 부친의 묘소를 찾아가서 자기 종아리를 때리고 울면서 이렇게 아뢰었다.
　"아우들이 공부를 부지런히 하지 않는 것은 저의 책임입니다."
　이 사실을 알게 되면서부터 두 아우는 감히 형의 가르침을 어기지 못하고 학업에 열중하였다. 세무와 세옹 두 사람은 마침내 학문이 대성하여, 세상에 이름을 크게 떨쳤다.
　박세영의 3형제들은 당시에 우애가 지극했음은 말할 것도 없고, 그 후손들 역시 지금까지도 집안사람끼리 친목하는 것으로 유명하다. 함양박씨 중에 '구소명(九逍明)'이란 이름의 특별한 종회(宗會)가 있는데, 이는 박세영의 호인 구당(九堂)과 둘째 박세무의 호인 소요당(逍遙堂), 그리고 막내 박세옹의 호인 명헌(明軒)에서 앞글자를 따온 것이라 한다.

박세영(朴世榮, 1480~1552) 조선시대의 문신. 본관은 함양(咸陽), 자는 경인(景仁), 호는 구당(九堂)이며 생원 중검(仲儉)의 아들이다. 형조정랑 등을 거쳐 의정부좌찬성을 지냈다. 글씨를 잘 써서 국서(國書)·표계(表契)·비갈(碑碣) 등에 필적이 많이 남아 있다.

박세무(朴世茂, 1487~1554) 조선 중종 때의 문신. 자는 경번(景蕃), 호는 소요당(逍遙堂)이다. 1531년 식년문과에 병과로 급제, 헌납·마전군수(麻田郡守)·승문원참교·안변부사(安邊府使)·군자감정 등을 역임하였다. 예조판서에 추증, 괴산(槐山)의 화암서원(花巖書院)에 배향되었다. 글씨를 잘 썼으며, 저서에 《동몽선습(童蒙先習)》이 있다.

박세옹(朴世蓊, 1493~1541) 조선 중종 때의 문신. 자는 경운(景雲), 호는 진목정(眞木亭)·명헌(明軒)이며 박세영의 아우이다. 1525년 식년문과에 병과로 급제. 검열을 거쳐, 1539년 당상관이 된 뒤 예조참의를 지냈다. 한성부좌윤으로 사은사가 되어 명나라에 다녀왔으며, 1540년 병조·이조의 참의를 지냈다.

형에게 배움을 청한 아우

홍천민(洪天民) | 홍성민(洪聖民)
《명신록(名臣錄)》

　선조(宣祖) 때 대사헌(大司憲)을 지낸 홍성민이 어릴 때에 그의 맏형인 홍천민(洪天民)에게 글을 배웠는데, 어느 날 성민이 슬프게 울었다. 형 천민이 이상히 여겨 그 까닭을 물었더니, 성민은 이렇게 대답하였다.
　"제가 형님에게 글을 배우기 시작한 지 벌써 여러 달이 되었는데도 종아리 한 번을 맞지 않았습니다. 이것은 제가 아버지를 일찍 여읜 것을 형님이 가엾게 여겨서 저에게 매를 치지 않으신 것이 아닙니까? 그것이 서러워서 우는 것입니다."

　예로부터 부자간에는 가르치는 것을 되도록 피하였다. 맹자도 "책선(責善; 선으로 책망함)은 붕우간의 도리이다. 부자간은 책선하지 않는다."라고 말씀하였다. 그 이유는 자식이나 아우의 잘못을 질책하다 보면 서로간에 정이 떨어져 서로 원망하기 때문이다. 그러나 이와 반대로 부친에게 배우고 형에게 배워 대성(大成)한 경우도 많다. 홍천민과 홍성민과 같은 분은 참으로 뛰어난 사람이라 하겠다.

홍천민(洪天民, 1526~1574) 조선 전기의 문신. 본관은 남양(南陽), 자는 달가(達可), 호는 율정(栗亭)이다. 1555년 수찬, 정언을 거쳐 이조정랑·집의·전한·직제학·공조참의·동부승지를 거쳐 도승지에 올랐다. 1563년 병조참지, 1565년 대사성·예조참의·대사간 등을 역임하였다. 교지(敎旨) 작성에 뛰어나 여러 번 도승지를 역임했으며, 청렴한 관리로 이름났다.

홍성민(洪聖民, 1536~1594) 조선 중기의 문신. 자는 시가(時可), 호는 졸옹(拙翁), 시호는 문정(文貞)이다. 대사간을 거쳐 1575년(선조 8) 호조참판 때 사은사가 되어 명나라에 가서 종계변무(宗系辨誣)에 힘썼다. 그 후 부제학, 예조판서, 대사헌을 역임하였고, 판중추부사가 되었다가 왕세자 책봉을 둘러싸고 동인과 서인 사이에 일어난 정치문제로 서인을 대표하던 송강(宗會) 정철(鄭澈)이 실각하자 홍성민도 그 일당으로 몰려 함경도 북변(北邊)에 유배되었다. 1592년 임진왜란이 일어나자 특사로 유배에서 풀려나 대제학에 올랐다가 모친상을 당하여 사직하였다.

9

형제간의 공경과 다정

안현(安玹) | 이준경(李浚慶)
《송재잡기(松齋雜記)》

　선조(宣祖) 때에 형제간에 벼슬이 높고 우애가 돈독하여 사람들의 칭찬을 받은 가문으로는 정승 안현(安玹)의 형제와 정승 이준경(李浚慶)의 형제를 들 수 있다.
　안현은 형에 대한 공경을 위주로 하였다. 안현은 형인 안위(安瑋)를 마치 아버지를 섬기듯 하였다. 안현은 말을 타고 있다가도 형을 보면 얼른 말에서 내리고, 형이 자리에 앉으면 반드시 그 자리 밑에 가서 절을 했으며, 형이 부르면 '네' 하고 공손히 대답하는 등, 형 앞에서의 일거일동을 지극히 공손하게 하였다.
　반면 이준경은 형제간의 다정한 우애를 위주로 하였다. 이준경은 형인 이윤경(李潤慶)과 앉으면 무릎을 맞대어 앉고, 누우면 베개를 나란히 하여 누웠다. 서로 마주 앉아 얘기를 나누고 웃을 때에는 형제간이 '너'라 하고 '나'라 하였다.
　안현 형제와 이준경 형제는 이처럼 우애하는 방법이 비록 달랐지만, 모두 한 때 사람들의 존경 대상이 되었다.

안현(安玹, 1501~1560) 조선 중기의 문신. 본관은 순흥(順興), 자는 중진(仲珍), 호는 설강(雪江), 시호는 문희(文僖)로, 안위의 아우이다. 1533년 지평·장령·부제학·경상도관찰사·한성부판윤·이조판서를 거쳐, 1558년 우의정이 되고 이어 좌의정에 올랐다. 의방(醫方)에도 정통하여 내외 의국(醫局)을 관리하였고, 청백리(淸白吏)에 녹선(錄選)되었다.

이준경(李浚慶, 1499~1572) 조선 중종, 명종, 선조 때의 문신. 본관은 광주(廣州), 자는 원길(原吉), 호는 동고(東皐)·남당(南堂)·양와(養窩)·홍련거사(紅蓮居士), 시호는 충정(忠正)으로 이윤경(李潤慶)의 아우이다. 1553년 함경도순변사가 되어 여진족을 물리쳤고, 1555년 전라도도순찰사(全羅道都巡察使)로서 왜적을 격퇴하였다. 우찬성 겸병조판서가 되고 1558년 우의정, 1560년 좌의정, 1565년 영의정에 올랐다. 저서에 《동고유고(東皐遺稿)》, 《조선풍속(朝鮮風俗)》 등이 있다.

형에게 순종한 재상

이이(李珥)
《국조휘어(國朝彙語)》

율곡(栗谷) 이이의 중형(仲兄)은 무슨 일이든지 율곡을 불러서 시켰다. 율곡은 그때마다 형이 시키는 일에 순종하여 게으름을 피우지 않고 잘 처리하였다. 율곡의 지위가 재상에 이르게 되었으나, 율곡은 여전히 아우의 예로써 중형을 섬겼다. 그러자, 어느 문하생이 물었다.

"선생님은 이제 그런 일을 대신하게 할 만한 자제들이 있고 또 지위가 재상에까지 이르셨는데, 형님에게 너무 지나친 공경을 하시는 것이 아닙니까?"

율곡은 이렇게 대답하였다.

"형님이 나에게 명하신 것을 어찌 다른 사람에게 대신하게 할 수 있겠는가. 벼슬이 높고 낮은 것은 형제간의 우애와는 관계가 없는 것이다. 세월은 물처럼 흘러가지 않느냐? 형님이 세상을 떠나신 뒤에는 내가 형님의 일을 보살펴 드리려고 해도 할 수가 없는 것이니, 그때에 내가 후회하지 않기 위해서이다."

이이(李珥, 1536~1584) 자는 숙헌(叔獻), 본관은 덕수(德水), 호는 율곡(栗谷), 시호는 문성(文成)이다. 벼슬은 양관 대제학(兩館大提學)을 거쳐 이조 판서(吏曹判書)를 지냈다. 기발이승일도설(氣發理乘一途說)을 주장하여 퇴계(退溪)의 이기이원론(理氣二元論)과 대립하였고, 현실과 원리의 조화와 실공과 실효를 강조하는 철학사상을 제시하였으며, 10만 양병(養兵) 및 대동법(大同法) 실시 등 조선사회의 제도개혁을 주장하였다. 글씨에도 능하여 조자앙(趙子昂) 체를 습득했으며 그림에도 뛰어났다. 저서에는 《율곡전서(栗谷全書)》가 있다. 사후에 서인(西人) 집권기인 1682년(숙종 8) 5월에 문묘에 배향되었는데, 1689년 2월 기사환국으로 서인이 조정에서 축출되고 남인(南人)이 집권하면서 불교에 들어간 것이 빌미가 되어 문묘에서 출향되었다. 이후 1694년에 갑술환국(甲戌換局)으로 서인이 집권하면서 다시 배향되었다.

II

전쟁터에 대신 나간 친구

윤섬(尹暹)
《청야만집(靑野漫輯)》

    1592(선조 25)년, 임진왜란이 일어나자, 순변사(巡邊使) 이일(李鎰)이 왜적을 막기 위하여 영남 지방으로 출전하면서 당시 교리(校理)로 있던 윤섬의 친구를 그의 종사관(從事官; 보좌관)으로 삼았다. 윤섬은 이일을 찾아가서 친구의 딱한 사정을 호소하였다.

    "순변사께서 종사관으로 임명한 그 사람은 홀어머니를 모시고 있는데, 다른 형제가 없습니다. 노모를 봉양할 자식이 없어, 그 사람이 전지(戰地)로 떠나가면 노모의 처지가 딱하게 됩니다. 순변사께서는 그 모자의 딱한 처지를 보살펴 주십시오."

    그 말을 들은 이일은 이렇게 말하였다.

    "국가의 흥망이 달려 있는 출전이니, 보좌관을 잘 선정하지 않을 수 없다. 그의 사정이 그러하다면 그대가 대신 나의 종사관이 되어 나를 따르라."

    그리하여, 윤섬은 친구 대신 이일의 종사관이 되어 출전하게 되었다. 그가 모친에게 하직 인사를 드리니, 아우가 그의 손을 잡고 울면서 만류하였다.

"형님은 어찌하여 친구만 불쌍히 여길 줄 알고, 자기 자신은 돌보지 않습니까? 형님이 떠나면 우리 부모는 누가 모신단 말씀입니까?"

"그 사람은 형제가 없으나, 우리 집에는 네가 있지 않느냐? 국가가 위급할 때에는 사사로운 집안 사정을 돌아볼 수 없는 것이다."

윤섬은 아우에게 집안일을 맡기고, 이일을 따라 상주(尙州)로 출전하였다. 상주에서 왜적과 싸우던 이일 군은 크게 패하였다. 이일은 패주하면서 윤섬에게 함께 도망할 것을 권하였다.

"우리가 여기서 부질없이 죽는 것은 국가에 이로움이 되지 않는다. 잠시 왜적을 피하여 뒷날을 기약하기로 하자."

윤섬은 단호히 말하였다.

"오직 죽음으로써 나라에 보답할 뿐입니다."

윤섬은 끝내 물러서지 않고, 그 자리에서 장렬히 전사하였다.

윤섬(尹暹, 1561~1592) 조선 중기의 문신. 1587년 사은사의 서장관으로 명나라에 가서, 태조의 조상이 이인임(李仁任)으로 잘못 기록된 것을 바로잡았다. 임진왜란이 일어나자 교리로서 순변사(巡邊使) 이일(李鎰)의 종사관이 되어, 상주성에서 왜적과 싸우다가 전사하였다.

남은 술은 자네가 다 마시게

조언형(曺彦亨)
《대동기문(大東奇聞)》

조언형은 남명(南冥) 조식(曺植)의 부친이다. 천성이 악을 미워하여 남의 잘못을 보면 결코 이를 용서하지 못하였다. 그는 중종 때 좌찬성을 지낸 강혼(姜渾)과는 어릴 적부터 친한 친구 사이였다. 그런데, 강혼이 연산군 치하에서 벼슬을 하면서 연산군의 비위를 잘 맞추어 총애를 받아 출세 가도를 달렸다. 이 사실을 전해들은 뒤로부터 조언형은 강혼을 친구로 생각하지 않았다.

조언형이 단천군수(端川郡守)로 있을 때, 마침 강혼이 왕명으로 이 지방을 순시한다는 통보가 왔다. 조언형은 관직에서 물러날 준비를 한 다음, 아랫사람으로 하여금 탁주 한 통을 마련해 두도록 하였다.

얼마 후, 순찰사 강혼이 군수 조언형을 찾아왔다. 조언형은 병을 핑계로 강혼을 만나지 않고 돌려보내었다. 그런 다음, 한 밤중에 하인에게 술통을 들려 강혼이 묵고 있는 객사(客舍)로 찾아갔다.

"강혼이 왔다는데, 어디 있는가?"

"오, 자넨가? 나, 여기 있네!"

방 안에서 조언형의 목소리를 들은 강혼은 문을 열고 나오면서 반겼다.

방으로 들어간 조언형은 강혼에게 인사도 건네지 않고 단도직입으로 말을 꺼냈다.

"날씨가 추운데 술이나 한 잔 하세."

그러고 나서, 하인이 메고 온 술통을 방에 들여 놓고, 먼저 큰 잔으로 안주도 먹지 않은 채 몇 잔을 거듭 마셨다. 강혼도 손수 술통의 술을 떠서 연거푸 석 잔을 마셨다. 술이 얼큰해지자, 조언형은 강혼을 꾸짖었다.

"자네가 지금 하고 있는 짓은 사람으로서는 할 일이 아니네. 나는 어렸을 적부터 자네를 친구로 삼아 왔지만, 자네가 그 따위 못된 짓을 할 줄은 몰랐네. 내가 자네에게 편지를 보내 절교하려 하였으나, 자네를 만나서 얘기해 주는 편이 좋을 것 같아서 오늘까지 참아왔던 터였네. 이제, 자네를 만나 내 심중을 털어놓았으니, 나는 벼슬을 그만두고 이곳을 떠나겠네. 자네와는 절교를 하네. 자네는 지금까지 개·돼지만도 못한 짓을 하였으니, 자네가 먹다 남긴 저 술은 사람으로서는 먹을 술이 아니네. 남은 술은 자네가 다 마시게."

조언형은 술통에 남은 술을 강혼으로 하여금 다 마시게 하고는, 그 다음 날로 미련 없이 단천 고을을 떠나버렸다. 친구인 조언형으로부터 절교를 당한 강혼은 개과천선하여 뒷날 연산군을 몰아낸 중종반정(中宗反正)의 공신이 되었다.

위에는 조언형이 연산군 때 단천군수로 있으면서 순찰사 강혼(姜渾)을 질책한 것으로 되어있으나 이는 《대동기문》의 찬자(纂者)가 이 사실의 시기와 내용에 대해 착오가 있었던 것으로 보인다. 조언형이 단천군수를 지낸 사실은 전하는 문헌에 보이지 않는다.

조언형(曺彦亨, 1469~1526) 조선시대의 문신. 본관은 창녕(昌寧), 자는 형지(亨之)로 남명(南冥) 조식(曺植)의 아버지이다. 1504년(연산군 10) 생원으로 식년문과에 급제한 후 정언(正言)·집의(執義)·지평(持平) 등을 지냈으며, 청렴하기로 이름이 높았다.

13

오히려 난 다행한 일이라 여겼네

홍담(洪曇) | 조사수(趙士秀)
《부계기문(涪溪紀聞)》

선조 때의 문신 홍담이 병조판서가 되자, 대사헌 조사수가 대간(臺諫; 사헌부와 사간원의 관직을 맡은 자)들에게 말하였다.

"홍담은 나의 친구이다. 그러나 그의 재질이 이조판서에는 넉넉하지만, 병조판서에는 합당하지 못하니, 이번 인사를 그냥 보고만 있어서는 안 된다."

조사수는 이와 같이 하여, 수하의 대간들로 하여금 홍담의 직책을 바꾸도록 왕에게 상주하게 하였다. 그리고 나서 곧바로 홍담을 찾아가서 소신을 털어놓았다.

"내가 자네의 직책을 바꾸도록 한 일에 대해서 자네는 어떻게 생각하는가?"

그러자, 홍담은 스스럼없이 조사수의 말을 받아들였다.

"실은 나도 병조판서는 내가 감당할 수 없는 직책이라, 속으로 걱정을 하고 있던 참이네. 자네가 나를 위하여 내 직책을 바꾸도록 대간들로 하여금 상주를 하게 하였다는 말을 듣고, 나는 오히려 다행한 일이라고 여기고 있었네. 참으로 고마운 일일세."

참으로 아름다운 우정이다. '그 친구에 그 친구'로다. 요즈음 세상이라면 두 친구는 아마도 불공대천(不共戴天)의 원수가 되었을 것이다. 그 이유는 똑같은 판서이지만 문신의 전형을 맡은 이조판서가 더욱 선망의 대상이었기 때문이다.

홍담(洪曇, 1509~1576) 조선 중기의 문신. 본관은 남양(南陽), 자는 태허(太虛), 시호는 정효(貞孝)이다. 훈구파(勳舊派)의 거두로 김개(金鎧)와 함께 정철(鄭澈) 등 사림파(士林派)와 대립하였다. 중종 때 교리·응교·도승지 등을 역임하고, 명종 때 한성부좌윤으로 사은사가 되어 명나라에 다녀왔다. 대사헌·병조참판·한성부판윤·함경도관찰사 등을 역임하고, 선조 때 의금부지사·우참찬, 예조·호조와 이조의 판서를 지냈다.

조사수(趙士秀, 1502~1558) 조선 중기의 문신. 본관은 한양, 자는 계임(季任), 호는 송강(松岡), 시호는 문정(文貞)이다. 대사헌·이조판서를 역임하였다.

부탁을 거절하여 의리를 지키다

최숙생(崔淑生)
《대동기문(大東奇聞)》

최숙생은 중종 때의 문신으로 성품이 강직하기로 널리 소문이 났었다. 그가 충청도관찰사가 되었을 때의 일이었다.

이세정(李世楨)이라는 학문이 높고 인망이 뛰어난 선비가 있었다. 그런데, 어쩐 일인지, 그는 과거를 여러 차례 보았지만 매번 낙방하였다. 그에게 배운 제자들은 모두 급제하여 조정에서 높은 벼슬을 하고 있었으나, 이세정은 늙도록 벼슬자리에 오르지 못하였다. 그러한 이세정의 딱한 처지를 보다 못한 제자들이 그를 추천하여 청양현감(靑陽縣監)이 되도록 하였다.

당시, 조정에는 이세정의 제자로서 이장곤(李長坤)·성몽정(成夢井)·김세필(金世弼)·김안국(金安國)·김정국(金正國) 등 쟁쟁한 인물이 무수히 많았다.

이세정은 학식이 풍부하고 청렴 정직하였지만, 백성을 다스릴 줄은 몰랐다. 한마디로 지방관으로서의 실무에 어두웠던 것이다. 선생을 청양현감으로 보내 놓은 제자들은 선생에 대한 걱정으로 늘 좌불안석이었다.

바로 이러한 때, 강직한 최숙생이 충청도관찰사가 되어 부임하게 되었다. 이세정의 제자들이 생각하기로는 깐깐하기로 이름난 관찰사 최숙생 앞에서 무능한 현감 이세정이 아무래도 무사히 배겨낼 수가 없을 것 같았다.

제자들은 최숙생이 임지로 떠나는 날, 남대문 밖까지 전송을 하면서 최숙생에게 각별히 부탁을 하였다.

"우리 선생님께서 지금 청양현감으로 나가 계시니, 잘 부탁드립니다. 그 분은 학문이 깊고 청렴한 분이니, 백성을 다스림에 다소 잘못이 있더라도 잘 보아 주십시오."

최숙생은 그렇게 하겠노라고 약속을 하고 임지로 떠났다. 그러나 최숙생은 청양 땅에 들어서자마자 이세정을 파직시켜 버렸다. 그 뒤, 최숙생이 다시 서울로 돌아오자, 이세정의 제자들이 모여 최숙생에게 따지고 들었다.

"호서(湖西; 충청) 지방에 우리 선생님보다 더 교활한 수령들이 없어서 우리 선생님만 파직시켰습니까? 우리 선생님을 파직시킨 것은 공께서 우리 선생님에 대해서 잘못 조사를 한 때문이 아닙니까?"

그러자 최숙생은 이렇게 대답하였다.

"다른 고을 수령들은 비록 교활하기는 했지만, 그들은 자기 혼자의 배를 채우는 도적이었소. 그래서 백성들이 견뎌 낼 수가 있었소. 그러나 청양현감은 비록 자신은 청렴하였지만, 그 고을에 도적떼가 들끓는데도 그것을 처치하지 못하여 백성들이 도적의 피해를 감내하지 못하고 있었소. 또 뱃속이 텅 빈 사람이 어찌 한 고을을 다스릴 수 있단 말이오?"

그 말에 이세정의 제자 중 한 사람인 김정국이 버럭 화를 내었다.

"우리 선생님 뱃속에는 사서(四書)·삼경(三經)이 가득 차 있는데, 어찌 선생님의 뱃속이 비었다는 것입니까?"

최숙생은 지지 않고 이렇게 대꾸하였다.

"그렇지 않소. 공들이 그분의 뱃속에 든 사서·삼경을 모두 꺼내어 나누어 가지고, 그것으로 과거에 급제하여, 지금 이렇게 훌륭하게 되어 있지 않소? 그러니, 그분의 배가 아무리 크다 한들 그 뱃속이 비지 않고 어찌겠소?"

참으로 엄정하고 가혹하다 하겠다. 관찰사 최숙생의 처사여! 그러나, 민생의 안정을 위하여 실무에 무능한 현감을 그대로 둘 수는 없는 것이다.

인정과 선심으로 국사를 그르치고 있는 오늘의 위정자들에게 교훈됨이 적지 않은 사례이다.

최숙생(崔淑生, 1457~1520) 조선 중기의 문신. 1492년 식년문과에 급제하였다. 1504년 응교(應敎)로 있을 때 갑자사화로 신계에 유배되었다가 중종반정으로 풀려났다. 1508년 문신정시에 장원하여 대사간·대사헌을 역임하고, 1518년 우찬성에 올랐으나 이듬해 기묘사화로 파직되었다.

15

친구 사이라도 공사(公私)를 구별한다

이무방(李茂芳) | 임담(林墰)
《동사강목(東史綱目)》 | 《목민심서(牧民心書)》

이무방은 고려 공민왕(恭愍王) 때 검교문하시중(檢校門下侍中)을 지냈다. 순창군수(淳昌郡守), 계림부윤(鷄林府尹) 등 여러 외직을 역임하여 치적이 뛰어났으며, 공사의 구분이 엄격하고 청렴결백하기로 이름이 났다.

그가 순창군수로 있을 때이다. 어떤 친구가 그를 찾아와서 그 지방의 토산물을 구해 달라는 청탁을 하였다.

그러자, 그는 자기가 차고 있던 붓집과 소지품을 아전에게 건네어 주면서 이렇게 말하였다.

"친구가 사사로이 부탁하는 것을 공금으로 마련해 줄 수는 없구나. 이것으로 그가 원하는 물건을 바꾸어 주도록 하라."

그에게 토산물을 구해달라고 했던 친구는 이 사실을 알고서는 매우 부끄러워하면서 그냥 돌아가고 말았다.

참으로 각박하다고 할 만큼 냉철한 공사의 분별이라 하겠다. 요즈음 세상 같으면 사람들이 모두 이렇게 비웃을 것이다.

'이처럼 융통성 없는 인물이 어떻게 군수, 아니 부윤, 검교시중까지 올라갔지?'

아무리 혼탁하고 썩었어도, 옛 시대가 그래도 지금보다는 나았던 모양이다. 그러니, 이런 분들이 살아남아서, 우리 역사에 고결한 향기를 피우고 있질 않는가.

효종 때의 문신 임담이 충청도관찰사가 되어 관하의 여러 고을을 순행하였다. 관찰사의 행차가 홍주(洪州)에 도착하였다. 홍주목사(洪州牧使) 심지원(沈之源)과 관찰사 임담은 평소부터 절친하게 지내던 사이였다. 그래서 심지원은 굳이 상하관의 예를 따지지 않고 친구로서 임담을 허물없이 대접하였다.

관찰사의 홍주 고을 순행 일정이 끝나고 나서였다. 임담은 관찰사의 접대를 주관하던 홍주목(洪州牧)의 아전을 불러 추상같이 호령하였다.

"너의 상관이 나와는 교분이 친밀하지만, 상하관(上下官)의 질서는 지키지 않을 수 없는 것이다. 네 상관이 공무로 순행중인 나를 사적으로 대접하였으니, 네가 대신 벌을 받아야 되겠다."

임담은 아전에게 태형(笞刑)을 가하고 나서 홍주 고을을 떠나 감영으로 돌아갔다.

그 후, 심지원은 항상 이 일을 들어서 그 자제들을 훈계하였다.

"그때 관찰사가 나를 깨우쳐 주셨느니라. 벼슬을 하고 있는 사람은 공사의 구분이 분명해야 하는 데에도 그때 나는 그러지를 못했었다. 그때 관찰사의 깨우침은 내가 세상을 살아가는 데에 큰 도움이 되었다. 너희들도 항상 공사의 구분을 분명히 해야 하느니라."

이무방(李茂芳, 1319~1398) 여말선초의 문신. 본관은 광양(光陽), 자는 석지(釋之), 시호는 문간(文簡)으로 광양이씨의 시조이다. 1372년(공민왕 21) 계림부윤(鷄林府尹) 재임 때 의창(義倉)을 설치하고 어염(魚鹽)을 팔아 흉년 때 백성을 구휼하였다. 개성부판사, 정당문학 겸지공거(政堂文學兼知貢擧)를 지냈으며, 1388년(창왕 즉위) 검교문하시중이 되고 공양왕 때 추충여절찬화공신(推忠礪節贊化功臣)의 호를 받았다. 조선 개국 후에는 광양부원군(光陽府院君)에 봉해졌다.

임담(林墰, 1596~1652) 조선 중기의 문신. 본관은 나주(羅州), 자는 재숙(載叔), 호는 청구(淸臞), 시호는 충익(忠翼)이다. 1636년 병자호란이 일어나자 사헌부지평으로 남한산성에 들어가 총융사(摠戎使)의 종사관이 되어 남격대(南格臺)를 수비하였으며 화의가 성립된 후 진휼어사(賑恤御史)로 활동하였다. 1639년 사은부사가 되어 청나라에 다녀왔으며 1644년 경상도관찰사로 서원(書院)이 사당화(私黨化)하는 폐습을 상소하였고 1646년 충청도관찰사로 유탁(柳濯)의 모반사건을 처리하였다. 그 후 형조참판·대사간 등을 거쳐 이조판서가 되고 1650년(효종 1) 사은부사로 청나라에 다녀와서 1652년 판의금부사에 올랐다.

사람도 다듬어서 인재로 만든다

이창운(李昌運)
《대동기문(大東奇聞)》

정조(正祖) 때의 무관인 이창운(李昌運)은 앞날을 내다볼 줄 아는 안목이 있었다. 무과에 급제한 뒤, 삭주부사(朔州府使), 오위도총부 도총관(五衛都摠府都摠管) 등을 역임하고 훈련원지사(訓鍊院知事)에까지 이르렀다. 언제나 '용맹한 군사를 양성하는 것만이 나라를 안정되게 하는 길'이라고 역설하며, 강군 육성에 애를 쓴 사람이었다.

그가 오위도총부의 도총관으로 있을 때였다. 그는 평소에 눈여겨 보아왔던 김재찬(金載瓚)이라는 청년을 자신의 종사관(從事官)으로 임명하고 그에게 소집령을 내렸다. 당시 김재찬은 문과에 급제하였으나 아직 보직을 받지 못하고 있었지만, 문과에 급제한 사람이라, 무장(武將)의 종사관 따위의 직위는 하찮게 생각하고 있었다. 당연히 소집에 불응하였다.

이창운이 김재찬을 여러 번 불렀으나, 그때마다 김재찬은 응하지 않았다. 김재찬은 원래 성격이 오만방자한 데다 당시 조정의 고위직에 있었던 세도재상 김익(金熤)의 아들이어서 무관인 이창운 쯤은 대수롭지 않게 생각한 것이었다.

이창운은 김재찬을 여러 번 불러도 오지 않자, 마침내 오위도총관의 직권으로 김재찬을 잡아들였다. 오위도총부에 구금된 뒤에야 김재찬은 비로소 사태가 심각하다는 것을 깨닫고, 그의 부친[金熤]에게 구명을 애원하였다. 그러나 부친 김익의 대답은 냉담하였다.

"네가 군령(軍令)을 어겼으니, 법대로 처분을 받아야지 별 도리가 없구나."

다급해진 김재찬이 거듭 애원하자, 부친은 할 수 없이 이창운에게 편지 한 통을 보내었다. 이창운이 김익의 편지를 뜯어보니, 아무런 글자도 쓰여 있지 않은 백지 한 장이 들어 있을 뿐이었다.

김익의 이 편지는 '아들의 처사가 군율을 어긴 것인 만큼 살려 달라고 할 수도 없고 그렇다고 죽여 달라고 할 수도 없으므로, 할 말이 없다'는 깊은 뜻이 담긴 것이었다.

이창운은 김익의 백지 서한의 뜻을 이해하고, 김재찬을 엄히 꾸짖었다.

"군령을 어긴 너의 죄는 죽어 마땅하나, 네 부친의 얼굴을 보아 살려 준다. 이 이후로는 내 명령을 어기지 말거라."

그런 다음 김재찬을 하옥(下獄)시켰다.

그 날 밤부터, 이창운은 밤마다 옥으로 김재찬을 찾아가서, 평안도 내 각 군·읍의 풍속과 산천·도로 등의 지형을 낱낱이 설명하고 가르쳐주기 시작하였다.

그리하여, 김재찬을 40여 일 동안 옥에 가두어 두고 평안도 내 40

여 고을의 지리와 풍속을 익히게 하니, 김재찬은 마침내 평안도 지방에 대해서는 손바닥을 들여다보듯 훤히 알게 되었다.

그제야 이창운은 김재찬을 석방시키고는 그의 손을 잡고 당부하였다.

"이 늙은이가 자네를 미워해서 고생을 시킨 것이라고는 생각하지 말게. 내 아무리 둘러보아도 이 나라를 위해 큰일을 할 수 있는 사람은 자네밖에 없다는 생각이 들어서 자네에게 후일에 중책을 맡기고자 자네를 불렀던 것이네. 우리나라는 2백 년 동안 태평을 누려왔으므로, 나라에 변란이 생기면 그 누구도 감당할 인물이 없네. 지금까지 내가 일러준 것을 잘 기억해 두었다가 장차 나라의 위기를 자네가 구하도록 하게."

김재찬은 이창운의 참뜻을 알고는 머리를 조아려 용서를 빌고, 이창운의 말을 가슴 깊이 간직하였다.

그 뒤, 순조(純祖) 11년(1811), 평안도에서 홍경래(洪景來)의 난이 일어났다. 평안도 일원이 난군(亂軍)의 손에 들어가 국가가 한때 위기에 처하였다. 그때, 김재찬이 예전에 알아두었던 평안도의 지형과 풍속을 활용해 홍경래의 난을 평정하는 데 큰 공을 세웠다.

김재찬은 조선 말기의 명재상이 되어, 초기의 황희(黃喜)와 함께 '조선 명상(名相)의 황금마구리'라는 평을 들었다.

이창운의 예지(睿智)로서 김재찬 같은 인재를 발굴하여 국가의 위기를 극복하였으니, 그를 일러 참으로 앞날을 내다볼 줄 아는 안목이 있었다고 할 만하다.

이창운(李昌運, 1713~1791) 조선 후기의 무신. 본관은 함평(咸平), 자는 성유(聖俞)이다. 1738년(영조 14) 천거를 받아 선전관에 제수되었고, 이듬해 무과에 급제하였다. 상원군수로 부임하여 병무 행정을 간소화하고 창고를 충실히 하였다. 안동영장(安東營將)과 선천방어사(宣川防禦使)를 거쳐 경상좌도수군절도사 등을 지내고, 1776년(정조 즉위년) 삼도수군통제사가 되었으며, 그 뒤 우포도대장(右捕盜大將)·어영대장·총융사(摠戎使)·오위도총부도총관(五衛都摠府都摠管)을 역임하였다.

집안 사람이라도 고관은 만나지 않는다

이순신(李舜臣)
《택당집(澤堂集)》

　충무공(忠武公) 이순신은 일찍이 무과(武科)에 급제하고서도 한동안 벼슬길에 나가려는 뜻을 갖지 않았다. 따라서 좀처럼 윗사람을 찾아보는 일도 없었다. 율곡 이이(李珥)가 당시에 이조판서로 있었는데, 이순신의 사람됨이 뛰어나다는 말을 들었다. 율곡은 이순신이 자기와 같은 덕수이씨(德水李氏)이기도 하였으므로, 이순신에게 사람을 보내어 한번 만나 보기를 청하였다.
　그러나, 이순신은 이율곡의 청을 달갑게 여기지 않고, 거절하였다.
　"종씨(宗氏)로서는 율곡 그 어른을 만나볼 수 있지만 그 어른이 이조판서 자리에 있으니, 만나지 않는 것이 좋겠다."

　참으로 충무공답도다! 요즈음 세상에는 사돈의 팔촌이 고들개 참사만 되어도 그 연줄을 우려먹지 못해서 안달을 하는데…. 인사권을 쥐고 있는 이조판서 친족이 만나자는 데도 그것을 거절한 이순신의 당당함. 지금 사람들은 그것이 오히려 이상하게 느껴질 것이다.

이순신(李舜臣, 1545~1598) 조선 중기의 무관. 본관은 덕수(德水), 자는 여해(汝諧), 시호는 충무(忠武)이다. 임진왜란 때 일본군을 물리치는 데 큰 공을 세운 명장이다. 옥포대첩(玉浦大捷), 한산도대첩(閑山島大捷), 명량대첩(鳴梁大捷), 노량해전(露梁海戰) 등에서 승리하였다. 임진왜란 때 삼도수군통제사(三道水軍統制使)가 되어 일본 수군과의 해전(海戰)에서 연전연승하여, 나라를 구한 영웅으로 추앙받고 있다. 1604년(선조 37) 선무공신 1등이 되고 덕풍부원군(德豊府院君)에 추봉된 데 이어 좌의정에, 1613년(광해군 5) 영의정에 추증되었다. 시문(詩文)에도 능하여 《난중일기(亂中日記)》와 시조·한시 등 여러 편의 뛰어난 작품을 남겼다.

죽어서도 왕을 깨우치다

김후직(金后稷)
《동국여지승람(東國輿地勝覽)》

　김후직은 신라(新羅) 진평왕(眞平王) 때 사람이다. 진평왕은 평소 사냥을 좋아하였다. 김후직은 정사(政事)를 돌보지 않고 사냥만 하는 왕에게 그 부당함을 여러 차례 간(諫)하였으나, 왕은 그의 간언(諫言)을 듣지 않았다. 왕이 사냥을 즐기는 것을 막지 못한 채 죽음을 맞이하게 된 김후직은 그의 아들에게 다음과 같은 유언을 남겼다.

　"나는 신하의 몸으로 왕의 나쁜 점을 바로잡지 못하였으니, 이는 불충(不忠)이다. 내가 죽으면 왕이 사냥 가시는 길목에 나를 묻어라. 죽어서라도 내 불충의 오명(汚名)을 씻으리라."

　그의 아들은 아버지의 유언대로 그를 왕이 사냥 나가는 길목에 매장하였다. 그 후 어느 날 왕이 사냥을 나가는데, 길가에서 '대왕께서는 사냥을 가지 마소서' 하는 듯한 소리가 들렸다. 왕은 이를 의아하게 생각하여 신하들을 돌아보고 그 까닭을 물었다. 그러자 시종(侍從)하는 자가 "김후직의 무덤에서 나는 소리입니다."라고 하면서 김후직이 죽을 때 남긴 유언의 내용을 사실대로 고하였다. 이에 왕은 눈물을 흘리면서 다음과 같이 참회하였다.

"부자(夫子; 김후직을 선생으로 높여 부른 것임)는 생전에도 충성을 다하여 나에게 그처럼 간언을 하더니, 죽어서도 나를 잊지 않고 있구나. 내가 이 사냥하는 버릇을 고치지 않는다면, 무슨 면목으로 부자를 지하(地下)에서 만나겠는가."

이후로 왕은 다시 사냥을 나가지 않았다. 후세에서는 김후직이 죽어서 왕의 사냥버릇을 고치게 한 것을 두고 묘간(墓諫)이라고 칭하였다.

이와 비슷한 고사가 춘추시대에 이미 있었다. 위(衛)나라에는 현명하고 예의 바른 거백옥(蘧伯玉)이라는 어진 신하가 있었고, 영공(靈公)의 뜻에 영합하여 권력을 잡고 전횡(專橫)하는 미자 하(彌子瑕)라는 신하가 있었다. 그리고 직간(直諫)을 잘하는 사관(史官) 추(鰌)라는 신하가 있었는데 자(字)가 자어(子魚)였으므로 사람들은 그를 사어(史魚)라고 불렀다. 사어는 군주인 영공에게 거백옥을 등용하고 미자 하를 내치라고 여러 번 간하였으나 영공은 끝내 듣지 않았다.

사어는 병이 들어 죽게 되자, 아들을 불러 당부하기를 "내가 생전에 우리 임금님께 거백옥을 등용하고 미자 하를 내치라고 여러 번 간하였으나 끝내 이것을 이루지 못하고 죽으니, 나는 천하의 죄인이다. 내가 죽거든 다른 사람처럼 정당(正堂)에 빈소를 차리지 말고 옆의 작은 방에 빈소를 마련하여 죄인인 나의 잘못을 드러내게 하라." 하였다.

아들인 상주(喪主)는 어쩔 수 없이 부친의 유언대로 시행하였다. 영공이 조문을 가서 보니, 죽은 신하의 빈소가 정당에 있지 않은 것을 보고 깜짝 놀라 상주에게 물으니, 아들은 별세한 부친의 유언이라며 사실대로 고하였다. 이에 영공은 이렇게 후회하였다.

"내가 잘못하였다. 이처럼 충직한 신하의 간언(諫言)을 듣지 않았으니, 부끄럽기 이럴 때 없다. 내 당장 잘못을 뉘우치고 별세한 이 신하의 간언을 따를 것이니, 상주는 부디 빈소를 다시 정당으로 모셔라."

영공은 즉시 이를 실천하였다. 이에 사람들은 '사어가 생전에는 몸으로 간하였고 죽어서는 시신으로 간하였다'고 칭송하며 이를 시간(尸諫)이라 하였다.

《논어》〈위령공(衛靈公)〉에는 "정직하도다. 사어여! 나라에 도가 있을 때에도 곧바로 날아가는 화살과 같았고, 나라에 도가 없을 때에도 곧바로 날아가는 화살과 같았다.[直哉! 史魚, 邦有道如矢, 邦無道如矢.]"라고 칭찬한 공자(孔子)의 말씀이 보이며, 《천자문(千字文)》에도 "사어는 정직함을 지켰다.[史魚秉直]"는 내용이 보인다. 결국 김후직의 묘간은 사어의 시간을 따른 것이었다.

김후직(金后稷, ?~?) 신라 진평왕(眞平王) 때의 충신. 지증왕(智證王)의 증손. 진평왕을 섬겨 이찬(伊湌)으로 병부령(兵部令)을 지냈다.

직언을 하다가 칼을 쓴 것도 영광

추적(秋適)
《동사강목(東史綱目)》

　추적은 고려 충렬왕(忠烈王) 때 사람이다. 그는 성품이 활달하고 형식에 구애되지 않았다. 그가 좌사간(左司諫)으로 있을 당시 내시(內侍) 황석량(黃石良)이 왕의 위엄을 등에 업고 권력을 행사하여, 그의 고향인 충청도의 합덕부곡(合德部谷)을 현(縣)으로 승격시키려고 하였다. 그리하여 황석량은 추적에게 합덕부곡을 현으로 승격시키는 문서에 서명을 해줄 것을 요구하였다. 추적이 이를 거부하자, 황석량은 동료 내시들과 함께 추적을 중상모략하였다.

　왕은 그의 중상모략을 그대로 믿고 추적에게 큰 칼을 씌워 순마소(巡馬所)에 구금하게 하였다. 추적이 칼을 쓰고 순마소로 가는 도중 그를 압송하는 형리(刑吏)가 '대감께서 이러한 모습으로 끌려가는 것을 사람들에게 보여주는 것은 창피한 일이오니, 대로변을 피하여 지름길로 가십시다.'라고 제의하였다. 그러나 추적은 형리의 권고를 단호히 물리쳤다.

"죄를 지은 사람은 모두 법에 따라 처리되는 법이니, 나는 순마소로 가야 한다. 나는 대로(大路)를 당당히 걸어가서 누구에게나 나의 이러한 모습을 보여주고자 한다. 간관(諫官)으로서 칼을 쓰는 것은 영광스러운 일이다. 내 어찌 아녀자들처럼 낯을 가리고 골목길로 숨어 다닌단 말인가?"

추적은 과연 부정과 불의에 굴하지 않는 고려시대 간관(諫官)의 당당한 모습을 지닌 자라 할 것이다.

추적(秋適, 1246~1317) 고려시대의 문신. 본관은 추계(秋溪), 자는 관중(慣中), 호는 노당(露堂)이다. 1261년(고려 원종 2) 문과에 올라 직사관(直史館), 좌사간을 거쳐 민부상서(民部尙書)·예문관제학(藝文館提學)을 역임하였다.

20

꺾일 줄 모르는 지조

김언신(金彦辛)
《해동소학(海東小學)》

　조선 성종(成宗) 때에 사헌부(司憲府)의 지평(持平)으로 있던 김언신이 이조판서 현석규(玄碩圭)를 소인배(小人輩)라고 몰아붙이고, 중국 역사상 대표적인 간신으로 손꼽히는 당(唐)나라의 노기(盧杞)와 북송(北宋)의 왕안석(王安石)에 견주어 비난하였다.
　왕이 크게 노하여 그를 의금부(義禁府)에 가두고, 허위 사실을 유포한 죄로 다스리게 하였다. 왕은 그를 대궐의 뜰로 끌어내어 이렇게 꾸짖었다.
　"왕을 속이는 죄는 죽어 마땅하다. 그대는 아직도 현석규를 소인이라고 말하겠는가? 그대가 현석규를 노기와 왕안석에 견주어 말한다면, 이것은 곧 나를 당나라의 덕종(德宗)과 송나라의 신종(神宗)에 비교하는 것이 아닌가?"
　그러나 김언신은 끝까지 자신의 소견을 굽히지 않았다.
　"당나라의 덕종은 노기 한 사람을 등용하였고, 송나라의 신종은 왕안석 한 사람을 등용하였을 뿐입니다. 그런데 현석규는 이 두 사람의 음흉한 점을 함께 지닌 간사한 사람입니다. 전하께서 이러한 사람을 등용하셨으니, 덕종과 신종보다 더 혼우(昏愚)하다고 생각합니다."

이에 왕은 노여움을 풀고 김언신을 위로하며 다음과 같이 타일렀다.

"간(諫)하는 신하를 죽인 임금은 오직 중국 하(夏)나라의 걸(桀)과 은(殷)나라의 주(紂)뿐이다. 내가 당나라 태종(太宗)이 신하들의 간언을 잘 들었던 것을 본받지 않고 그대를 일시 감옥에 가두었던 것은 그대의 고집 때문이었다. 그대는 나에 대한 노여움을 풀라. 그리고 현석규는 어진 신하이니, 서로 해치거나 욕하지 말고 그와 함께 나랏일을 잘 보살피도록 힘써라. 나는 그대의 꺾일 줄 모르는 그 지조를 매우 가상하게 생각한다."

참으로 '그 임금에 그 신하'라 하겠다. 이처럼 바른 말을 할 수 있는 신하를 둔 군주는 진정 행복한 군주인 것이며, 이러한 직언을 용납할 수 있는 군주를 만났으니, 그 신하 또한 진정 행복한 신하인 것이다.

김언신(金彦辛, 1436~?) 세조(世祖)~성종(成宗) 때의 문신으로, 본관은 강릉(江陵)이다. 직장, 지평 등을 지냈고, 1477년(성종 8)에 유자광(柳子光)의 사주를 받아 도승지 현석규(玄錫圭)를 탄핵하였다가 하옥되었다.

어리석은 임금에 걸맞지 않은 어진 신하

박한주(朴漢柱)
《대동기문(大東奇聞)》

　박한주는 곧은 말을 잘하기로 유명하다. 연산군(燕山君) 때 간관(諫官)이 되었는데, 간관은 왕의 잘못을 바로잡는 직책이었다. 그는 연산군이 끝없이 방탕한 생활을 하는 것을 보고 이렇게 간하였다.
　"전하(殿下)께서는 종묘(宗廟)나 능(陵)에는 한 번도 친히 제사를 지내지 않으시면서 놀이는 밤낮을 모르고 즐기시니, 이는 군왕(君王)의 도리라 할 수 없습니다."
　이 말을 들은 연산군은 겸연쩍게 변명을 하였다.
　"내가 눈병이 나서 제사를 못 지낸 것이니, 어찌 제사를 지내고 싶지 않아서 그러겠오?"
　그러자, 박한주는 다시 다그쳐 말하였다.
　"전하께서는 후원에서 말을 달려 공을 치시며, 비단 장막을 치고 잔치를 하시면서 눈병이 났다고 핑계를 하십니까?"
　이에 연산군은 화를 벌컥 내면서 호통을 쳤다.

"그래 비단 장막이 네 것이라도 된단 말이냐?"

"비단 장막뿐만이 아니라, 전하께서 사용하시는 모든 물건이 다 백성들의 세금으로 이루어진 것이니, 백성들의 것이라 해도 옳습니다. 어찌 전하의 사물(私物)이겠습니까?"

박한주는 끝까지 바른 말을 하다가 마침내 귀양을 가서 죽음을 당하였다.

참으로 애석한 일이다. '어리석은 임금에 걸맞지 않는 어진 신하'라 하겠다. 이처럼 바른 말을 할 수 있는 신하를 둔 군주는 진정 행복한 군주이거늘, 이러한 직언을 용납할 수 없는 용렬한 군주를 만났으니, 그 신하 또한 진정 불행한 신하인 것이다. 그러나 이러한 용렬한 군주로 말미암아 그 이름이 역사에 빛났으니, 이 또한 다행이 아닌가.

박한주(朴漢柱, 1459~1504) 조선 중기의 문신. 본관은 밀양, 자는 천지(天支), 호는 우졸재(迂拙齋)로 김종직(金宗直)의 문인이다. 1485년(성종 16) 별시문과에 갑과로 급제, 정언·헌납을 거쳐 예천현감(醴泉縣監)으로 나갔다. 연산군 때 간관(諫官)이 되어 왕의 실정(失政)을 극간(極諫)하고, 임사홍(任士洪)을 탄핵하였다. 1498년(연산군 4) 무오사화 때 김종직의 제자라 하여 벽동(碧潼)에 장류(杖流)되고, 1504년 갑자사화 때 서울에서 능지처참되었다. 중종반정 후 도승지(都承旨)에 추증되었다. 문집 《우졸재집(迂拙齋集)》이 있다.

임금을 걸(桀)·주(紂)에 비유한 신하

김성일(金誠一)
《자해필담(紫海筆談)》

어느 날 선조(宣祖)가 신하들에게 다음과 같이 물었다.
"나를 옛날의 어느 임금에게 견줄 수 있는가?"
직언(直言)을 잘하기로 이름난 정이주(鄭以周)가 먼저 대답하였다.
"요(堯)·순(舜)과 같은 임금이십니다."
그러자, 학봉(鶴峰) 김성일이 옆에 있다가 이렇게 아뢰었다.
"요·순도 될 수 있고 걸·주도 될 수 있습니다."
요·순은 중국 역사상 가장 성군(聖君)으로 추앙받는 제왕이며, 걸·주는 그와 반대로 폭군(暴君)으로 지탄을 받는 임금이었다.
"요·순과 걸·주가 그처럼 차이가 없단 말인가?"
하고 선조가 다시 묻자, 김성일은 다음과 같이 대답하였다.
"전하의 자질이 고명(高明)하시므로 요·순과 같은 성군이 되기 어렵지 않으나, 자신이 훌륭하다고 생각하시어 간(諫)하는 말을 잘 듣지 않는 병통이 있으십니다. 그러므로 걸·주도 될 수 있다고 말한 것입니다."

선조는 이 말에 충격을 받아 안색이 변하였다. 좌우의 중신들이 어찌할 바를 모르고 벌벌 떨기만 하였다. 이때 서애(西厓) 유성룡(柳成龍)이 선조 앞으로 나아가 아뢰었다.

"두 사람의 말이 다 옳습니다. 정이주가 전하를 요·순에 견준 것은 전하께서 그렇게 되시라고 권하는 말이요, 김성일이 전하를 걸·주가 될 수 있다고 말한 것은 전하께서 그 점을 경계하시라는 뜻에서입니다."

이 말에 선조는 노기를 풀고 술을 내려주었다.

바로 이 순간이야말로 참으로 선조가 걸·주가 될 수 있는 위기일발의 시점이었다. 어질도다! 정이주와 김성일 두 신하의 진언이여! 그리고 시의적절하도다! 유성룡의 해석이여! 이러한 현신들이 있었기에 그 군왕은 걸·주가 됨을 면할 수 있었던 것이다.

김성일(金誠一, 1538~1593) 조선 중기의 정치가·학자. 본관은 의성(義城), 자는 사순(士純), 호는 학봉(鶴峯)이다. 퇴계(退溪) 이황(李滉)의 문인. 1577년 종계변무(宗系辨誣)를 청하는 사행(使行)의 서장관으로 연경에 다녀왔으며, 1579년 사헌부 장령에 임명되어 시사(時事)를 비판하고 종실(宗室)의 비리를 탄핵하여 대궐의 호랑이[殿上虎]라는 별명을 얻었다. 그 해 함경도 순무어사가 되어 영흥·함흥 등의 고을을 순행하면서 민정을 살피고 수령들의 근무태도를 점검하였다. 1583년 특지로 나주목사가 되어 도내의 민폐를 해결하였다. 일본 사정을 탐지하려고 파견되었다가 돌아와 일본이 침입하지 않을 것이라고 보고하였다. 임진왜란이 일어나자 파직되었다가 경상우도 초유사(慶尙右道招諭使)에 임명되어 전란 수습에 노력하였다. 1593년 경상우도순찰사로 2차 진주성 전투 중 병사하였다.

참으로 곧은 신하로다

송명흠(宋明欽)
《대동기문(大東奇聞)》

늑천(櫟泉) 송명흠은 영조(英祖) 때의 학자이다. 그는 학행이 뛰어난 것으로 천거되어 공릉참봉(恭陵參奉)에 임명되었으나 사양하였다. 그 뒤로 사헌부(司憲府)의 지평(持平)·장령(掌令) 등의 벼슬이 내려졌으나, 그는 계속하여 관직을 사양하였다.

이때 영조는 사도세자(思悼世子)가 온갖 비행(非行)을 저질렀다는 상소를 받고 크게 노하여 마침내 세자를 죽이기로 결심하고, 준례에 따라 3품(三品) 이상의 전직 대신과 덕망이 높은 재야 학자들을 불러들여 이 문제를 논의하게 하였다. 그리하여 송명흠도 그 자리에 참석하게 되었다.

그러나 다른 사람들은 영조의 뜻을 꺾을 수 없다는 것을 알고 있었으므로 감히 바른 말을 하지 못하였다. 이는 왕의 뜻을 거슬렸다가 무슨 변을 당할지 모르기 때문이었다. 송명흠은 감연(敢然)히 영조의 뜻을 가로막고 나섰다.

"전하(殿下)! 폭군으로 만대의 지탄을 받고 있는 걸(桀)·주(紂)도 자기 자식을 죽이는 악행은 저지르지 않았습니다. 어찌 전하께서 그러한 일을 하실 수 있사옵니까?"

이 말을 들은 영조는 크게 노하여 부들부들 떨면서 송명흠을 내쫓아 버리고, 선전관(宣傳官)에게 칼을 내어 주며 이렇게 명령하였다.

"너는 저 송명흠의 뒤를 밟아가다가 송명흠이 곧장 제 집으로 가지 않고 도중에 다른 사람의 집으로 들어가거든 물어볼 것도 없이 그 집 주인과 함께 목을 베어 오너라. 그러나 송명흠이 곧장 제 집으로 들어가거든 너 역시 그의 집으로 따라가 왕명으로 형을 집행하러 왔다는 사실을 알린 뒤에 그가 원망하는 말이 없이 목을 늘여 형을 받으려 하거든 살려주고, 그렇지 않고 조금이라도 변명을 늘어놓거든 당장 그 목을 베어라."

이는 당시 학자들이 당색(黨色)에 빠져 그 당파의 영수(領袖)의 사주에 따라 상소를 하고 주장을 펴기 때문에 영조가 이러한 행위를 못마땅하게 여겨 내린 조처였다.

이에 선전관은 송명흠의 뒤를 따라갔다. 송명흠은 대궐을 나서면서 이미 살아남지 못할 것을 짐작하고 곧바로 자기 집으로 가서 왕명을 기다리고 있었다. 과연 얼마 후 선전관이 들이닥쳐 추상(秋霜)과 같이 호령하였다.

"악행만 일삼는 세자를 비호한다는 구실로 무엄하게도 전하를 걸·주에 비견하는 극악무도한 죄를 범하였으니, 죄인 송명흠은 어서 나와 형벌을 받으라."

그러나 송명흠은 얼굴빛 하나 변하지 않고 순순히 응하였다. 선전관이 "마지막 할 말은 없는가?" 하고 묻자, 송명흠은 조금도 동요됨이 없이 이렇게 말하였다.

"성상께서 죽음을 내리시는데, 신하된 자가 무슨 할 말이 있겠오. 한 가지 부탁이 있다면 사당에 하직인사나 드리고 죽을 수 있게 해 주시오."

송명흠은 마침내 사당으로 들어가 인사를 마친 다음 임금이 계신 북쪽을 향하여 큰절을 두 번 올리고 꿇어앉아 형의 집행을 기다렸다. 선전관은 한동안 그를 내려보고 있다가 그의 목을 치지 않고 그대로 일어나라고 하였다. 그러자 송명흠은 "왜 목을 베지 않고 일어나라 하시오?"라고 물었다. 선전관은 왕명에 따를 뿐이라는 것을 밝혔다.

"성상께서 그대가 순순히 형을 받으려 하면 목을 베지 말라고 하셨으므로 어명(御命)을 따를 뿐이오."

이 말을 들은 송명흠은 못마땅한 듯 꼿꼿이 선전관을 바라보며 큰 소리로 말하였다.

"왕명을 받든 선전관의 말이 사실이라면 이것은 왕께서 신하를 희롱하는 것이 되오. 예로부터 아무리 군왕이라도 신하를 희롱해서는 안 된다고 하였소. 그리고 왕명은 매우 중한 것이므로 한번 내려지면 돌이킬 수 없는 것이오. 그런데 어찌하여 그 결과가 둘로 나타나는 왕명을 내릴 수가 있단 말이오? 내 목을 베어 왕명의 지엄(至嚴)함을 보이시오. 빨리 내 목을 치시오!"

그러나 선전관은 그의 목을 치지 않고 돌아갔다. 송명흠은 뒤이어 '아버지가 아들을 죽일 수는 없는 일이며, 왕이 신하를 희롱해서는 안 된다'는 내용의 상소문을 지어 올렸다.

영조는 그의 상소문을 보고 "참으로 곧은 신하로다."라고 칭찬하였으며 끝내 벌을 주지 않았다.

송명흠(宋明欽, 1705~1768) 조선 후기의 학자. 본관은 은진(恩津), 자는 회가(晦可), 호는 늑천(櫟泉), 시호는 문원(文元)이다. 동춘당(同春堂) 송준길(宋浚吉)의 후손이며, 도암(陶菴) 이재(李縡)의 문인. 뒤에 천거를 받아 충청도 도사·지평 등에 임명되었으나 모두 사양하였다. 1755년(영조 31) 노모의 간청으로 옥과현감(玉果縣監)이 되었으나 모친상을 치른 뒤 사직하였다. 1764년 찬선(贊善)으로 경연관이 되어 정치문제를 논하다가 왕의 비위를 거슬려 파직 당했다. 죽은 뒤에 복관(復官)되어 이조판서에 추증되었다. 저서에 《늑천집(櫟泉集)》, 《늑천소말조진(櫟泉疏末條陳)》이 있다.

청백하고 정직한 신하를 비호한 임금

효종(孝宗)
《공사견문록(公私見聞錄)》

　　인조(仁祖)가 소현세자(昭顯世子)의 비(妃)인 강빈(姜嬪)에게 사약을 내릴 때에 조정 신하들이 인조의 그러한 처사가 부당하다고 간하며, 그 간언을 받아들이지 않으면 벼슬을 버리고 가겠다고까지 하였다. 그러자 인조는 격노하여 이렇게 말씀하였다.
　　"가고 싶은 자는 가거라. 내가 말리지는 않겠다."
　　이때 세자로 있던 효종이 틈을 타서 인조에게 조용히 아뢰었다.
　　"아바마마께서 실언(失言)을 하셨습니다. 임금은 반드시 벼슬에 욕심이 없는 깨끗하고 정직한 선비를 선택하여 조정에 두고, 그 말을 채용하여야 국가를 보전할 수 있는 것입니다. 마음에 거슬린다고 해서 화를 내시고 신하들이 물러가는 것을 그대로 두신다면 조정에 남아 있는 자들은 모두 벼슬만을 보전하려고 군주의 비위만 맞추는 비루한 자들뿐일 것입니다. 이래서는 나라가 망하지 않을 수 없습니다."
　　그러자 인조는 크게 뉘우쳤다.

"내가 과연 실언을 하였구나."

효종(孝宗, 1619~1659) 조선 제17대 왕(재위 1649~1659). 휘(諱)는 호(淏), 자는 정연(靜淵), 호는 죽오(竹梧), 시호는 명의(明義)이다. 인조(仁祖)의 둘째 아들로 처음에 봉림대군(鳳林大君)에 봉해졌다. 병자호란으로 청나라에서의 8년간 볼모 생활 중 그 설욕에 뜻을 두어, 즉위 후 은밀히 북벌(北伐) 계획을 수립, 군제의 개편, 군사훈련의 강화 등에 힘썼으나 북벌의 기회를 얻지 못하였다. 대동법(大同法)을 실시했고, 상평통보(常平通寶)라는 화폐를 유통시키는 등 경제시책에 업적을 남겼다.

꽃이나 구하여 무엇을 하시려는가

이시백(李時白) | 홍만회(洪萬恢)
《국조보감(國朝寶鑑)》

　이시백은 조선조 효종(孝宗) 때에 정승을 지낸 인물이다. 인조(仁祖)가 그에게 집을 한 채 하사하였는데, 그 집의 뜰에 좋은 꽃나무가 한 그루 있었다. 이 꽃은 금사낙양홍(金絲洛陽紅)이라고 하는 목단 꽃으로, 중국에서 들여와 심은 것이라고 하였다.
　어느 날 갑자기 궁중(宮中)으로부터 왕명을 받은 사람이 일꾼을 거느리고 이시백의 집에 와서 그 꽃나무를 캐어 궁중으로 옮겨가려고 하였다. 이에 이시백은 이 꽃나무의 뿌리를 뽑아 짓이겨 버린 다음 눈물을 흘리면서 사자(使者)에게 이렇게 말하였다.
　"오늘날 우리나라의 형세는 나라를 보존하기에 모두 전전긍긍하고 있는 지경인데, 주상께서 이러한 때에 어진 사람을 구하여 나랏일을 돌보게 하지 않으시고 이런 꽃이나 구하여 무엇을 하시려는 것인가? 나는 이 꽃을 주상께 바치는 아첨을 하여 나라가 망하는 것을 보지 않으련다. 나의 이 뜻을 주상께 아뢰어라."

그 후 이 말을 들은 왕은 이시백을 더욱 두텁게 신임하였다.

군수(郡守) 홍만회(洪萬恢)의 집에 희귀한 관상수인 종려(棕櫚)나무 한 그루가 있어 온 장안에 소문이 났다. 숙종(肅宗)은 이 말을 듣고 궁궐의 잡부(雜夫)들을 보내어 그 종려나무를 대궐로 옮겨 심도록 하였다. 이는 홍만회가 왕족과 인척이 되는 사이였으므로 왕이 사사로운 청을 하여 종려나무를 얻으려고 한 것이었다. 그러나 왕이 종려나무를 원한다는 말을 들은 홍만회는 이렇게 말하였다.

"나는 머리끝에서 발끝까지 나라의 은혜를 입고 있어 온몸이라도 왕에게 바쳐 아까운 것이 없는데, 하물며 꽃이나 관상수쯤이야 어찌 아까워하겠는가. 다만 아무리 왕실과 가까운 외척이라도 멀리 지방에 나가 백성을 다스리는 자리에 있으면서 꽃이나 관상수를 왕에게 올리는 것은 아첨이 된다. 그러하니, 나는 이 종려나무를 왕에게 바칠 수가 없으며, 또한 이것을 내 집에 그냥 둘 수도 없는 노릇이다."

홍만회는 곧 종려나무를 뽑아 버렸다. 궁정의 잡부가 돌아가서 사실을 왕에게 아뢰니, 왕은 그 말을 듣고 홍만회를 칭찬하며 궁궐 후원에 있는 종려나무도 뽑아 옛 주인에게 돌려보내도록 하였다.

이시백(李時白, 1581~1660) 조선 중기의 문신. 본관은 연안(延安), 자는 돈시(敦詩), 호는 조암(釣巖), 시호는 충익(忠翼)으로 이귀(李貴)의 아들이고 사계(沙溪) 김장생(金長生)의 문인이다. 1623년 유생(儒生)으로 인조반정에 공을 세워 정사공신 2등으로 가선대부(嘉善大夫)에 오르고 연양군(延陽君)에 봉해졌으며, 이조참판·우의정·영의정 등을 역임하였다. 일곱 번이나 판서를 역임하였고 영의정에까지 올랐으나, 청빈해 빈한(貧寒)한 선비와 같았다 한다. 이괄(李适)의 난, 정묘호란, 병자

호란 등 나라의 위기 때마다 공을 세웠다. 병자호란의 수습, 대동법(大同法) 실시 등으로 사회 안정에 공헌하였다.

홍만회(洪萬恢, 1643~1709) 조선 후기의 문신. 본관은 풍산(豐山), 자는 여곽(汝廓)이며, 선조(宣祖)의 부마였던 영안위(永安尉) 홍주원(洪柱元)의 아들이다. 현종 10년(1669) 사마시에 합격하고, 장악원 직장, 풍덕부사(豐德府使), 판결사 등을 지냈다.

명령을 어기고 농사를 짓게 하다

김이(金怡)
《목민심서(牧民心書)》

    고려 충숙왕(忠肅王) 때에 김이는 장흥부사(長興府使)로 있었는데 북쪽 지방에 오랑캐가 침입하여 노략질을 자행하였다. 이에 조정에서는 '각 고을마다 요새지에 의지하여 보전책을 강구하라.'고 전국에 명을 내려, 백성들이 험고(險固)한 요새지로 들어가 오랑캐를 피하게 하였다. 그리하여 백성들이 마음대로 농사를 짓지 못하게 되었다. 이에 김이는 마침 그 지방에 온 안렴사(按廉使) 강취(姜就)에게 다음과 같이 건의하였다.

    "오랑캐가 대군을 거느리고 우리나라에 침입하였으나 그들은 마치 도마 위의 고기와 같은 것들입니다. 그들이 어찌 이 먼 남쪽 고을에까지 내려올 수 있겠습니까? 양식은 백성들로서는 하늘과 같은 존재입니다. 밭을 갈고 씨를 뿌리는 것은 시기가 있는 법이니, 그 시기를 놓쳐서는 안 됩니다. 오랑캐가 쳐들어왔다고 해서 농사를 짓지 못하게 해서야 되겠습니까?"

그러나 강취는 난색을 표하였다.

"나도 이러한 사정을 알고 있지만 나라의 명령이 지금 농사일을 해서는 안 된다고 하니, 어찌 이것을 어길 수가 있겠소? 나라의 명을 어기다가는 큰 벌을 받을 것이오."

강취의 만류가 있었으나, 김이는 결연히 이렇게 주장하였다.

"옛말에 '한 농부가 밭을 갈지 않으면 천하가 굶주린다.'라고 하였습니다. 내가 나라의 명령을 따라 밭을 갈지 못하게 하면 굶어 죽는 자가 많을 것이나, 내가 나라의 명령을 따르지 않고 밭을 갈게 한다면 벌을 받는 자는 나 한 사람뿐일 것입니다."

김이는 마침내 고을 백성들에게 농사를 짓도록 하였다.

그 뒤 과연 오랑캐들은 충청도 연기(燕岐)까지 침입하였다가 격퇴되고 말았다. 그리하여 이 해 딴 고을에서는 모두 농사를 짓지 못하여 곡식을 수확하지 못했으나 장흥에서만은 큰 풍년이 들어 백성들이 잘 살 수 있었다.

김이(金怡, 1265~1327) 고려 말의 문신. 춘양김씨(春陽金氏)의 시조. 1298년(충렬왕 24) 원나라에 간 충선왕(忠宣王)을 시종하였으며, 왕의 부자를 이간시키려는 간신배들을 제거하는 데 공이 컸다. 충선왕 복위 후, 심양왕 고(暠)를 왕으로 만들려고 하는 사건을 저지시켰다.

재상이라도 사사로운 청은 들어줄 수 없다

정붕(鄭鵬)
《목민심서(牧民心書)》

조선 중종(中宗) 때에 문명(文名)이 높던 정붕이 청송부사(靑松府使)로 있었는데, 어떤 재상이 그 지방의 토산물인 꿀과 잣[松子]을 보내달라고 요구하였다. 정붕은 그 재상에게 이런 답서를 보내었다.

"꿀은 민가의 벌통 속에 있고 잣나무는 높은 산속에 있으니, 고을의 수령된 사람이 어떻게 민가의 벌통 속과 높은 산속을 헤매고 다닐 수가 있겠습니까."

이 글을 본 재상은 자기가 무리한 요구를 한 것을 부끄럽게 여기고 그에게 깊이 사과하였다.

정붕은 참으로 강직한 수령이라 하겠다. 또한 그의 강직함을 원한으로 삼지 않고, 자신의 법도에 어긋난 청탁이 부끄러운 일임을 깨달은 재상 또한 어질다 할 만하다. 과연 그 수령에 그 재상이로다.

정붕(鄭鵬, 1467~1512) 조선 중기의 학자·문신. 본관은 해주(海州), 자는 운정(雲程), 호는 신당(新堂)이다. 연산군 때 언관(言官)으로 있으며 직언을 하다가 갑자사화 때 유배되었다. 1506년 중종반정 후 교리에 복직되었으나 사퇴하고 향리에서 학문에 힘썼다. 도량이 크고 학식이 높았으며 권세에 아부하지 않았다. 저서에 《신당실기(新堂實記)》가 있다.

벼슬살이 하는 사람이 어부도 아니고

김렴(金廉)
《대동기문(大東奇聞)》

김렴은 조선조 명종(明宗) 때 사람이다. 문과에 급제하여 한림(翰林; 예문관)에 발탁되었으나 세도가(勢道家)의 미움을 사서 한산군수(韓山郡守)로 쫓겨나게 되었다.

당시에 한산 지방에는 전염병이 크게 돌아서 많은 사람이 죽어가고 있었다. 김렴이 한산군수로 발령받았다는 소식을 들은 그의 친구들은 그가 전염병으로 죽을 것으로 생각하고, 살아있을 때 미리 조문(弔問)이라도 해야겠다면서 그를 찾아와 임지에 부임하는 것을 만류하였다. 그러나 김렴은 태연하였다.

"죽고 사는 것은 하늘의 명(命)에 달려 있는 것이다. 한산의 괴질(怪疾)이 아무리 극성스럽다고 하더라도 하늘의 뜻을 어기면서 사람의 목숨을 마음대로 빼앗을 수는 없을 것이다."

그는 이렇게 말하고는 오히려 보기 싫은 꼴을 보지 않게 되어 잘 되었다는 듯이 부임 채비가 끝나는 대로 곧바로 한산으로 부임하였다.

그는 한산군수로 부임한 이튿날, 제단(祭壇)을 설치하여 역귀(疫鬼)들을 타이르는 축문(祝文)을 지어 읽고 제사를 지내었다. 그가 부임한 뒤로 한산 지방에서는 전염병이 저절로 사라져서 백성들이 생업에 전념할 수 있게 되었다. 그는 모든 일을 공명정대하게 처리하고 민폐를 끼치지 않도록 하니, 백성들이 그를 믿고 따랐다.

그를 좌천(左遷)시켰던 조정의 세도가는 그가 군수의 직책을 잘 수행하여 크게 명망을 얻자, 그것이 자기가 김렴을 잘 보살펴 주어서 그렇게 된 듯이 생색을 내면서 '그곳에서 나는 무슨 생선이 맛이 있고 산나물이 일미이니, 그것을 구해 보내달라.'는 등의 요구를 하였다. 그러나 김렴은 그의 요구를 단호히 거절하였다.

"생선은 천 길 물속에 있고 나물은 만 겹 산속에 있는바, 벼슬살이 하는 이 사람은 고기 잡는 어부도 아니고 나물 뜯는 아낙네도 아닙니다. 그러하니, 이 사람이 이것들을 무슨 수로 구한단 말입니까?"

허허! 참! 이런 답답한 어른을 보았나? 그게 얼마나 좋은 기회인데…

남들 같았다면 '얼싸 좋구나.' 하고 백성들을 혹사(酷使)하여 있는 것 없는 것 다 싸다가 바쳐가면서 그것을 자신의 출세와 영달을 위한 기회로 삼았을 터인데….

김렴(金濂, ?~?) 조선시대의 문신. 본관은 상주(尙州), 자는 계온(季溫), 호는 삼휴당(三休堂)이다.

고관들의 부탁이 왕명보다 중할 수야

유의(柳誼)
《목민심서(牧民心書)》

조선조 영조(英祖) 때에 유의가 홍주목사(洪州牧使)로 부임하였다. 유의는 고을을 다스리면서 고관들의 사사로운 부탁을 하나도 들어주지 않았다. 어떤 사람이 그에게 지나치게 융통성이 없다고 충고하자, 그는 이렇게 대답하였다.

"주상(主上)께서 홍주 백성을 목신(牧臣)인 나에게 부탁하여 그들을 잘 보호하도록 하셨소. 조정에 있는 고관들의 부탁이 중하다 한들 어찌 왕명보다 더 중할 수야 있겠는가. 내가 만일 한 사람의 요구를 지나치게 따른다면 이는 국가의 지엄한 명령을 어기고 한 사람의 사사로운 명령을 받드는 것이 되니, 어떻게 이런 일을 할 수 있겠는가."

하급 관리가 지위 높은 상관의 청탁을 들어주지 않는 것은 참으로 강직한 자가 아니고는 불가능한 일이다. 어떤 불이익을 받더라도 소신을 굽히지 않는 지조를 갖추었거나 청렴결백하여 자신의 행위에

한 점 부끄러움이 없는 자만이 가능한 것이다.

▄▄▄▄▄▄▄
유의(柳誼, 1734~?) 조선 후기의 문신. 본관은 전주(全州), 자는 의지(誼之). 영조 때(1780) 강원·관서의 암행어사로 나가고, 1781년 《경종개수실록》 편찬에 참여하였다. 대사간, 병조참판을 거쳐 승지, 홍주목사(洪州牧使)를 역임하고 대사헌으로 관직에서 물러났다.

30

백성들을 끝까지 비호하다

권엄(權襹)
《목민심서(牧民心書)》

정조(正祖) 때 판서(判書)를 지낸 권엄이 한성판윤(漢城判尹)으로 있을 때의 일이다. 당시 어의(御醫) 강명길(康命吉)이 정조의 신임을 믿고 안하무인(眼下無人)으로 행동하니, 조정의 백관들이나 백성들이 모두 눈살을 찌푸렸다.

강명길은 서교(西郊)에 땅을 사서 어버이의 묘를 이장(移葬)하고는, 그 산소 아래에 예로부터 있던 민가(民家) 수십 호를 모두 사들여 10월 추수(秋收) 후에 집을 비우도록 하였다. 그런데 이 해 가을에 흉년이 들었으므로 강명길에게 집을 판 촌민(村民)들이 생계가 곤란하여 제때 집을 비우고 떠나가지 못하게 되었다.

이에 강명길은 그가 사들인 땅에 살고 있는 민가를 몰아내게 해달라고 한성부에 소송을 제기하였으나 판윤인 권엄은 이를 받아들이지 않았다.

강명길은 이러한 사실을 왕에게 아뢰고 선처해 줄 것을 호소하였다. 그러자 왕은 승지 이익운(李益運)을 불러 한성판윤을 달래어 강명길의 뜻대로 해주라고 지시하였다. 이익운은 권엄에게 '강명길이 다시 소송을 제기하거든 한성부의 이졸(吏卒)을 출동시켜 그 민가들을 몰아내게 하라.'고 종용하였다.

　그다음 날 강명길이 한성부에 다시 소장(訴狀)을 제출하였으나 권엄은 그가 한번 판결한 것을 바꾸지 않았다.

　한성판윤이 강명길의 청을 끝내 들어주지 않는다는 것을 안 왕은 승지 이익운을 불러 크게 책망하였다. 우레처럼 무서운 상감의 진노에 듣는 사람들이 모두 목을 움츠렸다. 왕이 진노하였다는 사실을 이익운이 전하였으나 권엄은 조금도 두려워하는 기색이 없이 그의 소신을 거듭 밝혔다.

　"백성들이 당장 굶주리고 추위가 뼈에 사무칠 터인데, 그들을 쫓아낸다는 것은 모두 길에서 죽으라는 것이 아닌가? 나는 주상에게 죄를 지어 벌을 받을지언정 백성들을 돌보아야 할 처지에 있는 자로서 이렇게 할 수는 없다. 이 백성들의 원망이 어디로 가겠는가. 그들은 나를 원망하는 것이 아니라 나라를 원망할 것이 아닌가."

　그 이튿날 강명길이 다시 소송을 제기하였으나 권엄의 판결은 여전히 변함이 없었다. 이러한 권엄의 강직한 태도에 모두 '권엄이 왕의 진노를 사서 위험을 자초한다.'라고 불안해 하였다. 수일 후에 왕은 이익운을 다시 불러 이렇게 사과하였다.

　"내가 조용히 생각해 보니, 판윤의 처사가 참으로 옳다. 판윤은 진실로 다시 얻기 어려운 인물이다. 그대가 판윤의 처지라면 이렇게 할 수 있겠는가?"

권엄(權𧟓, 1729~1801) 조선 정조(正祖) 때의 문신. 본관은 안동(安東), 자는 공저(公著), 호는 엽서(葉西)이다. 중추부첨지사 밀(謐)의 아들. 대사간을 거쳐 공조와 형조의 판서, 병조판서로 기용되었다. 중추부지사로 재직시 이가환(李家煥)·이승훈(李承薰)·정약용(丁若鏞) 등 천주교 신자에 대한 극형을 주장하였다.

31

이것으로 처마를 가리도록 하라

선조(宣祖)
《공사견문록(公私見聞錄)》

    선조의 셋째 따님인 정숙옹주(貞淑翁主)가 출가를 하였는데, 사는 집의 뜰이 너무 좁은 것을 불만스럽게 여겨 선조에게 간청하였다.

  "이웃집이 가까워 말소리가 서로 들리고 처마가 얕고 드러나서 비바람을 가리지 못하고 있습니다. 돈을 좀 하사해 주시면 땅을 사서 집 뜰을 넓히겠습니다."

  그 말을 들은 선조는 "말소리는 낮추면 밖에 들리지 않을 것이요, 처마는 발을 쳐서 가리면 드러나지 않을 것인데, 무엇 때문에 뜰을 넓혀야 한다는 것이냐?" 하고는 대나무 발 두 벌을 내려주면서 이렇게 당부하였다.

  "이것으로 처마를 가리도록 하라."

  아! 이것이 참말이었단 말인가? 가난한 민가(民家)에서 있었던 일이 아니다. 조선 천하의 모든 것이 다 자신의 것이라 해도 과언이 아닐 군왕의 왕가에서 있었던 일이다. 실로 본받을 일이다. '딸을 시집 보낼 때 열쇠 다섯 개'라는 오늘의 경조부박(輕佻浮薄; 성품이나 행실이 신중하지 못하고 경솔함)한 풍조에 흠뻑 젖어 든 넋 빠진 부모들이여!

선조(宣祖, 1552~1608) 조선 제14대 왕으로 재위는 1567년에서 1608년까지다. 초명은 균(鈞)인데 뒤에 연(昖)으로 개명하였다. 덕흥대원군(德興大院君) 초(岹)의 셋째 아들로 명종(明宗)의 뒤를 이어 즉위하였다. 1592년 임진왜란이 발발하여 의주(義州)까지 파천하였으나 명나라의 구원병과 충무공 이순신의 활약으로 왜군을 물리치고 나라를 수복하였다. 능은 목릉(穆陵)이고, 시호는 소경(昭敬)이다.

조카사위라도 죄를 용인할 수는 없다

최영(崔瑩)

《고려사(高麗史)》

최영의 조카사위인 판사(判事) 안덕린(安德麟)이 잘못하여 사람을 죽인 일이 있었다. 이에 양광도안렴사(楊廣道按廉使) 양이시(楊以時)가 안덕린을 구속하여 헌사(憲司; 사헌부)로 송치하였다. 이때 최영은 판순위부사(判巡衛府事)로 있었다.

헌사에서는 최영과 안덕린의 관계를 잘 알고 있었으므로 안덕린의 죄를 가볍게 처리하도록 하려고 그를 순위부로 이송하였다. 순위부로 이송되어온 안덕린을 본 최영은 노하며 다음과 같이 말하였다.

"안덕린은 죄 없는 사람을 죽였으니 당연히 헌사에서 처결할 일이다. 더구나 죄인의 장인인 내가 순위부에 있는데 순위부에서 어떻게 그를 문초할 수 있는가?"

최영은 끝내 안덕린을 헌사로 되돌려 보내고 말았다.

어떻게 보면 최영은 참으로 답답한 사람이라 할 것이다. 헌부에서는 '당신의 조카사위이니, 당신이 적당히 조사하는 척 하다가 내보내시오.' 하는 뜻에서 순위부로 보냈는데, 그렇게 매정하게 다시 돌려보내다니? 그러니까, '누운 무덤'에 풀도 나지 않지요. 참으로 최영답도다. 강직한 인품이여.

최영(崔瑩, 1316~1388) 고려말의 명장, 충신. 본관은 동주(東州), 시호는 무민(武愍)이다. 1359년 홍건적(紅巾賊)이 서경(西京; 평양)을 함락하자 서북면병마사(西北面兵馬使) 이방실(李芳實) 등과 함께 이를 물리쳤다. 1361년에도 홍건적(紅巾賊)을 격퇴하여 전리판서(典理判書)에 올랐다. 이후에도 흥왕사(興王寺)의 변[김용(金鏞)의 난]과 제주(濟州) 호목(胡牧)의 난을 진압했으며, 1376년 왜구가 삼남지방을 휩쓸자 홍산(鴻山)에서 왜적을 대파하였다. 1388년 명나라의 철령위(鐵嶺衛) 설치로 요동(遼東) 정벌을 계획, 팔도도통사(八道都統使)가 되어 정벌군을 이끌고 출정했으나, 이성계(李成桂) 등의 위화도회군(威化島回軍)으로 좌절되었다.

흔들리지 않고 한결같다

정택경(鄭宅慶)
《목민심서(牧民心書)》

정택경은 정조(正祖) 때 강진(康津) 사람으로 무과 출신인데 성품이 강직하였다. 그가 언양현감(彦陽縣監)으로 있을 때의 일이었다. 그는 관찰사의 결재를 받아야 할 일이 있으므로 문서를 기안하여 관찰사 홍억(洪檍)에게 제출하였으나, 관찰사는 그와 의견을 달리하여 "내용을 수정해서 다시 제출하라."고 하달하였다. 이에 정택경은 처음 내용 그대로 문서를 재작성하여 관찰사에게 다시 제출하였다. 그러자 관찰사는 화를 내며 그를 꾸짖었다.

"비록 문과 급제를 해서 보임된 자라 할지라도 현감이 관찰사에게 이렇게 무례할 수는 없는 것이다. 더욱이 무과 출신의 현감이 이럴 수가 있단 말인가?"

그러나 정택경은 그의 뜻을 굽히지 않았다.

"문신(文臣)과 무신(武臣)은 비록 하늘과 땅의 차이가 있으나 이 사람이나 저 사람이나 다 같이 나라의 녹(祿)을 먹는 사람이며, 소중한 것은 백성입니다. 소관(小官)이 하는 일은 백성을 위한 것인데 어찌 벼슬의 귀천(貴賤)을 논하십니까?"

정택경으로부터 항의를 받은 관찰사 홍억은 그의 말을 옳게 여기고 정택경의 요청대로 결재하였다. 그리고 홍억은 연말 고과평정(考課評定)을 할 때 정택경에 대하여 다음과 같이 평하였다.

"강직하여 흔들리지 않고 처음과 끝이 한결같다.[確直不動 始終如一]"

그 이듬해 왕이 각 도에서 보고된 지방관들의 고과평점(考課評點)을 살펴보다가 홍억의 평정을 보고는 "정택경은 어떤 사람인가?" 하고 물었다. 승지(承旨)가 "강진 사람으로 무과 출신입니다."라고 대답하자, 왕은 정택경을 크게 칭찬하였다.

"이 고과 내용으로 미루어 보면 정택경은 그의 상사(上司)와 다투어 굴하지 않는 듯하다. 변병 고을의 보잘것없는 무과 출신이 이와 같은 평점을 받았다면 반드시 쓸 만한 인물일 것이다."

그러고는 이조(吏曹)에 명하여 그를 발탁하게 한 결과, 정택경은 수일 후에 안동토포사(安東討捕使)로 발탁되었다.

참으로 놀라운 일이다. 강직한 그 현감에, 관인(寬仁)한 그 관찰사에 현명한 그 군주로다. 상관인 자신의 명령에 끝까지 복종하지 않는 고집 센 하관을 바르게 평가한 관찰사의 넓은 도량, 안광(眼光)이 지배(紙背)를 관철하고 미관말직인 일개 현감을 발탁하여 요직에 중용한 군주의 현명함이여! 오늘의 우리가 눈을 씻고서도 찾아볼 수 없는 드물고 드문 광경이라 하겠다.

정택경(鄭宅慶, 1739~?) 조선 후기의 무신. 본관은 해주(海州)이다. 1789년(정조 13) 언양현(彦陽縣)에 부임하였다가 1791년(정조 15) 10월에 안동영장(安東營將)으로 승진하였다. 《승정원일기(承政院日記)》에 어려움 속에서도 언양 읍성을 크게 수리한 업적이 있음을 기록하고 있다.

사사로운 일에 어찌 역마를 타고 오는가

최부(崔溥)
《동언당법(東言當法)》

　성종(成宗) 때 옥당(玉堂; 홍문관)에 올랐던 최부와 송흠(宋欽)이 휴가를 얻어 고향으로 내려갔다. 최부의 고향은 호남(湖南)의 나주(羅州)였고, 송흠의 고향은 영광(靈光)이었는데 두 사람의 집은 15리쯤 떨어져 있었다. 어느 날 송흠이 최부의 집을 찾아갔다. 그들이 서로 이야기를 나누던 차에 최부가 송흠에게 물었다.
　"내 집까지 무슨 말을 타고 왔는가?"
　"역마를 타고 왔습니다."
하고 송흠이 대답하자, 최부는 그를 준엄히 꾸짖었다.
　"나라에서 공무로 사용하는 말을 자네 집에 매어 두고 있었단 말인가? 자네가 나를 찾아온 것은 분명히 사사로운 일인데, 어찌 역마를 타고 올 수가 있는가."
　그 후 조정에서 이러한 사실을 알게 되어 송흠을 파면시켰다. 이에 송흠이 최부를 찾아가서 하직 인사를 하니, 최부는 그를 위로하였다.

"자네는 아직 나이가 젊은 사람이니, 이 뒤에도 마땅히 몸가짐을 조심하여야 할 것이네."

송흠은 최부의 충고를 잊지 않고, 뒷날 지방관으로 부임하거나 전임할 때 늘 세 필의 말만으로 검소하게 행차하여 '삼마태수(三馬太守)'라고 일컬어졌다.

최부는 참으로 훌륭한 선배라 하겠다. 애석하다. 이 일이 문제가 되기 전에 이러한 충고가 이루어졌더라면 좋았을 것을! 허나, '이 뒤에도 마땅히 몸가짐을 조심하여야 한다.'는 최부의 마지막 충고가 참으로 아름답다. 기왕의 잘못보다는 개과천선의 길이 있음을 후배에게 깨우쳐 주었으니….

최부(崔溥, 1454~1504) 조선 전기의 문신. 본관은 탐진(耽津), 자는 연연(淵淵), 호는 금남(錦南)이다. 1487년 경차관(敬差官)으로 제주에 갔으나 이듬해 부친상을 당해 돌아오던 중 풍랑으로 중국 저장성 닝보부에 표류하였다. 반년 만에 한양에 돌아와 왕명을 받고 《표해록(漂海錄)》을 썼다. 그는 수차(水車; 踏車)의 제작과 이용법을 배워와 후일 충청도 지방의 가뭄에 큰 도움을 주었다. 그러나 1504년 갑자사화 때 참형을 당하였다.

35

법조문을 끝까지 지킨 중국의 법관

장석지(張釋之)

우리의 이웃 나라인 중국에서도 법관이 군주의 명령을 따르지 않고 끝내 법조문을 지킨 유명한 고사가 있다.

전한(前漢)의 문제(文帝)는 현명하고 인자한 군주였다. 당시 정위(廷尉)라는 벼슬은 최고의 법관으로 오늘날 검찰총장과 대법원장의 임무를 겸한 것이었다. 한번은 문제가 출행하여 중위교(中渭橋)라는 다리를 지나가는데, 어떤 사람이 다리 밑에 숨어 있다가 황제의 행차 소리를 듣고 그대로 달아나는 것이었다. 이에 황제의 수레를 끄는 말이 놀라 하마터면 큰 사고가 날 뻔하였다.

문제는 크게 노하여 그 사람을 잡아다가 정위인 장석지(張釋之)에게 맡기면서 엄벌에 처하여 목을 벨 것을 당부하였다. 그러나 법조문을 따져본 장석지는 가벼운 벌금형에 처할 것을 주청하였다. 문제는 어이없어 하면서 장석지에게 따졌다.

"내가 탄 말의 성질이 유순하였기에 망정이지 만일 딴 말이었다면 수레가 부서져 내가 크게 다치지 않았겠는가? 그런 데도 정위는 법조문만 주장하여 벌금형에 처한단 말인가?"

이에 장석지는 이렇게 대답하였다.

"법이란 천하에 공정한 것입니다. 지금 법조문이 이러한데 이보다 더 무겁게 처벌한다면 이는 국가에서 백성들이 법을 믿지 않도록 유도하는 것입니다. 만일 그 당시 폐하께서 사자(使者)를 시켜 직접 그의 목을 베셨다면 모르지만 이미 정위인 저에게 인계하셨으니, 정위는 법을 공정하게 집행하는 관리로 천하의 저울인지라 공정하게 따져 보지 않을 수 없습니다. 이 저울이 한 번 기울게 되면 천하에 법을 적용하는 것이 모두 이에 따라 무겁게 될 것입니다. 그리되면 백성들이 어떻게 안심하고 살 수 있겠습니까."

문제는 "정위의 법 적용이 옳다" 하고 그대로 따랐다.

한번은 어떤 사람이 고조(高祖)인 유방(劉邦)의 사당에 있는 옥환(玉環; 옥가락지)을 훔치다가 발각되어 정위에게 인계되었다. 당시 신주를 모신 종묘의 사당은 그야말로 성역이어서 사당에 침입한 것 그 자체가 대역무도죄에 해당되었다. 장석지는 그 죄인을 교수형에 처할 것을 아뢰었다.

이에 문제는 크게 노하여 이렇게 질책하였다.

"이 사람이 무도하여 선황제(先皇帝)의 기물을 도둑질하였으므로 나는 이 죄인의 삼족을 멸하여 일벌백계하려 하였는데, 정위는 법조문만을 따지니, 이는 내가 종묘를 공경히 받들려는 뜻이 아니다."

당시 한(漢)나라는 진(秦)나라의 가혹한 형벌을 이어받아 국가에

죄를 지은 자는 거의 모두 삼족을 멸하는 화를 당하였다.

이에 장석지는 관을 벗고 머리를 조아리며 아뢰었다.

"법이 이만하면 충분합니다. 고조의 사당에 있는 옥환을 훔쳤다 하여 삼족을 멸한다면 만일 어리석은 백성이 고조의 능을 조금 파헤쳐 훼손하였을 경우, 장차 그 사람에게는 어떠한 벌을 적용하여야 하겠습니까?"

문제는 마침내 어머니인 박태후(薄太后)에게 아뢰어 그대로 시행하게 하였다. 이것은 그만큼 중대사안이어서 황제 혼자 결정할 일이 아니었으므로 태후의 승낙을 받았던 것이다.

한나라의 문제가 훌륭한 치적을 남길 수 있었던 것은 이처럼 군주의 지시와 명령을 따르지 않고 법을 올바르게 지킨 법관 장석지가 있었기에 가능하였던 것이다.

장석지(張釋之) 자는 계(季). 성품이 강직한 인물로, 궁궐의 문을 담당하는 공거령(公車令)이었을 적에, 태자 유계(劉啓 한 경제(漢景帝))와 그 아우인 양왕(梁王) 유읍(劉揖)이 함께 수레를 타고 입조(入朝)였는데, 황궁(皇宮)의 외문(外門)인 사마문(司馬門)을 들어오면서 수레에서 내리지 않자 장석지가 즉시 쫓아가 전문(殿門)으로 들어가지 못하게 제지하고, 곧바로 "공문(公門)에서 내리지 않는 것은 불경(不敬)한 것이다."라고 탄핵하였다. 법관인 정위(廷尉)가 되어서 법을 공평하게 적용하자, 당시의 사람들이 말하기를 "장석지가 정위가 되니, 천하에 원통한 백성이 없다."라고 하였다. 이러한 사실이 《사기》와 《한서》에 각각 보인다.

정승을 탄핵하다

조사수(趙士秀) | 김성일(金誠一)
《국조보감(國朝寶鑑)》 | 《대동야승(大東野乘)》

조선 명종(明宗) 때 대사헌(大司憲) 조사수와 정승 심연원(沈連源)이 왕을 모시고 경연(經筵)에 함께 참석하였다. 이 자리에서 조사수가 왕에게 아뢰었다.

"심연원은 자기 첩의 집을 너무 크고 호화롭게 지었으며 심지어는 단청까지 했다고 합니다. 이는 크게 잘못된 일인 줄로 아옵니다."

심연원은 그 말을 듣고는 곧 왕에게 사죄하였다.

"조사수는 신의 잘못을 참으로 잘 지적해 주었습니다. 신에게 벌을 내려주시옵소서."

그러자, 명종은 오히려 심연원을 위로하면서 경연을 마쳤다.

경연에서 물러나온 심연원은 조사수에게 이렇게 말하였다.

"공(公)이 말씀해 주지 않았더라면 나의 과오가 더 커질 뻔하였소."

그리고 나서 심연원은 집으로 돌아가 단청을 모두 지워버리고 국법을 어겨 지은 집의 모든 제도를 바로잡았다. 이런 일이 세상에 알려지자, 당시 사람들은 모두 심정승을 더욱 훌륭하다고 칭찬하였다.

선조가 고금의 경사(經史)를 강론하는 경연에 참석하였다. 이때 정승 노수신(盧守愼)과 수찬(修撰) 김성일이 자리를 함께 하였다. 김성일이 왕에게 아뢰었다.

"노수신은 초피가죽으로 만든 옷을 선물로 받았습니다. 정승된 몸으로 어찌 이런 일이 있을 수 있단 말입니까?"

김성일이 이렇게 지적하자, 노수신은 자리를 피하며 왕에게 벌을 내려주시기를 청하였다.

"김성일의 말은 사실입니다. 신의 노모가 병이 들어서 겨울이 되면 언제나 추위를 참지 못하시기에 변방에 장수로 있는 친척에게 부탁해서 그 옷을 하나 구해다가 드렸습니다."

이 말을 들은 선조는 두 사람 모두 칭찬하였다.

"대신(大臣)과 대간(臺諫)이 모두 자기 책임을 다하였으니, 나는 그 점을 매우 아름다운 일로 여기오."

벼슬로나 나이로나 대선배였던 노수신은 평소에 김성일의 인품을 높이 사고 있었는데, 이 일이 있은 후로는 더욱 더 김성일을 아꼈다.

조사수와 김성일은 참으로 강직한 대간(臺諫)으로서 그 직무에 성실하였다. 또한 그들의 탄핵을 받아 일시적으로나마 궁지에 몰렸던 정승 심연원과 노수신도 참으로 삼공(三公)으로서의 체통을 잘 지킨 대인(大人)의 풍모를 지닌 원로들이었다. 사감(私憾)이 아닌 공의(公義)로서 이 사태를 보았으니, 참으로 어질다 할 것이다. 그리고 사태의 진위 곡직을 분명히 판단한 군주 또한 현명하다 하겠다.

조사수(趙士秀, 1502~1558) 조선 중기의 문신. 본관은 한양, 자는 계임(季任), 호는 송강(松岡), 시호는 문정(文貞)이다. 대사헌·이조판서를 역임하였다.

김성일(金誠一, 1538~1593) 조선 중기의 정치가·학자. 본관은 의성(義城), 자는 사순(士純), 호는 학봉(鶴峯)이다. 퇴계(退溪) 이황(李滉)의 문인. 1577년 종계변무(宗系辨誣)를 청하는 사행(使行)의 서장관으로 연경에 다녀왔으며, 1579년 사헌부 장령에 임명되어 시사(時事)를 비판하고 종실(宗室)의 비리를 탄핵하여 대궐의 호랑이[殿上虎]라는 별명을 얻었다. 그 해 함경도 순무어사가 되어 영흥·함흥 등의 고을을 순행하면서 민정을 살피고 수령들의 근무태도를 점검하였다. 1583년 특지로 나주목사가 되어 도내의 민폐를 해결하였다. 일본 사정을 탐지하려고 파견되었다가 돌아와 일본이 침입하지 않을 것이라고 보고하였다. 임진왜란이 일어나자 파직되었다가 경상우도 초유사(慶尙右道招諭使)에 임명되어 전란 수습에 노력하였다. 1593년 경상우도순찰사 재임 중 진주(晉州)의 공관에서 병사하였다.

37

국왕의 친척을 혼내 주다

이원(李源)
《목민심서(牧民心書)》

이원은 임진왜란 당시 우리나라에 왔던 명나라 제독(提督) 이여송(李如松)의 후손으로 알려진 인물이다. 그가 어느 고을 군수가 되었을 때의 일이었다. 고을에 왕의 친척인 부호(富豪)가 살고 있었다. 부호는 4백 석이나 되는 관곡(官穀)을 환자(還子; 환곡)로 꾸어갔는데, 도무지 갚을 생각을 하지 않았다. 관으로부터 상환하라는 독촉을 여러 번 받았으나 그때마다 못들은 척 묵살하였다.

이원은 군수로 부임하자, 그 부호에게 독촉장을 다시 발부하였다. 그러나 부호는 독촉장을 가지고 간 아전을 호되게 매질하여 초죽음으로 만들어 돌려보내었다. 이원은 짐짓 놀란 척하면서 매를 맞고 돌아온 아전에게 물었다.

"그자가 도대체 어떤 사람이기에 위세가 그리도 대단한가?"

"주상전하의 친척입니다."

"아차! 내가 잘못했구나. 진작 그런 줄 알았더라면, 내 어찌 감히 그렇게까지 했겠는가."

이원은 마치 자기가 세상에 없는 큰 잘못을 저지른 듯이 안절부절하며, 곧바로 예방 아전[禮吏]과 향승(鄕丞)을 부호의 집에 보내어 극진히 사죄를 하였다. 이와 같이 군수가 정중하게 사죄를 하자, 부호는 매우 흡족해 하며 의기양양하였다.

그로부터 10여 일이 지났다. 때마침 눈이 내리자, 이원은 관원들에게 사냥 준비를 하도록 하였다. 이원은 친히 전투복(戰鬪服)으로 무장하고, 군관(軍官)들도 모두 관복 차림에 활과 칼을 휴대하게 하였다. 그런 다음, 주방을 맡은 아전으로 하여금 약간의 음식을 마련하여 사냥 행렬의 뒤를 따르도록 하였다.

이원은 사냥 행렬을 이끌고 부호가 사는 마을 앞에 이르렀다. 이원은 그 곳에 장막을 치게 한 다음, 솥을 걸고 불을 피우게 하여 식사 준비를 시켰다. 그리고는 좌우를 돌아보며 아무것도 모르는 척하면서 이렇게 물었다.

"저 산 밑에 있는 기와집은 누구의 집인고?"

"이 고을 최고의 부호 이 아무개의 집입니다."

"그렇다면 내가 여기까지 와서 그냥 지나칠 수가 없지 않은가?"

그러고 나서 이원은 군관을 부호의 집으로 보내어 이렇게 전하게 하였다.

"오늘 본관(本官)이 귀댁의 문앞에서 사냥을 하게 되었으니, 예의상 본관이 마땅히 가서 뵈어야 하겠지만 군복을 입은 터라 감히 귀댁을 심방(尋訪)하지 못하는 바입니다. 잠시 위엄이 계신 높은 분을 모시고 환담을 나눌 수 있는 자리를 마련해 주시면 감사하겠습니다."

군수의 초청을 받은 그 부호는 크게 기뻐하며 지체 없이 군수가 머물고 있는 장막으로 달려왔다. 이원은 그 부호와 몇 마디 인사말을 끝내자마자, 칼을 뽑아 들고 눈을 부릅뜨며 호통을 쳤다.

"이 놈을 묶어라! 내가 오늘 사냥 나온 것은 이 짐승을 잡기 위해서였다."

이원은 부호를 포박하여 군아(郡衙)로 돌아가면서 군졸들로 하여금 군악을 울려 승전곡(勝戰曲)을 연주하게 하였다.

이원은 부호에게 큰 칼을 씌워 옥에 가두었다. 그 부호는 옥에 갇힌 지 5~6일 만에 자신이 차용하고 갚지 않던 관곡을 모두 상환하였다. 그제서야 이원은 그를 석방시키고 의관을 주어 동헌(東軒) 마루 위로 그를 정중히 모시게 하였다. 이원은 그에게 술을 권하면서 이렇게 사과하였다.

"공적(公的)인 일에는 사정(私情)이 없으니 용서하기 바랍니다."

이원이 그 부호를 엄하게 다스려 버릇을 가르쳐 놓은 뒤로는 인근의 호족(豪族)들도 감히 관의 명령이나 지시를 어기지 못하였다.

참으로 엄정하고 과감하도다. 이원의 공무 수행이여! '친인척 비리'에 연루되는 많은 사람에게 귀감이 되고도 남을 이원의 이 고사여!

이원(李源) 그에 대해 알려진 바가 없으나 임진왜란 때 명나라 제독 이여송의 후손으로 알려져 있으며, 정조 때 지중추부사에 제수되었다는 기록이 있다.

계란이 곯았다

황희(黃喜)
《송남잡지(松南雜識)》

'계란유골(鷄卵有骨)'이라는 우리의 속담이 있다. 이 말은 오늘날 '복 없는 사람은 아무리 좋은 기회를 만나더라도 그 덕을 보지 못한다.'는 뜻으로 쓰이고 있다. '계란유골'이라는 말이 생겨나게 된 것은 황희 정승의 청빈한 생활 때문이었다.

조선시대의 대표적인 청백리(淸白吏)로 추앙을 받고 있는 황희는 영의정을 무려 18년간이나 지냈지만, 그의 집은 항상 가난하였다. 그는 나라에서 내리는 녹봉 이외의 재물은 절대로 받아들이지 않았으며, 그나마 그 녹봉을 가난한 이웃과 하인들에게 나누어 주었던 것이다.

황희가 가난하다는 것을 안 왕이 그의 가난을 덜어주려고 생각하였다. 그리하여 왕은 어느날 이러한 명을 내렸다.

"아무 날 하루 동안 성 밖에서 남대문으로 들어오는 진상품(進上品)을 모두 사서 황 정승의 집으로 보내도록 하라."

그런데 왕이 지정한 그날 마침 큰 비가 내렸다. 그래서 하루 종일 남대문으로 들어오는 진상품이 없었다. 그러다가 저녁 무렵에야 달걀 한 꾸러미가 들어왔다. 왕이 명한 대로 그 달걀 꾸러미를 사서 황희 정승의 집에 보내었다. 황 정승의 집에서는 성은(聖恩)에 감사하며 그 달걀을 삶았다. 그러나 그 달걀을 삶아놓고 보니, 그것들이 모두 곯은 것이어서 먹을 수가 없었다.

황희는 곯은 달걀을 보고 '분수 외의 것은 계란 한 개라도 받지 못하게 하는구나.' 하고 자위(自慰)하였다. 그로부터 '계란이 곯았다'는 말이 '계란에도 뼈가 있다'는 뜻의 '계란유골'이란 말로 와전(訛傳)되어 전해지게 되었다.

황희의 청빈은 하늘로부터 타고난 것이었다. 그러므로 임금이 그를 도우려고 하였으나 도와줄 수가 없었던 것이다.

황희(黃喜, 1363~1452) 여말선초의 문신. 본관은 장수(長水), 자는 구부(懼夫), 호는 방촌(厖村), 초명은 수로(壽老), 시호는 익성(翼成)이다. 고려가 망하자 두문동(杜門洞)에 은거했으나, 이태조(李太祖)의 간청으로 1394년(태조 3) 성균관학관으로 세자우정자(世子右正字)를 겸임히면서 다시 벼슬길에 올랐다. 1449년 벼슬에서 물러날 때까지 18년간 영의정에 재임하면서 농사의 개량, 예법의 개정, 천첩(賤妾) 소생의 천역(賤役) 면제 등 업적을 남겨 세종이 가장 신임한 재상이었다. 인품이 원만하고 청렴하여 모든 백성들로부터 존경을 받았으며, 시문에도 뛰어나 몇 수의 시조 작품도 전해진다. 저서에 《방촌집(厖村集)》이 있다.

금을 보기를 돌덩이와 같이 여기다

최영(崔瑩)
《용재총화(慵齋叢話)》

고려 말의 명장(名將)인 최영은 소년 시절 그의 부친인 최원직(崔元直)으로부터 항상 다음과 같은 가르침을 받았다.

"금(金)을 보기를 돌덩이와 같이 여겨라."

최영은 부친의 가르침을 큰 띠에 써 놓고 죽을 때까지 잊지 않았다. 최영은 혼란한 고려의 조정을 바로잡아 그의 위엄이 온 나라에 떨치게 되었으나, 털끝만큼도 재물을 취하지 않았다. 그리하여 그의 집은 겨우 가족이 몸을 의지하여 생활할 수 있을 정도의 크기였으며, 의(衣)·식(食)도 검소하고 담백하기가 가난한 백성과 다를 바 없었다.

당시, 조정의 중신들은 서로 번갈아가면서 동료 대관들을 자기 집으로 초청하여 바둑으로 소일하면서 좋은 음식을 차려 접대하는 등 호사스러운 풍조에 젖어 있었다. 이러한 관례에 따라 최영도 자기 집에 손님을 초대해서 대접할 차례가 되었다.

일인지하(一人之下)요 만인지상(萬人之上)의 최고 권력자인 문하시중(門下侍中)이며 공신(功臣)인 철성부원군(鐵城府院君) 최영의 집에 초대를 받은 공경 대신들은 내심으로 '세상에 없는 진수성찬이 나올 것'이라고 크게 기대를 하고 그 집으로 모였다.

그러나 최영은 자기 집에 손님을 청해 놓고서는 점심때가 훨씬 지나도록 음식을 내오지 않았다. 이윽고 해가 저물 무렵에야 벼를 찧어 밥을 짓고 간략히 반찬을 장만하여 손님을 대접하였다. 그러자 모두들 배가 고프던 참이라, 맛있게 밥그릇을 다 비우고는 "철성(鐵城)댁의 음식 맛이 매우 좋습니다." 하고 칭찬해 마지않았다.

그러자, 최영은 웃으면서 그 말을 이렇게 받아넘겼다.

"이것은 내가 '시장이 반찬'이라는 말을 병법(兵法)에 응용했기 때문이오."

최영(崔瑩, 1316~1388) 고려말의 명장, 충신. 본관은 동주(東州), 시호는 무민(武愍)이다. 1359년 홍건적(紅巾賊)이 서경(西京; 평양)을 함락하자 서북면병마사(西北面兵馬使) 이방실(李芳實) 등과 함께 이를 물리쳤다. 1361년에도 홍건적(紅巾賊)을 격퇴하여 전리판서(典理判書)에 올랐다. 이후에도 흥왕사(興王寺)의 변(김용(金鏞)의 난과 제주(濟州) 호목(胡牧)의 난을 진압했으며, 1376년 왜구가 산남지방을 휩쓸자 홍산(鴻山)에서 왜적을 대파하였다. 1388년 명나라의 철령위(鐵嶺衛) 설치로 요동(遼東) 정벌을 계획, 팔도도통사(八道都統使)가 되어 정벌군을 이끌고 출정했으나, 이성계(李成桂) 등의 위화도회군(威化島回軍)으로 좌절되었다.

팔마비(八馬碑)

최석(崔碩)
《동국여지승람(東國輿地勝覽)》

최석은 고려 충렬왕(忠烈王) 때의 사람이다. 그는 청렴하고 겸손한 인품으로 해서 인망(人望)을 크게 얻었다.

그가 승평부(昇平府; 순천)의 부사(府使)를 지내고 서울인 개성(開城)으로 돌아갈 때였다. 당시 승평부에는 부사가 임기를 마치고 돌아갈 때에 고을 사람들이 말 여덟 필을 내놓고 좋은 말을 골라 타고 가게 하는 관습이 있었다. 최석에게도 고을 사람들이 여덟 필의 말을 올려 좋은 말을 선택하게 하였다.

그러나 최석은 "말은 서울까지 타고 갈 수만 있으면 아무 말이라도 상관없다." 하고는, 그중 한 필을 타고 서울로 돌아갔다. 그 뒤 최석은 자기가 타고 갔던 말과 망아지 한 마리를 승평부로 되돌려 보내었다. 승평부의 사람들이 그 말을 받지 않으려고 하자 최석은 이렇게 말하였다.

"내가 그대들이 준 말을 빌려 타고 집으로 돌아왔다. 그런데 그 말이 내 집에 와서 새끼를 낳았다. 그러니 이 어미 말과 망아지는 모두 그대들의 것이 아닌가?"

최석은 끝내 그 말 두 필을 승평부 사람들에게 돌려주었다. 이후로 승평부의 부사가 교체될 때에 말을 보내주던 관습이 폐지되고 말았다. 이에 승평부 사람들은 최석의 덕망을 칭송하는 송덕비(頌德碑)를 세우고, 그 비를 '팔마비(八馬碑)'라고 불렀다.

최석(崔碩, ?~?) 고려 충렬왕 때의 문신. 1277년(충렬왕 3) 탐라(耽羅; 제주도)에 파견되어 흉년으로 고통 받는 백성을 돌보았으며, 그 후 승평(昇平; 순천) 부사로 부임하여 선정을 베풀었다. 그는 임기를 마치고 개경(開京)으로 돌아가면서 당시의 전별마(餞別馬) 관례를 깨뜨려, 승평 고을 사람들이 '팔마비(八馬碑)'를 세워 그의 덕을 칭송하였다. 1308년(충렬왕 34)에 세워진 팔마비(八馬碑)는 1597년(선조 30) 정유재란 때 불에 타 훼손되었으나, 1616년(광해군 8)에 승주부사(昇州府使)로 부임한 이수광(李睟光, 1563~1628)이 복원하여 지금까지 전해진다.

채찍 하나도 섬의 물건이다

이약동(李約東)
《국조휘어(國朝彙語)》

　이약동은 단종(端宗) 때 제주목사(濟州牧使)를 지내었다. 그는 청백(淸白)하기로 이름이 높았는데, 그가 목사의 임기를 마치고 바다를 건너오던 중에 갑자기 풍파를 만났다. 이에 그는 측근들을 둘러보면서 이렇게 물었다.

　"우리 일행 중에 혹시 섬(제주)의 물건을 가지고 온 자가 있느냐? 신(神)이 아마 그것에 노한 듯하다."

　"갑옷 한 벌을 가져왔을 뿐, 다른 물건은 없습니다."
하고, 막하의 비장(裨將)이 대답하였다.

　그는 그것을 바다에 던져 버리라고 명령하였다. 그러자 그 거세던 바람이 잠잠해졌다.

　그는 제주를 떠나올 때에 손에 쥐고 다니던 가죽 채찍도 객사(客舍)의 벽에 걸어 두고, "이것도 섬의 물건이니, 가져가서는 안 된다."고 말하였다. 그 후 그 채찍이 오래되어 썩어서 못쓰게 되자, 제주 사람들은 그 채찍을 벽에다 그려 놓고, 그의 청백한 기풍을 기렸다.

이약동(李約東, 1416~1493) 조선 전기의 문신. 본관은 벽진(碧珍), 자는 춘보(春甫), 호는 노촌(老村), 시호는 평정(平靖)이다. 1470년(성종 1) 제주목사(濟州牧使)로 발탁되어 아전들의 부정을 단속하여 민폐를 근절, 선정을 베풀었다. 1477년 대사헌이 되어 천추사(千秋使)로 명나라에 다녀왔으며, 경주부윤·호조참판·전라도관찰사·이조참판·개성유수 등을 거쳐 중추부지사(中樞府知事)에 이르러 치사하였다. 경사(經史)에 통달하였고 여러 고을의 목민관을 지냈으나 청렴으로 일관하였다.

부의(賻儀)도 통례에 어긋나면 물리친다

김수항(金壽恒)
《대동기문(大東奇聞)》

현종(顯宗) 때에 김수항은 우의정으로 있었다. 그에게 어린 아들이 있었는데, 그만 병으로 죽고 말았다. 김수항의 아들이 죽었다는 소문을 들은 충청도병마절도사(忠淸道兵馬節度使) 박진한(朴振翰)이 부의(賻儀)로 삼베 50필을 김수항에게 보내었다. 김수항은 그 삼베를 박진한에게 돌려보내고 나서 왕에게 이렇게 상주(上奏)하였다.

"사대부(士大夫)가 크고 작은 상(喪)을 당하면 친지들이 으레 부의를 하는 것입니다만, 열 살 이전의 어린아이가 죽었을 경우에는 부의를 하지 않는 것이 통례(通例)입니다. 대신의 자리에 있는 신(臣)이 어린 자식을 잃었는데, 충청병사 박진한이 포목 50필을 부의로 보내 왔습니다. 이는 신이 대신의 자리에 있으므로 신에게 아첨하기 위해 뇌물을 보낸 것이 아니면, 신을 한번 시험해 보려고 보낸 것인 듯합니다. 신이 이것을 즉시 물리치기는 하였사오나, 결코 그대로 묻어 둘 수 없는 일인 줄로 사료됩니다. 법조문을 상고하여 박진한을 치죄(治罪)하도록 하소서."

그리하여 박진한은 지나친 부의를 한 까닭으로 처벌을 받고 말았다.

고관대작이나 권력 있는 사람들이 경조사(慶弔事)를 맞으면, 그 주변에서 행여나 덕을 볼까 하는 사람들은 이를 일러 '대목'이라고 하니, 이는 부조(扶助)를 듬뿍 해서 당사자로부터 큰 환심을 사려는 의도에서일 것이다. 또 받는 측에서는 이른바 '수금(收金)'이라 해서 그 기회에 한 몫 단단히 잡고자 하는 것 또한 고금의 인심이라 하겠다. 그러한 가운데 이 이야기는 자못 이색적이기까지 하다.

김수항(金壽恒, 1629~1689) 조선 중기의 문신. 본관은 안동(安東), 자는 구지(久之), 호는 문곡(文谷), 시호는 문충(文忠)이다. 효종·현종 때 여러 관직을 지내고, 1674년 효종비 인선왕후(仁宣王后)가 별세했을 때 자의대비(慈懿大妃; 인조의 계비)의 복상문제로 제2차 예송(禮訟)이 일어나자, 형 김수흥(金壽興)과 함께 대공설(大功說; 9개월)을 주장했으나, 남인이 주장한 기년설(朞年說; 1년)이 채택되자 벼슬을 내놓았다. 1680년 영의정이 되고, 1681년 《현종실록(顯宗實錄)》 편찬 총재관(摠裁官)을 지냈으며, 1689년 기사환국(己巳換局)으로 남인이 재집권하게 되자 진도(珍島)에 유배된 후 사사(賜死)되었다. 전서(篆書)를 잘 썼으며, 문집에 《문곡집(文谷集)》, 편저에 《송강행장(松江行狀)》이 있다.

사람 됨됨이를 살펴 인재를 등용한다

이후백(李後白)
《율곡일기(栗谷日記)》

　선조(宣祖) 때에 대제학(大提學)을 지낸 이후백은 청렴 강직하기로 이름난 사람이었다. 그는 이조판서가 되어 관리들의 임용권을 쥐고 있었으나 그에게는 청탁이란 말이 통하지 않았다. 비록 친구라도 그를 자주 찾아오면 옳지 못한 행동으로 생각하였다.
　하루는 친척 한 사람이 찾아와서 벼슬을 청탁하였다. 그러자 이후백은 정색을 하고는 명부(名簿) 한 권을 내보이면서 다음과 같이 꾸짖었다.
　"나는 너의 이름을 여기에 기록해 두고 장차 너에게 마땅한 자리가 나오는 대로 너에게 주선해 주려고 하였는데, 지금 네가 나를 찾아와서 벼슬을 청하니, 벼슬자리를 구해서 얻는다는 것은 도리가 아니다. 애석한 일이다. 네가 만약 나에게 그 말을 하지 않았더라면 너는 벼슬을 얻을 수 있었을 것이다."
　이후백에게 청탁을 했던 사람은 부끄러워 물러갔으며, 그 사람은 끝내 벼슬자리를 얻지 못하였다.

이후백은 한 사람의 관리를 채용할 때마다 늘 그의 사람 됨됨이를 다시 확인하여 채용에 잘못이 없는가를 살펴보았다. 그리고 만약 적합하지 않은 사람을 잘못 등용하였으면 그는 밤새도록 잠을 자지 않고 다음과 같이 자신을 질책하였다.

"내가 나랏일을 그르쳤구나."

이후백(李後白, 1520~1578) 조선 중기의 문신. 본관은 연안(延安), 자는 계진(季眞), 호는 청련(靑蓮), 시호는 문청(文淸)이다. 1569년(선조 2) 성절사(聖節使)로 명나라에 다녀왔으며, 이어 도승지·이조참판 등을 지내고 1573년 주청사(奏請使)로 명나라에 다녀와 대사간·이조판서 등을 지냈다. 인종(仁宗)의 비(妃)인 인성왕후(仁聖王后)의 복상문제(服喪問題)가 일어나자 3년상을 주장, 실행하게 했으며 1578년(선조 11년) 호조판서에 이르렀다. 그해 함양(咸陽)에 성묘를 갔다가 병을 얻어 사망하였다. 청백리에 녹선, 종계변무(宗系辨誣)의 공으로 1590년 광국공신(光國功臣) 2등, 연양군(延陽君)에 추봉(追封)되었다. 저서에 《청련집(靑蓮集)》이 있다.

44

구차하게 목숨을 이어갈 것 같으냐?

홍기섭(洪耆燮)
《대동기문(大東奇聞)》

　참봉(參奉) 홍기섭은 헌종(憲宗)의 계비(繼妃) 홍씨의 할아버지였다. 그는 서울 계동(桂洞) 막바지 골목에 살고 있었는데, 집안이 너무 가난하여 굶기를 밥 먹듯이 하였다.
　어느 날 밤, 그의 집에 도둑이 들어 훔쳐갈 물건을 찾았으나 마땅히 가져갈 만한 것이 없었다. 도둑은 솥이라도 떼어 가려고 솥뚜껑을 열어보았더니, 그 속엔 찬물만 담겨져 있었다. 며칠이나 음식을 끓이지 못했는지 솥은 윤기가 없었다. 도둑은 찢어지게 가난한 그 집의 살림살이가 가엾게 여겨져 다른 집에서 훔친 돈 꾸러미를 그 솥 안에 넣어두고 돌아갔다.
　이튿날 아침, 계집종이 부엌에 들어갔다가 솥 안에 있는 돈 꾸러미를 발견하고 깜짝 놀라 그 사실을 홍기섭에게 고하였다. 돈 꾸러미를 본 홍기섭은 그 돈의 주인을 찾아 주어야 한다면서 "돈을 잃어버린 사람은 찾아가시오." 하고 대문에다 큰 글씨로 써 붙였다.

그날 해질 무렵, 돈을 놓고 간 도둑이 그의 집에서 어떻게 하고 있는가를 살펴보려고 홍기섭의 집을 찾았다.

그는 돈을 찾아가라는 방문(榜文)이 붙어 있는 것을 보고, 도둑은 속으로 "세상에 이런 사람도 있단 말인가?" 하며, 그의 집 문을 두드렸다. 도둑은 홍기섭을 찾아 인사를 마친 다음, 지난밤에 자신이 이러저러해서 돈을 놓고 갔으니, 아무 염려 말고 며칠 분 양식이라도 사들이라고 권하였다. 그 말은 들은 홍기섭은 크게 노하여 돈 꾸러미를 도둑 앞에 내던지며 호통을 쳤다.

"네 이놈, 내 아무리 먹을 것이 없다손 치더라도 의롭지 못한 돈으로 구차하게 목숨을 이어갈 것 같으냐? 당장 이 돈을 가지고 썩 나가거라! 그렇지 않으면 포도청(捕盜廳)에 알려 네 놈을 체포해 가도록 할 것이다."

도둑은 하는 수 없이 물러 나오면서 이렇게 간청하였다.

"참봉 어른, 소인이 그동안 살아오면서 온갖 풍상을 다 겪었습니다마는 오늘에야 비로소 참다운 양반을 뵈었습니다. 이제부터는 기필코 도둑질에서 손을 떼고 어르신네의 종이 되어 평생 어르신네를 받들겠사오니, 허락해 주십시오."

그러나 홍기섭은 들은 척도 하지 않고 그를 내쫓았다. 그 도둑은 그 후에도 몇 번이나 홍기섭을 찾아와서 용서를 빌었다. 홍기섭은 마침내 도둑의 성심에 감동하여 그를 받아들였다.

홍기섭(洪耆燮, 1781~1866) 조선 후기의 문신. 자는 수경(壽卿), 본관은 남양이다. 1818년 진사에 합격하여 음보로 관직에 나갔다. 1845년(헌종 11) 예방승지(禮房承旨)로, 1850년(철종 1)에는 형조판서·황해도관찰사를 지냈다. 1853년엔 대호군·공조판서·형조판서에 올랐고, 1858년엔 판의금부사·상호군 등을 역임하였다. 그의 아들 재룡(在龍)의 딸이 1844년 헌종의 계비가 되어 효정왕후(孝定王后)로 책봉되었다.

도둑질한 곡식은 나누어 가질 수 없다

검군(劍君)
《삼국사기(三國史記)》

신라 진평왕(眞平王) 때에 검군이 사량궁(沙梁宮)의 사인(舍人)으로 있을 적의 일이다.

진평왕 49년(627) 가을에 큰 흉년이 들어 백성들이 기근(飢饉)에 시달려 민심이 흉흉(洶洶)하였다. 이러한 때에 궁중의 사인(舍人)들이 모의하고 창예창(唱翳倉)의 곡식을 도둑질하여 이것을 서로 나누어 가졌다. 그러나 검군은 그 도둑질한 곡식을 받지 않았다. 그러자 사인들은 검군을 달래려고 하였다.

"다른 사인들은 모두 곡식을 받았는데 그대만 홀로 이를 받지 않으니, 무슨 이유에서인가? 만약 배당된 곡식이 적어서 그렇다면 더 주겠네."

그러나 검군은 얼굴에 웃음을 띠고 거절하였다.

"나는 근랑(近郞)의 화랑도(花郎徒)에 소속되어 있고 풍월(風月)의 문하(門下)에서 수행(修行)하고 있으므로 의리에 어긋나면 천금(千

金)이라도 내 마음을 움직일 수가 없네."

사인들은 검군이 끝내 자기들 편에 가담하려 하지 않자, 은밀히 의논하여 '검군을 없애지 않으면 우리가 한 일이 끝내 누설될 것이다.'라고 말하고, 검군을 죽이기로 결정한 다음 검군을 다시 불렀다. 검군은 사인들이 자기를 죽이려는 것을 알고 근랑을 찾아갔다.

당시에 이찬(伊湌)으로 있던 대일(大日)의 아들이 화랑도가 되어 있었는데, 사람들은 그를 근랑이라고 부르고 있었다. 검군은 근랑에게 하직인사를 하였다.

근랑이 그 까닭을 물었으나 검군은 그 이유를 말하지 않았다. 근랑이 재삼 다그쳐 물으니, 그제야 검군이 그 이유를 대강 말하였다.

"왜 담당 관원에게 이 사실을 고하지 않는가?"

근랑이 이렇게 묻자, 검군은 다음과 같이 대답하였다.

"내 몸이 죽는 것을 두려워하여 여러 사람이 벌을 받게 하는 일은 인정상 차마 할 수 없기 때문입니다."

"그렇다면 왜 도망을 가지 않는가?"

"그들이 옳지 않고 제가 옳은데, 옳은 자가 도리어 도망을 하면 대장부가 아니지 않습니까?"

검군은 마침내 사인들이 부르는 곳으로 갔다. 사인들은 술자리를 베풀어 놓고 사과하는 체하면서 독약을 술에 타 넣었다. 검군은 그것을 알면서도 태연히 그 술을 받아 마시고는 죽었다.

검군(劍君, ?~628) 신라 때의 화랑도 출신으로 궁정(宮庭) 관리인 대사(大舍) 구문(仇文)의 아들. 627년(진평왕 49)때 사인으로 있었는데, 사량궁(沙梁宮)의 사인들이 창예창(唱翳倉)의 식량을 훔쳐 먹는 일에 가담하지 않아, 그의 밀고를 우려한 사인들에 의하여 독살되었다.

많은 상(賞)은 사양한다

최치운(崔致雲)
《일월록(日月錄)》

　세종(世宗) 때에 예문관제학을 지낸 최치운이 정승 최윤덕(崔潤德)과 함께 압록강 지류인 파저강(婆猪江)의 오랑캐(여진족)를 토벌하여 큰 공을 세웠다. 그리하여 세종은 토지 50결(結)과 노비 30명을 하사하였다.

　그러나 최치운은 노비를 사양하는 상소문을 일곱 번이나 올렸으므로 세종은 이를 대신들에게 의논하도록 하였다. 이에 대신들은 모두 이렇게 말하였다.

　"30명의 노비로도 최치운의 공로를 다 보상하지 못하니, 억지로라도 그에게 주어야 합니다."

　그러나 이때 명재상 허조(許稠)만은 홀로 최치운의 상소를 받아들여야 한다는 뜻을 개진하였다.

　"최치운, 그 사람은 일부러 사양하기 위하여 그러는 것이 아니라, 진실로 그것을 원하지 않아서 그러는 것입니다. 최치운의 뜻을 받아들여 그의 아름다운 이름을 길이 남겨주도록 하는 것이 옳을 듯합니다."

이 말을 들은 세종은 마침내 최치운의 상소를 받아들였다. 그날 최치운은 집으로 돌아와 기뻐하며 그 부인에게 이렇게 자랑하였다.

"오늘은 기분이 매우 좋소."

"무슨 일이 있었기에 그리도 기분이 좋으십니까?"

하고 부인이 물으니, 그는 이렇게 대답하였다.

"지난번 주상(主上)께서 나에게 과분한 상을 내리셨기에 그것을 사양하였는데, 오늘에야 그 청을 들어주셨으니, 아니 기쁠 수가 있겠소."

최치운(崔致雲, 1390~1440) 조선 초기의 문신. 본관은 강릉(江陵), 자는 백경(伯卿), 호는 경호(鏡湖)·조은(釣隱)이다. 1433년 평안도절제사 최윤덕(崔潤德)의 종사관으로 야인 정벌에 공을 세웠다. 1439년 공조참판 때 계품사(啓稟使)로 명나라에 가 야인 회유를 논의하는 등 수차례 사신으로 명나라에 왕래하였다. 《무원록(無冤錄)》을 주석하고, 율문(律文)을 강해하는 등 형옥(刑獄)에 대한 왕의 자문에 응하였다.

조밥을 먹은 재상

박은(朴訔)
《연려실기술(燃藜室記述)》

 박은은 조선 초기에 정승을 지낸 인물이다. 태조(太祖) 때, '계림윤(鷄林尹; 경주부윤)을 지낸 유량(柳亮)이 항복한 왜인과 몰래 결탁하여 나라를 배반하려고 하였다' 하여, 사헌부로 하여금 유량의 죄를 다스리게 하였다.

 집정대신(執政大臣)은 박은이 예전에 계림윤 유량에게서 치욕을 당한 바 있으므로, 유량의 죄를 꼭 밝혀낼 것이라고 생각하여 그를 사헌부 시사(侍史)에게 넘겼다.

 박은이 대(臺; 사헌부)에 오르자 유량은 그를 우러러보고는 머리를 숙여 눈물만 흘렸다. 박은이 전일의 원한을 생각하여 자신을 혹독하게 치죄(治罪)하리라고 여겼기 때문이었다.

 그러나 박은은 하리(下吏)가 문안(文案; 심문조서)을 가지고 와서 앞에 놓자, 붓을 던지고 큰 소리로,

 "나는 죄 없는 사람을 죽을 곳으로 빠뜨리는 짓을 절대로 하지 않

겠다."

라고 말하고는 조서(調書)에 서명하지 않았다. 그로 해서 유량은 목숨을 건지게 되었다. 그러나 이 때문에 그는 집정대신의 미움을 샀다.

그는 그 후, 지위가 신하로서는 지극히 높은 정승에까지 이르렀으나, 봉록을 모두 나누어서 친척들을 구제하였으므로 집안이 매우 가난하였다.

어느 날 태종이 미행(微行)으로 그를 찾아갔는데, 그가 나와 마중을 하지 않아서 태종이 문 앞에 조금 오래 서 있게 되었다. 태종은 임금을 문밖에서 기다리게 한 데 대해 매우 노여워하였다. 박은은 황공하여 실상대로 아뢰었다.

"소신이 조밥을 먹다가 재채기가 나와 얼른 나가 뵙지 못했사옵니다."

태종은 그 말을 듣고, "경(卿)은 재상으로서 조밥을 먹는가?" 하고, 수행원을 시켜서 집안에 들어가 살펴보게 하니, 과연 그러하였다. 태종은 탄식하고 특별히 청문(靑門; 동대문) 밖 북바위[鼓岩]의 전지(田地) 몇 묘(畝)를 그에게 하사하였다.

박은(朴訔, 1370~1422) 자는 앙지(仰止), 호는 조은(釣隱), 본관은 반남(潘南), 시호는 평도(平度)이다. 1385년(우왕 11) 문과에 급제해 1392년(공양왕 4) 관직이 개성부소윤(開城府少尹)에 이르렀다. 조선조에 들어서 지금주사(知錦州事) 등의 벼슬을 하다가 태조의 다섯째 아들 방원(芳遠)에게 충성을 약속하고서 1398년(태조 7)에 일어난 제1차 왕자의 난 때에 지춘주사(知春州事)로서 방원의 집권을 위해 지방 군사를 동원하였으며, 1400년(정종 2) 제2차 왕자의 난에 지형조사(知刑曹事)로 있으면서 역시 방원을 도와 공을 세웠다. 1401년 태종 즉위 후 좌명공신(佐命功臣) 3등으로 반남군(潘南君)에 봉해졌고, 그 뒤 이조 판서, 좌의정 등을 지냈다.

48

나는 우산이라도 있지만

유관(柳寬)
《연려실기술(燃藜室記述)》

유관은 고려 말에 급제하여 벼슬이 판비서(判秘書)에 이르렀으며, 조선조에서 형조판서를 거쳐 우의정을 지냈다.

그는 청렴하고 품성이 곧아서 벼슬이 높았지만 초가집 한 칸에 삼베옷과 짚신으로 검소하게 살았다. 집 밖에는 담장도 없어, 지나는 사람들이 집안을 들여다보기 일쑤였다.

그런 사정을 안 태종(太宗)이 선공감(繕工監)에 명하여, 밤중에 유관이 모르게 울타리를 설치해 주었다. 그는 누가 찾아오면 겨울에도 맨발에 짚신을 끌고 나가서 맞이하였고, 때로는 호미를 들고 채소밭을 돌아다니면서 채소를 가꾸기도 하였다.

어느 때, 장맛비가 한 달 넘게 내려서 방안에 비가 새었다. 유관은 삼대처럼 쏟아지는 비를 방안에서 우산을 펴고 피하면서 부인을 돌아보고,

"우리는 그래도 비를 막을 우산이 있지만 그렇지 않은 집에서는 어

떻게 견디겠소."

하니, 이에 부인이 대답하였다.

"우산 없는 집에는 다른 준비가 있답니다."

유관(柳寬, 1346~1433) 자는 몽사(夢思), 호는 하정(夏亭), 본관은 문화(文化), 시호는 문간(文簡)이다. 유안택(柳安澤)의 아들로 1371년(공민왕 20) 문과에 급제하였고, 조선이 개국하자 개국 원종공신이 되었고 이후 대제학·우의정 등을 지냈다. 황해도 문화(文化)에 있는 정계서원(程溪書院)에 제향되었고, 문집으로 《하정집》이 있다.

도둑도 개과천선하게 하다

허정(許烶)
《청성잡기(靑城雜記)》

인조(仁祖) 때 설봉(雪峯) 허정이라는 선비가 있었다. 그는 병자호란 때 조정에서 청나라에 항복하자, 단양(丹陽)의 둔산(遯山)에 은거하면서 평생 향명배청(向明背淸)의 뜻을 굽히지 않았던 창해처사(滄海處士) 허격(許格)의 조카였다. 허정 역시 허격 못지않게 꼿꼿한 사람이었다.

어느 날, 허정이 길에서 은자(銀子) 100냥이 든 보따리를 주웠다. 허정은 주은 은자를 주인에게 돌려주기 위해 그 자리에서 주인을 기다렸다. 해가 저물어서야 그곳에 급히 달려와서 은자를 찾는 자가 있었다.

허정이 '이것을 찾는가?' 하고 물어보았더니, 그의 은자가 틀림없었다. 허정이 은자를 돌려주자, 그 주인은 보따리를 풀어 은자의 절반을 허정에게 주었다. 보따리를 지켜준 데에 대한 감사의 표시였다. 허정은 은자를 받지 않고 웃으며 말하였다.

"내가 만일 이 은자를 탐내었다면 어찌 네가 절반을 주기를 기다렸겠느냐."

그러자 은자 주인이 보따리를 길바닥에 내동이치며 큰 소리로 통곡하였다. 허정이 의아해서 그 까닭을 묻자, 은자 주인이 이렇게 대답하였다.

"저는 도둑입니다. 은자를 훔쳐 가지고 오다가 술에 취해 길에서 잃어버렸는데, 지금 공께서는 은자가 절로 굴러들어 왔는데도 소유하려 하지 않으시니, 저는 어떻게 된 사람이기에 훔친 은자를 찾으러 여기까지 왔단 말입니까? 그래서 우는 것입니다."

허정은 그를 이렇게 타일렀다.

"네가 너의 잘못을 아느냐? 안다면 그 잘못을 고치기는 매우 쉬운 일이다. 은자를 주인에게 돌려주고 다시는 도둑질을 하지 말거라."

도둑은 즉시 그의 말대로 하고, 행실을 고쳐 착한 사람이 되었다.

50

지위고하를 막론하고 용서하지 않는다

전림(田霖)
《기재잡기(寄齋雜記)》

세조조(世祖朝)의 전림이 한성판윤(漢城判尹)으로 있을 때의 일이다. 전림은 어느 날 왕자(王子) 회산군(檜山君)의 집 앞을 지나가다가 회산군이 주택을 개축하는 것을 보고는 그 일을 맡아보는 사람에게 이렇게 당부하였다.

"집의 칸수가 많고 적은 것과 척수(尺數)가 높고 낮은 것은 다 국법에 정해져 있다. 네가 죽음이 두렵거든 국법을 어기지 말라. 오늘 저녁에 내가 다시 이 길을 지나갈 것이다."

저녁때에 전림이 그 집 앞을 지나가자, 공사를 맡은 사람이 그를 맞이하며 말하였다.

"칸수가 많은 것은 줄이고 척수가 긴 것은 잘라서 국법에 맞게 고쳤습니다."

전림은 그에게 다시 한 번 다짐을 하였다.

"처음에는 네가 국법을 어겼으나 곧 그것을 바로잡았으니, 이번 일만은 용서한다. 이 뒤에 다시 한 번 이런 일로 국법을 어기면 이번에 있었던 일까지 그 죄를 함께 다스릴 것이다."

전림은 이와 같이 국법에 어긋나는 일은 지위고하를 막론하고 용서하지 않는 강직한 사람이었다.

전림(田霖, ?~1509) 조선 초기의 무신. 본관은 남양(南陽), 시호는 위절(威節)이다. 무과에 급제하여 전주판관, 첨지중추부사, 전라우도 수군절도사 등을 역입하였으며, 청백리로 학문을 좋아하였다. 회령부사(會寧府使) 등 여러 차례 변장(邊將)이 되어 용맹을 드날렸으므로 야인들이 두려워하였다. 무예뿐 아니라 글도 뛰어났으나, 성격이 지나치게 엄하여 아랫사람을 많이 상하게 하여 탄핵을 받기도 하였다.

타성과 무사안일을 근절하다

최흥원(崔興源)
《대동야승(大東野乘)》

　선조(宣祖) 때에 정승을 지낸 최흥원은 청렴하기로 유명하였다. 임진왜란이 일어나기 3년 전인 선조 22년(1589), 형조참판(刑曹參判)이었던 그가 함경도관찰사가 되었다. 그가 임지(任地)에 부임해 보니, 당시 함경도 지방의 병적(兵籍) 관리가 말이 아니었다. 그는 육진(六鎭)의 도감(都監)들을 소집하여 준엄한 지시를 하였다.
　"나는 일찍이 동래부사(東萊府使)와 충청도관찰사 등을 거치면서 왜구(倭寇)의 심상치 않은 조짐들을 익히 보아왔소. 그러나 그 곳과 멀리 떨어져 있는 이 북쪽 지방이라고 해서 병부(兵簿: 병적)마저 제대로 갖추어져 있지 못하다는 것은 위로는 상감을 속이고 아래로는 뭇 백성들을 속이는 것이오. 제관(諸官)들은 열흘 안에 자기 관할지역의 새 명부를 작성하되, 내가 몸소 점고(검열)할 때 한 명이라도 착오가 있게 되면 병부를 작성한 제관들은 목을 잘라도 좋다는 것을 이 자리에서 서약하시오."

그러나 당시는 오랫동안 전란이 없었으므로 온나라의 군기(軍紀)가 극도로 해이해져 있었고, 따라서 병적을 관리해야 할 도감(都監)들도 안일한 타성에 젖어 있었다.

최흥원은 약속된 날짜에 육진(六鎭) 중에서 가장 북쪽에 있는 온성(穩城)으로 달려갔다. 그는 온성부(穩城府) 각 대(隊)에 대한 열병(閱兵)을 마치자, 즉시 호패(戶牌)만 떼어 놓게 하고 병사들은 본대로 돌려보낸 다음, 병적을 점고하기 시작하였다. 열병에 참가한 병사들의 호패가 있으므로 병원(兵員)의 숫자를 조작할 길이 없었다. 온성부 도감은 비로소 사태가 급박해졌음을 알고 사색이 되었다.

최흥원은 며칠 전에 그 도감이 작성한 서약서를 조용히 꺼내 놓았다. 그리고는 다른 군관을 불러 송아지 한 마리를 끌고 오도록 은밀하게 지시하였다. 자신이 쓴 서약서를 본 도감은 "죽을죄를 지었습니다. 용서하십시오." 하고 빌었으나, 최흥원은 아무 말이 없었다.

이윽고 관찰사의 명을 받고 나갔던 군관이 송아지 한 마리를 끌고 왔다. 그제서야 최흥원은 입을 열어 도감에게 호령하였다.

"도감, 그대가 쓴 이 서약서를 저 송아지의 목에 붙이시오!"

영문을 모르는 도감은 사색이 되어 자신이 쓴 그 서약서를 송아지 목에 붙였다. 그러자 최흥원은 지체 없이 한칼에 송아지의 목을 치고는 준엄히 꾸짖었다.

"이것으로 긴 말이 필요 없을 것이오. 도감! 그대는 이제 죽었으니, 부디 새 사람이 되어 나라를 위해 그대 몸을 바치시오."

이 소식이 그날 밤중으로 여러 고을에 퍼져, 함경도 지역에는 무사안일의 풍조가 일시에 없어지게 되었다.

최흥원(崔興源, 1529~1603) 조선 중기의 문신. 본관은 삭녕(朔寧), 자는 복초(復初), 호는 송천(松泉), 시호는 충정(忠貞)이다. 1568년 증광문과에 급제하였다. 부평부사(富平府使) 때인 1578년 감독 소홀로 효릉(孝陵)의 정자각(丁字閣) 보수 기일을 지키지 못해 파직되었다가 다시 승지로 복직하였다. 1592년 도순찰사(都巡察使)가 되었고, 그 후 우의정·좌의정을 거쳐 영의정이 되었으며, 세자를 강계(江界)까지 배종한 뒤 의주(義州)에서 왕을 시종하였다. 임진왜란 때 왕을 호종한 공으로 호성공신(扈聖功臣) 2등에 추록(追錄), 청백리에 녹선되었다.

52

대신의 바둑판을 뒤엎다

김수팽(金壽彭)
《대동기문(大東奇聞)》

　김수팽이라는 호조(戶曹)의 서리(胥吏)가 있었다. 그는 비록 직위가 서리였으나 청렴하고 강직하였으므로 대신(大臣)들도 그를 함부로 대하지 못하였다.
　어느 날 문서에 결재를 받으러 재상의 집으로 갔더니, 재상이 마침 손님과 바둑을 두고 있었다. 김수팽이 뜰 아래서 한참을 기다려도 재상은 바둑에 정신이 팔려 결재를 해 주지 않았다. 이를 본 김수팽은 마루 위로 올라가서 바둑판을 뒤엎어 버렸다. 그리고는 재상 앞에 엎드려 이렇게 아뢰었다.
　"죽을죄인 줄은 압니다. 그러나 제가 온 것은 국사(國事)를 위해서입니다. 여기 서류를 두고 가겠사오니, 다른 서리를 불러 서류를 검토하도록 하십시오. 저는 오늘로 이 직책을 그만두겠습니다."
　재상은 화가 났으나, 김수팽의 말에 굴복할 수밖에 없었다.
　"그럴 것이 없네. 잘못은 나에게 있는데, 자네가 벼슬을 그만두다니 말이 되는가? 어서 그 서류를 이리 내놓게."

재상은 김수팽의 서류에 결재를 해주었다.

김수팽이 맡은 직책은 궁중의 창고 물품을 관리하는 일이었다. 하루는 꼭두새벽에 환관(宦官; 내시)이 달려와서 왕명을 내세우고 돈 10만 냥을 지출해 달라고 요구하였다.

"그런 많은 돈을 판서대감의 결재도 없이 어떻게 출고할 수 있습니까?"

"나도 모르는 것은 아니나, 상감께서 급히 가져오라고 하셨소."

"아무리 상감의 명이라도 국법을 어길 수는 없습니다."

김수팽이 그 돈의 지출을 거절하자, 환관은 하는 수 없이 그냥 돌아가고 말았다. 날이 밝자, 김수팽은 판서의 집으로 찾아가서 10만 냥에 대한 지출서에 결재를 받은 다음, 돈을 꺼내어 왕에게 바쳤다. 돈이 늦게 도착한 사연을 안 왕은 김수팽을 칭찬하였다.

"하마터면 내가 큰 실수를 할 뻔하였구나. 김수팽의 처사야말로 모든 관원의 모범이 될 만하다."

한번은 어떤 재상이 국고에 오랫동안 간직되어 온 은(銀)으로 만든 바둑알을 자기 딸의 노리개를 만들겠다면서 몇 알을 호주머니에 넣었다. 이것을 본 김수팽이 얼른 남은 바둑알을 모조리 자기 호주머니에 집어넣으며 이렇게 말하였다.

"대감께서는 따님이 한 분 뿐이시니, 그것이면 되겠습니다만 저에게는 딸이 다섯이나 있습니다. 그러니 이걸 다 가져가겠습니다."

이에 재상은 주머니 속에 넣었던 바둑알을 슬그머니 다시 꺼내놓고 말았다.

이처럼 청렴 강직한 김수팽의 엄정한 자세 앞에서 정부 고관들도 그를 함부로 대할 수가 없었던 것이다.

김수팽(金壽彭, ?~?) 영조 때 호조의 서리(胥吏). 청렴 강직하기로 이름이 났다. 공문서 결재를 미루고 바둑에 열중하는 재상의 바둑판을 쓸어버린 일, 국왕의 명인데도 정식 절차를 거치지 않은 지출을 거부한 일, 선혜청(宣惠廳) 서리인 아우가 염색업을 겸업하는 것을 금지한 일, 그 어머니의 자식들에 대한 청렴 교육의 일화 등은 듣는 이의 심금을 울려준다.

국법을 어긴 누이를 질책하다

민진후(閔鎭厚)
《이순록(二旬錄)》

　조선 숙종(肅宗) 때의 문신인 민진후는 강직하여 법을 지키는 데 빈틈이 없었다. 그가 형조판서(刑曹判書)로 재임하고 있던 어느 날, 그의 누이가 살고 있는 참봉(參奉) 홍우조(洪禹肇)의 집에 들른 적이 있었다. 그는 본시 술을 즐겼는데, 그날 누이가 내온 술맛이 아주 좋았다. 그런데 안주는 다만 김치뿐이었다. 그는 술맛에 취하여 이렇게 물었다.

"가난한 너의 집에서 이런 맛좋은 술이 어디서 났느냐?"
"어제가 시아버님의 생신이어서 술을 조금 빚었습니다."
하고 누이가 대답하자, 그는 "술은 좋은데 안주가 없구나." 하였다.

　누이가 그 말을 듣고 민망하여 어쩔 줄을 몰라 하였다. 실은 그 전날이 홍 참봉의 생일이라 술도 빚고 또 잔칫상을 차리기 위해 송아지도 한 마리 잡았던 것이다. 그러나 당시 국법(國法)으로 소를 도살(屠殺)하는 것을 금하고 있었으므로 소의 밀도살(密屠殺)은 큰 죄가 되었다. 그의 누이동생은 평소 민진후가 국법을 지키는 데 한 치의 어긋남이 없다는 사실을 잘 알고 있었으므로 오라비에게 쇠고기 안주를 대접하지 못하였던 것이다. 오라비의 안주타령을 들은 누이는 쇠고기를 대접하고 싶어 한참 동안이나 망설인 끝에 입을 열었다.

"오라버니, 한 가지 말씀드릴 일이 있는데, 나무라시지 않겠습니까?"

"그래, 무슨 말이냐?"

민진후가 되묻자, 누이는 그래도 염려가 되어 또다시 한참동안 머뭇거렸다. 그러한 누이의 태도에 그는 웃음을 띠고 재촉하였다.

"무슨 일이기에 그러느냐? 안주 마련 때문이냐? 그렇다면 너의 비녀라도 잡히고 안주 좀 사오려무나."

그제야 누이는 자기 집에서 송아지를 잡은 사실을 고하면서 그의 의중(意中)을 떠보았다.

"빨리 그 쇠고기를 구워 오너라."

누이가 크게 기뻐하며 쇠고기를 구워 대접하니, 그는 즐거운 얼굴로 술과 쇠고기를 실컷 마시고 먹은 뒤에 자리에서 일어났다.

그런데 그는 누이의 집 밖으로 나서자, 데리고 간 아전에게 이렇게 호령하였다.

"이 집은 소의 밀도살을 금지하는 법을 범하였으니, 소를 잡은 종을 잡아 가두어라!"

그리고는 그 종에게 벌금 28냥을 부과하였다. 그 후 그는 자신의 녹봉에서 그 벌금을 대납하고 홍 참봉의 종을 방면(放免)시켰다.

훗날 홍 참봉이 민진후에게 물었다.

"법을 엄하게 지키는 것은 가상한 일이나, 어찌하여 그 쇠고기를 먹고 나서 그렇게 법을 따지셨오?"

이에 그는 이렇게 대답하였다.

"형제의 정으로 누이가 권하는데, 어찌 먹지 않을 수 있겠습니까? 그러나 범법(犯法)한 사실이 내 귀에 들어온 이상 어찌 사사로운 정에 이끌릴 수 있겠습니까? 만약 그때 누이가 나에게 사실대로 말하지 않았더라면, 내가 소 한 마리를 다 먹었다 하더라도 어찌 법으로 다스렸겠습니까?"

민진후는 이와 같이 아무리 가까운 사이라도 법을 어기면 조금도 용서하지 않았다. 그러면서도 그 뒷일은 반드시 자기가 책임을 졌다. 이 때문에 당시의 사람들은 그를 몰인정(沒人情)하다고는 말하지 않았다.

민진후(閔鎭厚, 1659~1720) 조선 후기의 문신. 본관은 여흥(驪興), 자는 정순(靜純), 호는 지재(趾齋), 시호는 충문(忠文)이다. 민유중(閔維重)의 아들이고, 숙종 계비 인현왕후(仁顯王后)의 오라비이며 송시열(宋時烈)의 문인이다. 기사환국 때 삭직되었다가 갑술옥사로 인현왕후가 복위되자 복직되었다. 동지사(冬至使)로 청나라에 다녀오고 돈령부판사·예조판서·한성부판윤을 거쳐, 1718년 숭록대부에 올랐다. 글씨에 능했으며, 문집에 《지재집(趾齋集)》이 있다.

감히 아첨을 하여 칭찬 받으려고 하는가

윤개(尹漑)
《기재잡기(寄齋雜記)》

　명종(明宗) 8년(1553)에 경복궁(景福宮)이 불타버렸는데, 그 이듬해 중수(重修)를 하여 공사가 거의 마무리되어갈 무렵이었다.

　당시 재상이었던 심연원(沈連源)과 윤개가 공사결과를 점검하였다. 새로 지은 경복궁은 외각(外閣)과 참호(塹濠)에 모두 반자(斑子)·주홍(朱紅)·동록(銅綠) 등이 진하게 채색되어 있었다. 공사 감독 책임관인 도감제조(都監提調)였던 윤개가 이것을 보고 크게 노하여 곧 해당 낭관(郎官)인 이인건(李仁建)을 불러 엄하게 문책하였다.

　"주상의 침실에만 단청색을 쓰는 법인데, 너와 같은 하급관리가 감히 아첨을 하여 칭찬을 받으려고 국법을 어겼단 말이냐! 너는 금령(禁令)을 어겼으니, '제서유위율(制書有違律)'[1]을 적용하여 엄히 다스려야 하겠다."

　이인건은 심연원의 사위였다. 심연원은 윤개가 이인건을 꾸짖는 것을 못들은 척하고 있다가 사위 이인건이 땅에 엎드려 윤개에게 애걸

하며 곤욕을 치른 뒤에야 윤개에게 이렇게 부탁하였다.

"이 사람은 내 사위인데, 아직 나이가 어려 국법에 그러한 규제가 있는 것을 모르고 죄를 지은 것이지, 결코 고의로 한 짓은 아닐 것이오. '제서유위율'을 적용하는 것은 너무 가혹한 듯하니, 그보다는 좀 가벼운 형률(刑律)을 적용해 주심이 어떠하겠소?"

그리하여 이인건은 참형(斬刑)이나 장형(杖刑)을 받아야 하는 '제서유위율'의 죄목(罪目)에 적용을 받지 않고 가벼운 징계를 받는 것으로 그치게 되었다.

윤개는 이인건이 동료 재상인 심연원의 사위였음에도 불구하고 그 책임을 추궁하는 데에 조금도 가차가 없었으며, 심연원도 동료 재상의 이러한 엄한 처사에 불평을 하지 않았다.

옛 사람의 공사(公私)를 구분함이 이렇듯 엄정하였다.

윤개(尹漑, 1494~1566) 조선 중기의 문신. 본관은 파평(坡平), 자는 여옥(汝沃), 호는 회재(晦齋)로 김안국(金安國)의 문인이다. 중종 때 기묘사화에 관련되었으나 중국어를 잘해 외직에 좌천되는 것으로 그쳤다. 1545년(인종 1) 예조판서가 되어 윤원형(尹元衡)과 함께 을사사화(乙巳士禍)를 일으켜 대윤(大尹)의 제거에 가담하고 위사(衛社)공신에 책록되고 중추부지사로 영평군(鈴平君)에 봉해졌다. 1551년(명종 6) 우의정, 1558년 좌의정이 되고 1563년 영평부원군에 진봉되어 궤장(几杖)을 하사받았다. 그러나 선조 초에 을사 원흉으로 규탄받아 모든 훈작(勳爵)이 삭탈되었다.

---

1 제서유위율(制書有違律) : 임금이나 왕세자(王世子)의 명령을 위반하는 자를 다스리는 형률(刑律). 《대명률(大明律)》 이율(吏律) 제서 유위(制書有違) 조에 '무릇 제서(制書)를 받들어 시행하는 데 위반한 자는 장(杖) 1백 대에 처하고, 황태자(皇太子)의 영지(슈旨)를 위반한 자도 죄가 같다.'하였다.

위법인 것은 왕명이라도 따를 수 없다

서유망(徐有望)
《대동기문(大東奇聞)》

　서유망은 순조(純祖) 때 문과(文科)에 급제하여 성균관의 대사성(大司成)에까지 오른 학자로서 말수가 적고 고집이 세기로 이름이 높았다.
　그가 태학(太學; 성균관)의 장의(掌議; 유생 대표)로 있을 때였다. 어느 날, 영조(英祖)가 조정의 백관(百官)을 거느리고 어영대장(御營大將)의 인도를 받으며 성균관의 대성전(大成殿)으로 행차하였다. 모두 관원들은 대성전의 하마비(下馬碑) 앞에 이르러 말에서 내리거나 가마에서 내려 걸어가게 되어 있었다.
　그런데 하마비 앞에 다다른 어영대장은 미처 말을 세우지 못하여 말을 탄 채 하마비의 안쪽으로 한참 들어와 있었다. 이것을 본 서유망은 어영대장을 다스릴 수는 없었으므로 그의 마부를 대신 잡아다 가두었다. 일이 이렇게 되자, 어영대장은 모든 책임이 자기에게 있다고 하여 의전(儀典) 절차상의 직무를 포기하고 왕명을 대기하였다.

순조롭게 나가던 행차의 행렬이 갑자기 멈추어 선 채 꼼짝도 하지 않자, 한 부장(副將)이 왕에게 이 사실을 고하였다. 영조는 묘안이 떠오르지 않았다. 하마비는 관원의 지위고하를 막론하고 그 앞에서는 말에서 내려야 한다고 규정하였으며, 이것을 위반했을 때에는 응분의 징벌이 가해져야 하는 것이었다. 영조는 법대로 집행한 장의 서유망을 나무랄 수도 없고, 그렇다고 의전 절차상 어영대장을 빼놓고 행차를 계속할 수도 없는 노릇이었다. 영조는 도승지 서유문(徐有聞)에게 명하였다.

"어영대장이 잘못을 범한 것은 사실이지만, 대장이란 경솔히 다른 사람과 교체시킬 수 없는 직책이다. 그렇다고 대장이 구종(驅從)꾼도 없이 길을 인도할 수도 없는 일이니, 그대가 가서 장의를 달래어 어영대장의 마부를 석방시켜 어영대장이 직무를 다할 수 있도록 하라."

서유문은 왕명을 받들고 서유망에게로 달려갔다. 서유망과 서유문은 8촌 형제간으로 친밀한 사이였다. 서유문이 서유망에게 왕명을 전하고 그를 달래 보았지만 소용이 없었다. 왕은 다시 다른 신하를 보내어 서유망을 달래도록 하였으나 마찬가지였다.

영조는 하는 수 없이 좌의정에게 임시로 어영대장의 직무를 맡게 하여 그날의 절차를 끝내었다.

서유망(徐有望, 1766~1813) 조선 후기의 문신. 본관은 달성(達城), 자는 표민(表民)이다. 1807년 홍문관부수찬을 역임하고, 이듬해 전라우도 암행어사로 나가 현감들의 실정과 치적들을 살펴 보고하였다. 1812년 성균관대사성에 올랐다.

나라가 약속을 지켜야 백성들이 믿는다

정약용(丁若鏞)
《목민심서(牧民心書)》

 정조(正祖) 22년(1798) 겨울에 한질(寒疾; 감기)이 크게 나돌아 독감에 걸려 사망하는 자가 수없이 발생하였다. 조정에서는 독감 환자의 구호와 사망자의 장례를 위해 구호금을 모금하였다. 즉 서울이나 각 지방의 부호(富豪)들에게 일정액의 비용을 부담하게 하고, 그 대가로 3품이나 2품의 품계를 부여하기로 하였다.

 정약용(丁若鏞)이 마침 곡산군수(谷山郡守)로 있을 때에 조정으로부터 이러한 조치가 시행되었다. 정약용은 곧 관할 군내의 부호들에게 조정에서 구호금을 모금한다는 취지를 공표하고 이에 대한 협조를 구했던 바, 부호 5명이 구호금을 출연(出捐)하였다.

 구호 사업이 끝난 뒤 정약용은 구호금 모금 결과를 관찰사에게 보고하고, 구호금을 기부한 부호 5명에 대해 조정에서 약속한 품계를 내려주도록 조정에 품신(稟申)해 줄 것을 건의하였다. 그러나 관찰사는 정약용의 건의를 묵살하였다.

"다른 고을에서는 해당자가 없으므로 곡산 한 고을의 것만을 보고 할 수는 없소."

이에 정약용은 곧바로 승정원(承政院)에 보고서를 제출하였다.

"이제부터는 조정이 내리는 명령은 백성들이 따르지 않을 것입니다. 백성이 조정을 불신(不信)한다는 것은 실로 작은 일이 아니니, 조속히 주상(主上)에게 상주(上奏)하여 이번에 구호금을 출연한 우리 고을의 백성들에게 조정에서 약속한대로 품계를 내려주도록 하십시오. 그렇지 않으면 주상에게 직접 상소하겠습니다."

승정원에서는 정조에게 이 사실을 보고하였다. 그러자 정조는 '백성들이 나라의 명령을 믿지 않게 해서는 안 된다.' 하고 관찰사를 징계하여 2등급의 감봉 처분을 내리고, 구호금을 낸 부호 5명에게는 모두 그에 합당한 품계를 내려주었다.

정약용(丁若鏞, 1762~1836) 조선 후기의 문신·실학자·저술가·시인. 본관은 나주, 자는 미용(美庸), 호는 사암(俟菴)·탁옹(籜翁)·태수(苔叟)·자하도인(紫霞道人)·철마산인(鐵馬山人)·다산(茶山), 당호는 여유(與猶)이며, 천주교 교명은 요안, 시호는 문도(文度)이다. 중농주의(重農主義) 실학자로 전제(田制) 개혁을 주장하였고, 수원의 화성 건축 당시 기중가설(起重架說)에 따른 활차녹로(滑車轆轤; 도르래)를 만들고 이를 이용, 거중기를 고안하여 건축에 많은 도움을 주었다. 또한, 유교 경전에 대한 새로운 해석을 시도하였다. 문집으로 유배 생활 중 대부분이 저술된 《여유당전서(與猶堂全書)》가 있다. 지방관이 지켜야할 내용을 모아 편집한 《목민심서(牧民心書)》 역시 유명하다.

믿는 것이라고는 우리 집 초가삼간뿐

장필무(張弼武)
《대동기문(大東奇聞)》

　선조(宣祖) 때의 장필무는 청렴결백하고 무략(武略)과 역학(易學)에 밝았으며, 불의와 타협하지 않는 강직한 무관(武官)이었다.
　그가 양산군수(梁山郡守)로 있을 때의 일이다. 양산은 경상좌도병마절도사(慶尙左道兵馬節度使)와 동래수군절도사(東萊水軍節度使)의 관할 하에 있었기 때문에 병사(兵使)와 수사(水使)의 불법적인 요구에 시달려야만 하였다. 그러나 장필무는 병사와 수사가 뇌물을 빨리 바치라고 아무리 닦달해도 법에 정한 것이 아니면 일절 들어주지 않았다.
　병사와 수사는 화가 나서 어느 날 약속이라도 한 듯이 양산군으로 들이닥쳤다. 병사와 수사는 목청을 높여 불호령을 퍼부었다.
　"그대가 감히 무엇을 믿고서 이다지도 무례하게 구는가?"
　"제가 믿는 것이라고는 우리 집 초가삼간뿐입니다. 제가 잘못한 것이 무엇입니까?"

장필무의 이러한 대답에 병사와 수사 두 사람은 할 말을 잃고 말았다. 장필무의 이 말은, 벼슬길에서 쫓겨나더라도 자기가 살 수 있는 초가삼간이 기다리고 있는데, 무엇이 무서워 불법적인 요구에 응하며 소신(所信)을 굽히겠느냐는 뜻이었다.

　　이로부터 상급 기관인 병영(兵營)과 수영(水營)에서는 감히 원칙에서 벗어난 불법적인 요구를 일절 하지 못했음은 물론이었다.

장필무(張弼武, 1510~1574) 조선 중기의 무신. 본관은 구례(求禮), 자는 무부(武夫), 호는 백야(柏冶), 시호는 양정(襄貞)이다. 부산진첨절제사·만포진첨절제사 등을 지내고 종사관으로 연경에 다녀왔으며 변방을 경비하였다. 함경북도병마절도사로 호인(胡人)을 격퇴하고 경상좌도병마절도사가 되었다.

58

이삿짐이라고는 낡은 책 고리짝 하나

안성(安省)
《대동기문(大東奇聞)》

고려 말의 문신(文臣)인 안성은 무려 40여 년 동안 벼슬살이를 하였지만, 어찌나 청렴하였는지 벼슬자리를 옮길 때에 이삿짐이라고는 낡은 책 고리짝 하나가 고작이었다.

한번은 지방 수령의 임기를 마치고 서울로 돌아가게 되었는데, 그 낡은 고리짝마저 부서져 책을 담을 수가 없었다. 그러자 옆에 있던 그의 부인 송씨(宋氏)가 빈정거렸다.

"당신은 평소에 무엇보다도 책을 소중하게 간직하지 않았습니까? 고리짝이 부서지면 책을 보관할 수 없는데, 고리짝을 종이로 싸 바르지 않고 무얼 하십니까?"

"나도 그러고 싶지만 우리가 떠나올 때에 종이 한 장도 가져온 게 없으니, 무엇으로 이 고리짝을 싸 바른단 말이오?"

"그럼 당신 옷이라도 벗어서 그 고리짝을 싸매시구려."

하고 놀려 대었다. 그는 이처럼 관청의 물건이라면 종이 한 장도 사사로이 사용하지 않는 인물이었다.

안성(安省, 1344~1421) 여말선초의 문신. 본관은 광주(廣州), 초명은 소목(少目), 자는 일삼(日三), 호는 설천(雪泉)·천곡(泉谷), 시호는 사간(思簡)이다. 고려 우왕 때 상주판관(尙州判官) 등을 지내면서 청백리로 칭송받았으며, 조선 건국 후 태조·정종·태종 등을 섬기며 나라의 기틀을 다지는 데 공헌하였다. 1411년 참지의정부사에 제수되고, 그해 하정부사(賀正副使)가 되어 하정사 정탁(鄭擢)과 함께 명나라에 다녀왔다. 이후 대사헌·한성부윤·강원도관찰사 등을 역임하였고, 세종 즉위 후 개성유후(開城留後)를 지냈다.

농짝에 든 건 짚단뿐이네

유정원(柳正源)
《목민심서(牧民心書)》

조선 영조(英祖) 때에 대사헌을 지낸 유정원은 여러 고을의 수령을 역임하였는데, 임기를 마치고 돌아갈 때에는 그의 손에 언제나 채찍 하나밖에 든 것이 없었다.

오래도록 고을 수령을 하였지만, 그 동안에 그의 집에 가구나 집기 등 살림살이가 하나도 늘어나는 것이 없었다.

한번은 그가 관아에서 자기 물건인 헌 농짝을 집으로 보낸 일이 있었다. 속이 빈 채로 운반하다 보면 쉽게 찌그러질 것이 염려되어, 그 속을 볏짚으로 꼭꼭 채웠다. 농짝이 집에 도착하자, 동네 부녀자들이 모여들었다. 그것이 관아에서 온 것이었기에 그 속에 별것이나 들었나 하여 큰 기대를 갖고 구경삼아 모인 것이었다. 농짝을 열어보니, 그 속에 든 것이 고작 짚단뿐임을 알고는 크게 실망하여 한바탕 웃고 말았다.

유정원(柳正源, 1703~1761) 조선 영조 때의 문신·학자. 본관은 전주(全州), 자는 순백(淳伯), 호는 삼산(三山)이다. 안동(安東) 출신으로, 벼슬은 형조참의·대사간·호조참의 등을 지냈다. 제자백가(諸子百家)를 섭렵, 천문(天文)·지지(地志)·음양·복서(卜筮)·산수(算數)를 비롯하여 병률(兵律)·도학(道學)에도 두루 정통하였다. 높은 인품과 경학(經學)으로 《목민심서(牧民心書)》에 그 치적이 크게 실려 있다. 문집으로 《삼산문집(三山文集)》, 저서로 《역해참고(易解參攷)》 등이 있다.

아들을 합격시킨 고시관을 파면하다

정갑손(鄭甲孫)
《해동소학(海東小學)》

　세종(世宗) 때의 청백리(淸白吏)인 정갑손은 성품이 청렴결백하고 엄격하여 자제들도 사사로운 일을 감히 그에게 부탁하지 못하였다. 일찍이 함길도관찰사(咸吉道觀察使)로 있을 때에 왕의 부름을 받고 상경하였다가 임지로 돌아가는 도중이었다. 함길도에서 실시한 향시(鄕試)ㄴ 합격자들의 명단을 보니, 이 가운데 그의 아들 오(俁)가 들어 있었다.

　그는 감영(監營)에 당도하는 즉시 고시관(考試官; 시험관)을 불러 이렇게 꾸짖었다.

　"그대가 나에게 아첨하려고 이런 짓을 했는가? 우리 아이는 아직 학문이 부족하여 합격할 정도가 못되는데 내 어찌 임금님을 속일 수 있단 말인가?"

　그는 합격자 명단에서 자신의 아들 이름을 삭제해 버리고, 고시관을 파면시켰다.

이는, 뒷날 고관대작의 자제들이 부형과 가문의 위세를 배경으로 과거에 급제하거나 관직에 오르려 하던 세태와는 판이한, 조선 초기의 전설적인 상황이라 하겠다. 오늘날, 자식의 학업 성적을 높이고 시험에 합격하도록 하기 위해서 대리시험 등 온갖 부정이 난무하는 이 세상에서는 상상도 하지 못할 일이다.

정갑손(鄭甲孫, 1396~1451) 조선 전기의 문신. 본관은 동래(東萊), 자는 인중(仁仲), 시호는 정절(貞節)이다. 대사헌을 거쳐 경기도와 함길도의 관찰사·중추원사·예조판서·우참찬을 거쳐 1450년 좌참찬 겸이조판서에 이르렀다. 맏딸이 세종의 후궁으로 들어가 소용(昭容)이 되었으며, 중종 때 청백리에 녹선되었다.

대간(臺諫)의 눈치를 본 임금

영조(英祖)
《청성잡기(靑城雜記)》

　영조 4년(1728), 소론의 김일경(金一鏡)과 한 패인 이인좌(李麟佐) 등이 밀풍군(密豊君) 이탄(李坦)을 왕으로 추대하고 반란을 일으켰다. 이때 금군(禁軍)의 별장(別將) 남태징(南泰徵)이 처형되고, 그의 사촌 아우 남태적(南泰績)도 통진부사(通津府使)로 있다가 잡혀와 온갖 고문을 받았으나 죄를 자복하지 않았다. 그리하여 그는 오랫동안 감옥에 갇혀 있었다.

　그의 억울함을 알고 있던 영조는 대사령(大赦令)을 내리면서 그에게도 사형을 면하고 먼 곳으로 유배 보내게 하였다. 그러나 대간(臺諫)들의 강력한 반대로 남태적은 끝내 출옥하지 못하였다.

　얼마 후 영조가 온천욕을 하기 위하여 온양(溫陽)의 행궁(行宮)에 행차하였다. 이때 대간들이 모두 왕을 수행해 내려온 틈을 타서 영조는 선전관에게 밀지를 내렸다.

　"서울로 돌아가 남대문에 들어간 다음 이 밀지를 펴 보라."

선전관이 서울에 도착해서 밀지를 펴보니, 남태적을 출옥시키라는 명령이었다. 영조는 대간들이 서울에 없는 틈을 타서 남태적을 출옥시키려 하였던 것이다. 뒤에 이 사실을 안 대간들이 불평했지만, 이미 왕명으로 출옥시킨 남태적을 다시 가둘 수는 없었다. 영조는 죄가 없다고 생각되는 사람을 살려주면서도 대간들과 최대한 마찰을 피하려고 이처럼 노력하였던 것이다.

조선조의 사헌부(司憲府)는 백관의 비리를 적발하고 탄핵하는 기관으로 법을 엄정하게 지켰다. 사간원(司諫院)은 군주의 잘못을 간쟁하는 기관으로 유명하였다. 사헌부는 옛날 어사대(御史臺)의 개칭이므로 이 두 기관을 묶어 대간(臺諫)이라 칭하였다. 여기에 근무하는 관리들은 신진사류가 임명되어 군주는 물론이요, 정승이나 판서 등의 잘못도 거침없이 비판하곤 하였다. 이 때문에 군주도 이들의 거센 항의에 직면하게 되면 어찌할 도리가 없었다. 전제군주(專制君主) 시대에도 이러한 장치가 마련되어 있었기 때문에 군주의 독재와 고관들의 전횡을 방지할 수 있었던 것이다.

영조(英祖, 1694~1776) 조선의 제21대 왕(재위 1724~1776). 휘(諱)는 금(昑), 자는 광숙(光叔)이다. 숙종이 양성(養性)이라는 헌호(軒號)를 내렸다. 영조는 스스로 검약·절제의 생활로 일관하는 한편, 재위 중에 여러 차례 금주령과 사치풍조 금단의 조치를 내렸으며, 탕평책(蕩平策)을 시행하여 붕당의 대립을 완화하였다. 《농가집성(農家集成)》을 보급하고 균역법(均役法)을 시행하였으며 청계천을 준설하고 신문고(申聞鼓)를 설치하는 등 많은 업적을 남겼으나, 1762년 세자를 뒤주 속에 가두어 죽이는 참사를 빚기도 하였다. 1746년에 《자성편(自省編)》을 지은 것을 비롯해 후세 왕들을 위해 왕자가 걸어야 할 길을 밝히는 저술들을 다수 남겼다.

사헌부는 형벌을 집행하는 관청이 아니다

안순(安純)
《연려실기술(燃藜室記述)》

　안순은 고려 때 벼슬살이를 하였으며, 조선조에서도 판중추(判中樞)와 수문전대제학(修文殿大提學)을 지낸 사람이다.
　그가 조선 태조(太祖) 때 사헌부잡단(司憲府雜端)으로 있었는데, 어느 날 궁녀 하나가 죄를 범하였다. 태조가 대사헌 조박(趙璞)에게 명하여 당장 그 궁녀를 죽이라고 하였다. 사헌부의 최고책임자인 조박은 안순에게 궁녀를 치죄(治罪)하게 하였다.
　안순은, "사헌부는 형벌을 집행하는 관청이 아닐뿐더러, 또 그 죄를 밝히지 않고 사람을 죽이는 것은 옳지 않습니다." 하고 조박의 말을 따르지 않았다. 조박은 왕명이라며 형 집행을 거듭 강요하였다. 그러나 안순은,
　"사람의 목숨은 지극히 소중한 것입니다. 한 번 죽으면 다시 살아날 수가 없으니, 함부로 죽이는 것은 도리가 아닙니다. 마땅히 유사(有司; 담당관원)에게 맡겨서 국문하게 하는 것이 옳습니다."

하고, 끝내 조박의 말을 듣지 않았다.

그 말을 들은 태조는 자신의 잘못을 깨닫고, 안순의 말을 따랐다.

안순(安純, 1371~1440) 여말선초의 문신. 본관은 순흥(順興). 자는 현지(顯之). 고려 도첨의찬성사(都僉議贊成事) 안축(安軸)의 증손으로, 할아버지는 판문하부사(判門下府事)를 역임한 안종원(安宗源)이고, 아버지는 조선의 개국공신인 안경공(安景恭)이다. 어머니는 정당문학(政堂文學) 정사도(鄭思道)의 딸이고, 부인은 정당문학 정공권(鄭公權)의 딸이다. 경상도관찰사, 공조판서, 호조판서 등을 지냈다.

63

인재를 만들기 위해 부하를 닦달하다

황희(黃喜)
《지소록(識少錄)》|《연려실기술(燃藜室記述)》

　황희(黃喜)는 성품이 인자하고 도량이 넓기로 당대에 이미 잘 알려진 인물이다. 정승을 27년간이나 지냈으면서도 거처가 소박하였으며 품성이 인자하고 너그러웠다. 한 집에 사는 손자들과 종의 아이들이 앞에서 울부짖고 희롱하여도 조금도 꾸지람하지 않았으며, 심지어 그의 수염을 뽑는가 하면 뺨을 치는 아이까지 있어도 나무라지 않았다.
　한번은 집에서 다른 신료(臣僚)들과 함께 국사를 의논하면서, 붓으로 먹물을 찍어 글을 쓰려는 순간, 펴놓은 종이에 종의 아이가 오줌을 쌌다. 그러나 그는 노여워하는 기색을 보이지 않고 "허허, 이놈…." 하고는 손으로 오줌을 훔쳤다.
　그런 황희가 당시 조정에서 인망을 받고 있는 김종서(金宗瑞)에게는 유독 매정하게 대하였다.
　황희가 정승이었을 때 김종서는 공조판서였다. 삼공(三公; 삼정승)이 모여 정사를 논의하는 자리에 김종서가 공조로 하여금 약간의 주과(酒果)를 대접하게 하였다. 그러자 황희가 크게 노하여 김종서를 불러 앞에 놓고 다음과 같이 준엄하게 질책하였다.

"나라에서 예빈시(禮賓寺)를 의정부의 곁에 설치한 것은 삼공을 접대하기 위해서이다. 삼공이 시장하다면 의당 예빈시로 하여금 장만해 오게 할 것이지, 어찌 공조에서 사사로이 음식을 제공한단 말인가."

그 뒤 김종서는 병조·호조의 판서를 여러 차례 거쳤는데, 황희는 김종서가 조그마한 일이라도 실수를 하면 그때마다 박절할 정도로 김종서를 꾸짖었다. 황희는 김종서 대신 그의 종을 매질하기도 하고, 때로는 구사(丘史:나라에서 종친이나 공신에게 내린 구종꾼)를 잡아 가두기도 하였다. 김종서는 황희 때문에 무척 고달파하였다.

다른 정승들은 모두 이러한 황희의 처사가 지나치다고 생각하였다. 어느 날 맹사성(孟思誠)이 황희에게 물었다.

"김종서는 당대의 명경(名卿)인데, 대감은 어찌 그에게 그렇게도 허물을 잡으십니까?"

황희의 대답은 이러하였다.

"내가 그러는 것은 김종서를 아껴서 그를 인물로 만들고자 함이외다. 종서는 뜻이 높아 굽힐 줄을 모르고 일을 신속하고 과감하게 처리하니, 그가 뒷날 우리의 자리(정승)에 있게 되었을 때, 모든 일 처리에 신중하지 않으면 국사를 망치게 할 염려가 있소이다. 지금 미리 그의 기운을 꺾고 경계하여, 그로 하여금 마음을 가다듬어 신중하게 일을 처리하게 하려는 것일 뿐, 결코 그를 곤란에 빠뜨리려는 것이 아니올시다."

황희는 나중에 영의정에서 물러나면서 김종서를 정승으로 추천하여 뒷날 자기의 자리를 대신하게 하였다.

다만 위의 기록에는 다음과 같은 약간의 문제점이 있다. 《연려실기술》은 《지소록》의 기록을 따라 정승인 황희가 공조판서인 김종서를 절박하게 나무랐다고 적고 있으나, 김종서는 공조판서를 거치지 않았다. 그리고 김종서가 그 후에 병조, 호조판서를 여러 차례 역임했다고 했으나 이 역시 사실과는 다르다.

김종서는 1426년(세종 8) 이조정랑으로 전라도에 파견됐으며 1427년 황해도경차관(黃海道敬差官)으로 파견되었다. 1433년(세종 15) 좌대언(左代言; 좌승지)으로 이조판서가 되어 관리의 선임을 주관하다가 파저강(婆猪江) 주위의 여진족(女眞族) 토벌에 참여해 함길도관찰사가 되고, 1435년에는 함길도병마절제사를 겸직하여 육진(六鎭) 개척에 전력하였다. 1440년(세종 22)에야 중앙정부로 복귀하여 형조판서를 맡았으며, 뒤이어 예조판서와 우참찬을 역임하였다.

맹사성이 고령으로 좌의정을 사임한 것이 1435년이니, 이 글은 적어도 1435년 이전의 일을 적은 것이어야 마땅하다. 김종서가 1435년 이전에 조정의 관직을 맡았던 것은 1426년 이조정랑에 임명된 이후 좌대언이 되는 1433년까지의 기간뿐이다. 이 기간 김종서는 "당대의 명경(名卿)"이라고 불릴 상황이 아니었다. 따라서 김종서를 일러 "당대의 명경(名卿)"이라고 말한 사람은 맹사성이 아닌 다른 사람이 되어야 할 것이다.

황희(黃喜, 1363~1452) 여말선초의 문신. 본관은 장수(長水), 자는 구부(懼夫), 호는 방촌(厖村), 초명은 수로(壽老), 시호는 익성(翼成)이다. 고려가 망하자 두문동(杜門洞)에 은거했으나, 이태조(李太祖)의 간청으로 1394년(태조 3) 성균관학관으로 세자우정자(世子右正字)를 겸임하면서 다시 벼슬길에 올랐다. 1449년 벼슬에서 물러날 때까지 18년간 영의정에 재임하면서 농사의 개량, 예법의 개정, 천첩(賤妾) 소생의 천역(賤役) 면제 등 업적을 남겨 세종이 가장 신임한 재상이었다. 인품이 원만하고 청렴하여 모든 백성으로부터 존경을 받았으며, 시문에도 뛰어나 몇 수의 시조 작품도 전해진다. 저서에 《방촌집(厖村集)》이 있다.

청개구리 판서

허성(許誠)

《필원잡기(筆苑雜記)》|《청파극담(靑坡劇談)》|《연려실기술(燃藜室記述)》

세종 때 이조판서를 지낸 허성은 성격이 고집스러웠다. 그가 이조판서로 있는 동안, 인사 청탁이 통하지 않았다. 그는 청탁하는 이가 있으면 반드시 그 청탁과는 반대로 인사를 해서 청탁자에게 불이익이 돌아가게 하였다.

어떤 조관(朝官; 조정의 관원)이 규정에 따라 외직(外職)을 맡아야 했는데, 허성에게 남도 쪽 지방관을 청탁해 왔다. 이에 허성은 그를 평안도의 변방 군수로 제수하였다. 또 한 문사(文士)가 서울의 벼슬을 청탁해 오자, 그를 지방의 교수(敎授)로 임명하였다.

일운(一雲)이라는 흥덕사(興德寺)의 중이 산청(山淸) 단속사(斷俗寺)의 주지가 되고자 하였다. 꾀가 많은 일운은 짐짓, "듣자오니 평양 영명사(永明寺)는 산수가 매우 좋다 하는데, 제가 가서 살고 싶습니다. 만일 단속사로 보내지면 큰일입니다." 하고 청탁을 하였다. 아니나 다를까, 며칠 뒤 일운은 단속사의 주지가 되었다. 일운이 크게 웃으면서, "그가 내 꾀에 넘어갔구나." 하였다.

  허성은 늘 말하기를, "벼슬을 탐내며 녹봉에 연연하는 것이 늙을수록 더욱 심해져서 남에게 조소거리가 되어도 반성할 줄을 모르게 된다면 매우 부끄러운 일이리라." 하였다.

  그는 이조판서로 재임하다가 상주(喪主)가 되어 3년상을 마치고 복직되었다. 어느 날 거울을 보다가 거울을 내던지면서, "내가 이렇게 늙었는지 몰랐구나." 하고는 곧바로 사직하니, 그때 나이가 60여 세에 불과하였다.

허성(許誠, 1382~1442) 자는 맹명(孟明), 본관은 하양(河陽), 시호는 공간(恭簡)이다. 1402년(태종 2) 식년문과에 동진사(同進士)로 급제하고 동지중추부사, 이조판서 등을 지냈다.

의로운 자는 죽음으로라도 오명을 씻는다

박이창(朴以昌)
《필원잡기(筆苑雜記)》|《연려실기술(燃藜室記述)》

문종(文宗) 즉위 직전, 형조참판으로 평안도관찰사 겸병마도절제사가 된 박이창이 이듬해 성절사(聖節使)로 명나라에 다녀오게 되었다.

당시 조정 대신들이 중국에 사신으로 갈 때 평안도의 여러 고을에서는 이들에게 마른 양식을 주는 폐습이 있었다. 어떤 경우는 사신으로 간 사람이 이 곡식으로 부자가 되기도 하였다. 박이창은 이러한 폐단을 임금에게 낱낱이 고하여 시정토록 한 바 있었다.

성절사 박이창은, 명나라 수도 연경은 길이 멀므로 역관(譯官)들이 조언에 따라 규정된 수량보다 많은 양미(糧米)를 준비해 가시고 갔는데, 그 사실이 밝혀져 돌아올 때 의주(義州)에서 구속되는 몸이 되었다. 그는 신안관(新安館)에 왔을 때 밤중에 차고 있는 칼을 빼어 스스로 목과 배를 찔러 중태에 빠졌다.

서장관(書狀官) 이익(李翊)이 그의 자해 소식을 듣고 달려가 보니, 박이창은 죽어가면서 이렇게 말하였다.

"노신(老臣)은 본디 재물을 탐한다는 오명이 없었고 성상께 죽도록 충성을 다하기를 기대했었다. 당초에 양미를 정수(定數)대로 가지고 가려고 하였으나 역관들의 말이, '지금 마침 장마가 시작되었으니, 중국의 팔참(八站)에 들어가서 수재(水災)를 만나면 중도에 길이 막히기도 하는데, 그럴 경우 양미가 떨어지면 굶어 죽을 수도 있습니다. 양미를 더 가져가셔야 합니다.' 하기에, 나도 옳게 여겨 쌀 40말을 더 갖고 갔다. 장차 이 사실의 전말을 아뢰려 했는데, 그러기 전에 국법에 저촉되고 말았으니, 무슨 면목으로 성상을 뵈며 동료 대신들을 보겠는가. 아무리 생각해도 내가 죽는 것이 낫겠다."

박이창은 계속하여, "의주에 도착했을 때 이런 결심을 했었지만, 우리 일행을 호송하는 중국인이 많았으므로 이런 일을 타국 사람이 알아서는 안 되겠기에 여기 와서 이렇게 하였다." 하고는 마침내 숨을 거두었다.

이 소식을 들은 임금(문종)은 크게 후회하였다. 임금은 승정원에 전지(傳旨)를 내려, "박이창은 필시 법을 어긴 것이 부끄러워 자살했을 것이다. 심히 측은하다. 만 리 먼 길에 고생했으므로, 나는 처음에 잡아들이고 싶지는 않았으나, 여러 신하들의 강력한 청에 못 이겨 따랐더니, 이제 와서는 후회막급이다. 치제(致祭)하고 쌀, 콩, 관곽(棺槨)을 내려주라." 하였다.

박이창(朴以昌, ?~1451) 본관은 상주(尙州)로, 할아버지는 판사재시사(判司宰寺事) 박문로(朴文老)이며, 아버지는 대제학 박안신(朴安臣)이다. 1417년(태종17) 진사시에 합격하여 한림원에 보직되었으며, 그 뒤 우부승지와 호조참판, 형조참판 등을 역임하였다.

아이를 지나치게 보호하지 말라

장현광(張顯光)
《여헌집속집(旅軒集續集)》

　여헌(旅軒) 장현광은 평생에 약을 먹지 않고 침구(針灸)를 사용하지 않았다. 한결같이 마음을 보전하여 본성(本性)을 기르며 음식을 절제하고 언어를 삼가며 욕심을 끊고 사려를 정돈하는 것을 종신(終身)의 섭양(攝養)하는 절도로 삼았다. 그러므로 항상 온화한 기운이 충만하고 진원(眞元)의 기운이 고갈되지 않았다.

　하루는 어떤 사람이 식사 자리에서 그의 식사 양의 많고 적음을 물었더니, 그는 이렇게 대답하였다.

　"젊었을 때에도 반 되를 넘지 않았고, 노쇠한 나이에도 또한 반 되에서 줄지를 않는다."

　조임도(趙任道)가 물었다.

　"반 되 이외에는 한 수저도 더 자실 수 없습니까?"

　여헌은 말씀하였다.

　"더 먹고 싶으면 못 먹을 것은 없으나, 반 되 이외에는 더하거나 줄이지 않는다."

이것으로 보면 여헌은 음식을 섭취함에 있어서도 또한 수양 공부가 있었던 것이다.

신유년(1621) 계하(季夏)에 그의 제자 김휴(金烋)의 아들 만웅(萬雄)이 태어난 지 겨우 몇 달이 되었다. 여헌은 임시로 우거하는 곳에서 아이를 안고 나오라고 하고서는 그 어미에게 이렇게 당부하였다.

"이 아이는 골격이 깨끗하고 준걸스러우며 신채(神彩)가 빼어나 사람을 놀라게 하니, 축하하고 축하할 만하다. 그러나 부디 너무 지나치게 보호하여 기르지 말라. 너무 지나치게 보호하면 후일 질병의 빌미가 될까 두려우며, 또한 잘 교양하여 성취하는 방도가 아니다. 나는 어렸을 때에 곤궁한 집안에서 자랐으며 또 성품이 소탈하여 따뜻하게 입고 배불리 먹으려는 생각이 전혀 없었다. 그리하여 일찍이 옷을 두껍게 입지 않고 또한 일찍이 음식을 잘 차려 먹지 않았다. 추워도 버선을 신지 않고 맨발로 눈을 밟으며 겨울을 났고, 아침저녁 다만 채소와 거친 밥을 먹으면서 장성함에 이르렀다. 그러므로 지금에 이르도록 몸에 질병이 없고 오장 육부(五臟六腑)가 깨끗하다. 그대가 아이를 기를 적에도 이 노부(老夫)가 한 것처럼 한다면, 병이 없고 장수할 뿐만 아니라 덕을 이루고 훌륭한 일을 하는 기본이 또한 여기에 있을 것이다."

이 두 편의 글은 여헌 장현광의 문집인 《여헌집속집(旅軒集續集)》에 실려 있는 글들이다. 하나는 여헌의 문인인 조임도가 기록한 〈취

정록(取正錄)〉의 한 대목이고, 하나는 김휴의 〈경모록(敬慕錄)〉에서 인용한 것이다.

특히 김휴의 글은 현대인의 육아문제에도 큰 경종을 울려주는 내용이 아닐 수 없다.

요즘 어린이들은 부모의 과보호와 영양과다로 예전에 비하여 키와 몸무게는 크게 향상되었으나, 상대적으로 허약하여 인내력이 부족하고 힘을 제대로 쓰지 못한다. 특히 질병에 대한 저항력이 떨어져 병원 신세를 지지 않고는 제대로 생장하지를 못한다.

우리 선조들은 섭생(攝生)이니 양생(養生)이니 하여 건강관리에 유념하였다. 섭생과 양생은 같은 뜻으로 위생(衛生)이란 말과 비슷하다. 다만 수양(修養)의 뜻이 담겨져 있다는 것이 다를 뿐이다. 선진 문화인이라면 위생관리를 소홀히 할 수 없다. 하지만 지나친 위생 관념은 도리어 병약한 체질을 만들고 만다.

사자(獅子)는 높은 벼랑에서 새끼들을 떨어뜨려 살아남은 새끼만을 기른다는 말이 있다. 병약한 새끼보다 건실한 새끼가 살아남을 확률이 큰 것은 사실이다. 사람이야 이렇게까지는 할 수 없지만 지나친 보호는 건강을 해친다는 점을 유념해야 할 것이다.

건강과 장수는 인간이라면 누구나 주구하는 최대의 욕망이기도 하다. 그러나 그 건강과 장수를 보약에만 의지하려고 해서는 안 될 일이다.

역사를 통해 보더라도 그렇다. 권력이나 재물을 동원해서 수단과 방법을 가리지 않고 각종의 진귀한 약재(藥材)와 비방(秘方)을 얻으려고 안간힘을 썼음을 알 수 있다.

진 시황(秦始皇)은 삼신산(三神山)의 불사약(不死藥)을 구하려고 동남동녀(童男童女) 8백 명을 해도(海島)로 보냈다. 한 무제(漢武帝)는 방사(方士)들을 동원하여 불로장생을 위한 온갖 비방을 구하기도 하였다. 그러나 이 두 황제는 끝내 염라대왕(閻羅大王)의 부름을 거부하지 못하였다.

요즘의 우리나라 남성들은 정력제나 보양식품이라고 하면 사족을 못쓰는 것으로 알려져 있다. 정력에 좋다는 것이면 동물이든 식물이든 씨를 말릴 정도이다. 동남아 관광을 나가서도 많은 사람들이 이러한 약재를 사들여 온다. 심지어는 살아있는 곰의 쓸개를 빼먹어 국제적 망신을 당하기도 하였다. 이러한 분위기에 편승하여 가짜 비아그라가 대량으로 유통되기도 한다.

그러나 보약재의 과남용이 도리어 몸에 해를 끼친다는 사실을 알아야 한다. 과욕을 부리지 아니하여 스트레스를 받지 않고, 자연에 순응하여 순리대로 살아가는 지혜를 익혀야 한다.

옛말에 '재화당기(栽花當妓)요, 독침당약(獨寢當藥)'이라 하였다.
'아름다운 꽃을 가꾸는 것이 기생 보는 것보다 낫고, 혼자서 자는 것이 보약 먹는 것보다 낫다.'
과도한 남녀관계를 경계한 말이다. 《동의보감(東醫寶鑑)》에도 지나친 합방(合房)은 단명을 재촉하는 것으로 되어 있다. 합방은 부부관계를 뜻하는 은어(隱語)이다. 그 옛날 여헌의 섭생이 다시 한 번 존경스러워 보인다.

장현광(張顯光, 1554~1637) 조선 중기의 학자. 본관은 인동(仁同), 자는 덕회(德晦), 호는 여헌(旅軒)이다. 과거에 뜻을 두지 않고 학문에 힘써 조정에서 학문적 권위를 인정한 산림(山林)에 꼽혔다. 유성룡(柳成龍) 등의 천거로 여러 차례 내외의 관직을 받았으나, 1602년(선조 35) 공조좌랑으로 부임하여 정부의 《주역(周易)》 교정사업에 참여하고 이듬해 잠깐 의성현령(義城縣令)으로 부임한 것 외에는 모두 사양하였다. 1623년 인조반정 후 산림직으로 신설된 성균관사업(司業)에 서인인 김장생(金長生)·박지계(朴知誡)와 함께 선발되었다. 이후 장령으로 잠깐 상경하였을 뿐 이조참판·대사헌·우참찬 등에 모두 나아가지 않았으나, 병자호란 때는 의병과 군량의 조달에 나서기도 하였다. 문집으로 《여헌집(旅軒集)》이 있고 《여헌성리설(旅軒性理說)》·《역학도설(易學圖說)》·《용사일기(龍蛇日記)》 등의 저서가 있다.

박애(博愛)를 실천한 명의(名醫)

정희태(丁希泰)
《매산집(梅山集)》

조선 후기의 학자인 매산(梅山) 홍직필(洪直弼)은 그의 저서 《매산집(梅山集)》에 당시의 명의(名醫)였던 정희태의 인품을 높이 사서 〈정희태전(丁希泰傳)〉을 지었다.

정희태는 비록 중인인 의원 신분이었으나, 어느 사대부 못지않은 고결한 삶을 살았다. 〈정희태전〉을 통해서 정희태의 삶을 살펴보기로 한다.

정희태는 예산(禮山) 사람인데 천성이 효성스러웠다. 부모의 병환에 손가락을 베어 피를 넣어 드리다가 피를 너무 많이 흘려 일생동안 몸이 수척하였으며, 또 예의(禮儀)의 가르침을 좋아하였다.

의술(醫術)을 배울 적에 사람의 기혈(氣血)에 근원하여 경락(經絡)과 골수(骨髓), 음양(陰陽)과 표리(表裏)의 진리를 연구함으로써 모든 질병의 발생 원인과 환자가 소생할 것인가의 여부를 잘 알았다.

특히 진맥(診脈)하는 묘리를 터득하였으며, 여러 가지 약을 조제하여 왕왕 사람들의 질병을 신기하게 치료하곤 하였다.

또한 지조와 기개가 드높아 비록 권력가들이 초청하더라도 일절 찾아가 아첨하지 않았다. 그리하여 환자의 병을 논하는 것 이외에는 대관(大官)들과 한 마디도 수작하지 않았다.

그는 내의원(內醫院)의 의원으로 뽑혔는데, 수의(首醫)인 강명길(姜命吉)의 인품을 비루하게 여겨 예우하지 않았다. 강명길이 내의원의 옛 준례를 내세워 꾸짖자, 그는 "옛 준례가 어찌 다 옳겠소?" 하고 응수하였다.

정희태는 성상(聖上)의 안후를 진찰하고 약물을 논하여 여러 번 큰 효험을 올리니, 정조(正祖)는 그가 의술에 정통함을 익히 알고 여러 번 상을 내리려 하였으나 강명길이 번번이 그의 단점을 헐뜯어 그의 재주를 다 쓰지 못하게 하였다. 그러나 그는 조금도 의지를 낮추지 않았으며, 남을 원망하고 탓하는 말을 일절 입 밖에 내지 않았다.

밑에 있는 동료들이 모두 높은 품계에 올라 군수에 임명되었으나 그는 벼슬을 보기를 더러운 물건처럼 여겼으며 당대의 이름난 선비와 훌륭한 관리들이 친구로 대하고 우대하였으나 또한 교만하거나 자랑하는 기색이 없었다.

이술원(李述源)이 일찍이 염병에 걸려 위급한 지경에 빠졌는데, 정희태는 이때 내의원에서 숙직하는 중이었다. 그는 동료에게 휴가를 바꾸어 줄 것을 청하였으나 동료가 승낙하지 않자, 이술원을 구원하기 위해 상관에게 달려가 해직을 요청하였다. 내의원 제조(提調)는 그의 의로움에 탄복하여 사직을 허락하지 않고 마음대로 가서 치료하게 하였다. 이에 그는 즉시 이술원의 처소로 달려가서 정성을 다해 병을 치료하여 다시 회생하게 하였다.

동시대에 순암(醇菴) 오재순(吳載純)과 그의 아들인 영재(寧齋) 윤상(允常), 노주(老洲) 희상(熙常) 형제 등 여러 명현들은 모두 그를 지극히 사랑하고 아꼈다. 정희태는 인물됨을 잘 알아보는 안목이 있었는데, 일찍이 영재를 평하여 당대의 제일가는 인물이라 칭찬하였다.

그는 독서하기를 좋아하였으며, 역학(易學)에 더욱 심오하였다. 허물어가는 오막살이가 비바람을 가리지 못하였으나, 그는 그 속에 우두커니 앉아 책을 읽곤 하였는데, 글 읽는 소리가 금석(金石)의 소리처럼 낭랑하였다.

역설(易說)을 지었는데, 마음속으로 진리를 터득하여 구차히 정이천(程伊川)의 《역전(易傳)》과 주자(朱子)의 《본의(本義)》를 따르지 않았다. 노주(老洲) 오공(吳公; 희상)이 그에게 먼저 사서(四書)를 읽은 다음 《주역》을 연구할 것을 권하자, 이 말을 독실하게 믿었으나 늙어서 사서의 진리를 깊이 탐구하지 못한 것을 크게 한하였다.

그는 평소 생활이 곤궁하여 채소와 좁쌀밥도 제대로 잇지 못하였다. 그리하여 공청(公廳)에 모일 때면 동료들이 좋은 음식을 날라다 주며 먹을 것을 권하였으나, 그는 한 번도 젓가락을 대지 않았다.

최생(崔生)이란 자가 호조(戶曹)에서 일하고 있었는데 공원(貢員)과 다투어 송사하였으나 호조의 장관(판서)이 공원의 말을 듣고 제대로 판결해 주지 않았다. 최생이 억울한 사연을 말하자, 정희태는 즉시 호조에 가서 장관에게 말하기를 "대감의 지혜가 어찌 옛날 자산(子産)만 하겠습니까. 자산도 그럴듯한 속임수에 넘어갔으니, 대감인들 어찌 그의 교묘한 말에 넘어가지 않을 수 있겠습니까." 하니, 호조의 장관은 놀라 사과하고 즉시 판결을 번복하였다. 이에 최생이 많은 돈을 가지고 가서 사례하려고 하였으나, 그는 웃으며 물리치고 "내가 그대를 위하여 주선한 것은 그대가 정직하면서도 억울하게 패소하였기 때문이었다. 그대는 장자(長者)를 이처럼 대해서는 안 된다. 다시는 나를 찾아오지 말라." 하였다. 최생은 더 이상 말을 꺼내지 못하였다.

이때, 온 집안 식구들이 굶주림에 쓰러져 누워 있었음에도 그가 지조를 바꾸지 않음이 이와 같았다. 이는 이른바 '지사(志士)는 죽어서 제대로 장례하지 못해 시신이 도랑에 버려지는 것을 잊지 않는다'는 것일 것이다.

나는 김종선(金宗善) 공에게 정희태의 인품에 대하여 "그는 의원들 가운데에 선비입니다."라고 하였더니, 김공은 "어떤 선비가 이 사람을 따를 수 있겠는가." 하고 말씀하였다.

나는 일찍이 정희태에게 "그대가 별세하면 내가 그대의 전(傳)을 짓겠다." 하였더니, 그는 웃으며 "제 스스로 돌아보건대 전할 만한 사실이 없으며, 또한 후세에 이름이 전해지기를 원치 않습니다." 하였다.

정희태는 뒤에 등창이 났으나 약을 물리치고 먹지 않았다. 내가 찾아가 문병하니, 그는 나의 손을 잡고 "인간의 일이 이에 이르렀습니다." 하고는 죽는 것을 서글퍼하는 기색이 전혀 없었다. 나는 약을 먹어 병을 치료할 것을 권하였으나 그는 끝내 듣지 않고 죽으니, 당시 나이가 70여세였다. 장안의 사대부들은 모두 그의 죽음을 슬퍼하고 애석하게 여겼으며, 다투어 부의(賻儀)를 올려 상례를 도왔다.

매산거사(梅山居士; 홍직필 자신)는 다음과 같이 논한다.

여항(閭巷)의 사람으로 훌륭한 행실을 하여 명성을 세우고자 하는 자들은 목적하는 바가 있기 때문에 왕왕 천리(天理)에 순수하지 못하다. 정희태는 독서할 적에 홀로 선(善)을 행하는 군자의 의리를 생각하고 세상에 구차히 영합하지 아니하여, 종신토록 삼베옷과 채식도 실컷 입고 먹지 못하고 죽었으니, 이는 진실로 계차(季次)와 원헌(原憲)에게 부끄러움이 없다 하겠다. 계차와 원헌 두 사람은 모두 공자를 직접 사사하였으니, 항상 빈천(貧賤)하면서도 자신의 지조를 변치 않은 것은 당연한 일이라 할 것이다.

그러나 정희태는 타고난 천품이 매우 고결하여 굳이 선행을 하려고 분발하지 않고도 저절로 법도에 맞았으며, 훌륭한 명성이 온 세상에 퍼져 칭찬하지 않는 이가 없었다. 그러나 그는 명예를 얻는 데에 마음이 없었으니, 이는 참으로 사람이 하기 어려운 일이다. 그가 만약 군자의 대도(大道)에 들었다면 단지 훌륭한 의원으로만 그치지 않았을 것이니, 애석하다!

옛사람의 말에 "의원 중에 인자한 자가 아니면 환자를 맡길 수 없고, 총명하고 이치를 통달한 자가 아니면 환자를 맡길 수 없고, 청렴결백하고 양순한 자가 아니면 믿을 수 없다. 의원은 이치를 꿰뚫고 사리를 통달하여 매우 하찮은 것도 빠뜨리지 않아야 하니, 이와 같아야 비로소 훌륭한 의원이라 할 수 있다." 하였는데, 정희태야 말로 이러한 도리를 구비한 사람이라 할 것이다.

정희태(丁希泰, ?~?) 본관은 예산(禮山)이다. 의술을 배워 특히 맥리(脈理)에 정통했으며, 내의원(內醫院)에 보직되었다. 병의 치료에 탁월한 솜씨를 나타내어 정조가 여러 차례 포상(褒賞)하려 했으나 제조(提調) 강명길(康命吉)이 반대하였다. 만년에는 역학(易學)에 정진하다 70여 세로 사망하였다.

묵었어도 녹미(祿米)를 먹어야지

맹사성(孟思誠)
《무인기문(戊寅記聞)》|《연려실기술(燃藜室記述)》

조선 초기에 황희(黃喜)와 함께 명신(名臣)으로 손꼽히고 있는 맹사성은 천성이 지극히 검소하였다. 그가 거처하는 집은 비바람을 가리지 못하였으며, 매양 출입할 때에 소를 타기 좋아했으므로, 보는 이들이 그가 재상인 줄을 알지 못하였다.

그는 늘 오래 묵은 녹미(祿米; 녹봉으로 받은 쌀)만 먹고 살았는데, 어느 날 부인이 햅쌀로 밥을 지었다. 밥맛을 본 맹사성은 이렇게 물었다.

"이 쌀을 어디에서 얻어왔소?"

이에 부인은 대답하였다.

"녹미가 하도 오래 묵어서 먹을 수가 없기에 이웃집에서 쌀을 빌렸습니다."

이 말을 들은 맹사성은 싫어하는 기색을 보이며 이렇게 핀잔하였다.

"이미 녹미를 받았으니, 그 녹미를 먹는 것이 당연한 일인데, 무엇 때문에 쌀을 빌린단 말이오."

그의 집이 매우 협착하여, 병조판서가 국사에 관해 보고할 일이 있어서 찾아 갔다가, 마침 소낙비가 내리는 바람에 곳곳에서 비가 새어 의관(衣冠)이 모두 젖었다. 병조판서는 집에 돌아가 탄식하기를, "정승의 집이 그러한데, 내 어찌 바깥 행랑채가 필요하리오." 하고는, 짓고 있던 바깥 행랑채를 철거하였다.

맹사성의 본가는 온양에 있었는데, 그가 온양 본가에 근친(覲親)하러 오갈 때 연로(沿路)의 각 고을 관아에 들리지 않고 늘 간소하게 행차를 차렸으며, 더러는 소를 타기도 하였다.

한번은 양성(陽城)과 진위(振威) 두 고을 원이 맹 정승이 고향으로 내려온다는 말을 듣고 마중하기 위하여 장호원(長湖院)에서 기다리고 있었다. 그러자 그들 앞으로 한 노인이 소를 타고 지나갔다. 두 고을 원은 "웬 늙은이가 무엄하게 관장(官長) 앞을 소 등에 앉아 지나가는가!" 하고, 하인으로 하여금 불러 꾸짖게 하였다.

그 말을 들은 노인은 하인에게 "너는 가서 온양에 사는 맹고불(孟古佛)이라 일러라."라고 하였다. 하인이 돌아가 두 고을 원에게 그 말을 고하자, 그들은 깜짝 놀라서 달아났다. 두 원은 정신없이 뛰다가 언덕 밑 깊은 못에 인(印)을 떨어뜨렸는데, 뒷사람들이 그곳을 인침연(印沈淵)이라 불렀다. 고불은 맹사성의 호였다.

맹사성(孟思誠, 1360~1438) 조선 초기의 문신. 본관은 신창(新昌), 자는 자명(自明)·성지(誠之), 호는 동포(東浦)·고불(古佛), 시호는 문정(文貞)이다. 1386년(우왕 12)에 문과에 을과로 급제하고, 조선조에서 예조참판·이조판서·우의정 등을 역임

하였다. 1407년(태종 7)에는 진표사(進表使)로 명(明)나라에 가는 세자를 시종관으로서 수행하였다. 음악에 조예가 깊었고 스스로 악기를 만들어 즐겼다고 전해진다. 《태종실록(太宗實錄)》을 감수, 좌의정이 되고 《팔도지리지(八道地理志)》를 찬진하였다. 조선 전기의 문화 창달에 크게 기여하였으며 청백리로도 유명하였다.

구십이 되어서도 총명이
조금도 줄어들지 않았다

황희(黃喜)

《필원잡기(筆苑雜記)》|《용재총화(慵齋叢話)》|〈묘비(墓碑)〉

　황희가 상부(相府; 의정부)에 있은 지 27년이나 되어, 조종(祖宗) 때에 이미 만들어진 법을 힘써 따르고, 변경하는 것을 좋아하지 않았으며, 일을 처리함에는 이치에 따라서 하고 규모가 원대하였으며, 인심을 진정시키는 도량이 있어서 대신의 체모를 얻었다. 태종으로부터 세종에 이르기까지 신임이 매우 두터워, 세종이 매양 황희의 견식과 도량이 크고 깊어서 큰일을 잘 판단한다고 칭찬하면서 그를 점치는 시구(蓍龜)와 물건의 중량을 다는 권형(權衡)[1]에 견주었다.

　간혹 옛 제도를 변경하라고 임금에게 건의하는 자가 있어 임금이

1　점치는……권형(權衡) : 시(蓍)는 시초(蓍草)로 《주역》 점을 칠 적에 사용하는 산가지이며, 구(龜)는 거북의 등껍질로 거북점을 칠 때 이 등껍질을 불에 태워 길흉을 판단하였다. 이후로 시구는 국가의 장래와 사건을 판단하는 단어로 쓰이게 되었다. 권(權)은 저울의 추이고 형(衡)은 저울대로, 권형은 사안의 경중을 저울질하고 사리를 판단하는 지혜를 이른다.

물으면, 그는 반드시, "신(臣)이 변통하는 재능이 부족하니, 무릇 제도의 변경에 있어서는 감히 가벼이 의논할 수 없습니다." 하였다. 평소에는 의논을 너그럽게 하였으나, 큰일을 당해서는 대면하고 그 자리에서 시비를 가려 의연(毅然)히 굽히지 않았다.

황희는 평소 거처가 담박하였고, 비록 어린 손자와 노복의 자식들이 앞에서 울부짖고 희롱하여도 조금도 꾸지람하지 않았으며, 심지어 수염을 뽑는가 하면 뺨을 치는 놈까지 있어도 역시 제멋대로 하게 내버려 두었다.

나이 팔십에 비로소 치사(致仕)를 허락하였고, 나라에 큰 일이 있을 때에는 임금이 반드시 근시(近侍)로 하여금 공에게 찾아가 자문한 뒤에 결정하였다. 나이가 구십이 되어서도 총명이 조금도 쇠퇴하지 않아서, 조정의 전장(典章)이나 경사자집(經史子集)에 대해 마치 촛불로 비추는 듯, 산가지로 세는 듯이 하여 비록 기억 잘하는 장년들도 감히 따르지 못하였다.

사람들은 우리 조선조의 어진 정승을 논할 때에는 반드시 공을 제일로 꼽았으며, 공의 훈업(勳業)이나 덕량을 북송의 명재상인 문정공(文正公) 왕단(王旦)과 충헌공(忠獻公) 한기(韓琦)에 견주었다.

공은 일찍이 남원(南原)에서 귀양살이할 때에 7년 동안 문을 닫고 단정히 앉아서 찾아오는 손님도 맞이하지 않고 다만 운서(韻書) 한 질을 갖고 이것만 볼 따름이더니, 그 뒤 비록 나이가 많아서도 글자의 획이나 음이나 뜻에 대해서는 백에 하나도 틀리지 않았었다.

공은 나이가 많고 벼슬이 높아질수록 더욱 스스로 겸손하여, 나이가 구십여 세나 되었는데도 늘 고요한 방에 앉아서 종일토록 말없이 두 눈을 감았다 떴다 하며 글을 읽을 따름이었다. 창 밖에 늦복숭아가 무르익어서 이웃 아이들이 따 가면, 공은 나직한 소리로, "다 따먹지 말아라. 나도 맛 좀 보자." 하고는 조금 있다가 나가서 보니, 나무에 가득하던 열매가 다 없어졌다. 매양 아침저녁으로 밥 먹을 때에 아이들이 모두 모여들어 그가 밥을 덜어서 주면 지껄이며 먹기를 다투곤 하였는데 공은 다만 웃을 뿐이었다.

공은 기쁨이나 노여움을 일찍이 얼굴에 나타내지 않았고, 종들을 은혜로 대우하여 일찍이 매를 들지 않았으며, 그가 사랑하는 여종이 작은 종과 희롱하기를 지나치게 하였으나 공은 볼 때마다 웃었다. 일찍이 말씀하기를, "노예도 역시 하늘의 백성이니 어찌 함부로 부리리오." 하고는, 그 뜻으로 훈계하는 글을 써서, 자손들에게 전하여 주기까지 하였다.

어느 날 홀로 동산을 거닐 때, 이웃에 살고 있는 버릇없는 젊은이가 돌을 던지니, 무르익은 배가 돌에 맞아 땅에 가득 떨어졌다. 그가 큰 소리로 시동(侍童)을 부르자, 그 젊은이가 놀라 달아나 숨어서 가만히 들어보니, 시동을 시켜 그릇을 갖고 오게 하여 배를 담아서 그 젊은이에게 주되, 끝내 아무런 말이 없었다.

종일토록 게으른 기색을 나타내지 않았다

허조(許稠)
《동각잡기(東閣雜記)》|《용재총화(慵齋叢話)》|《청파극담(靑坡劇談)》|《병진정사록(丙辰丁巳錄)》

허조는 자가 중통(仲通)이고 호가 경암(敬菴)이며 본관이 하양(河陽)이다. 고려 말 경오년(1390)에 급제하였고, 조선조에 들어와 무오년(1438)에 정승이 되어 좌의정에 이르렀으며, 시호가 문경공(文敬公)이고, 종묘에 배향되었다.

태종조에 허조가 대간(臺諫)으로서 일을 논하다가 전주판관(全州判官)으로 좌천되었는데, 이조정랑의 자리가 비게 되자, 태종이 관안(官案; 관리의 명단)을 검열하다가 이르기를, "이 사람이 이 직에 알맞다." 하고는 곧바로 이조정랑에 제수하였다.

공은 대범·엄숙·방정·공평·청렴·근신하여 매일 닭이 울면 세수하고 머리를 빗고 관대(冠帶)를 차리고 똑바로 앉아서 종일토록 게으른 기색을 나타내지 않았었다.

그는 정성껏 나라의 일을 생각하여 사사로운 일은 말하지 않았으며, 국정을 의논할 때는 홀로 자신의 신념을 지켜서 남들에게 맞추어

오르내리지 않았다. 가법(家法)이 몹시 엄하여 자제에게 허물이 있으면 반드시 사당에 고한 다음 벌을 내리고, 노비들에게 죄가 있으면 법에 의하여 다스렸다.

공은 마음가짐이 깨끗하고 바르며, 집안을 다스림이 엄하고 법도가 있었으며, 자제를 가르치되 털끝만큼이라도 잘못이 있을까 하여 주의시켰다. 사람들이 말하기를, "허공은 음양(陰陽; 부부관계)의 일도 알지 못할 것이다." 하니, 공이 웃으면서 말씀하기를, "내가 음양의 일을 몰랐다면, 저 아들 후(詡)와 눌(訥)이 어디에서 나왔단 말인가." 하였다.

그의 형 허주(許周)가 판한성부사(判漢城府事)로서 치사하였는데, 공은 매양 정부에서 합좌(合坐)할 때마다 닭이 울면 반드시 형에게 갔고, 갈 적에는 반드시 하인들을 동구 밖에 떼어 놓고 수레에서 내려 걸어서 들어갔다.

허주 역시 허조가 반드시 찾아올 것을 짐작하고 밤마다 의관을 정제(整齊)하여 등불을 켜고 자리를 만들어 몸을 안석에 기대고 기다렸는데, 그가 오면 반드시 작은 술상을 차렸다.

그가 조용히 묻기를, "오늘 의정부에 이러이러한 일이 있었는데 어떻게 처리하면 좋겠습니까?" 하고 물으면, 허수는 대답하기를, "내 의견에는 마땅히 이러해야 될 것 같네." 하였다. 그는 기뻐하며 물러나와 말씀하기를, "옛말에 '사람은 어진 부형이 있음을 즐거워한다.' 하더니, 이를 두고 한 말씀이었다." 하였다.

사람들은 조선조의 어진 정승으로 황희(黃喜)와 공을 첫째로 꼽았는데, 다만 두 분은 모두 고려조에 과거에 올랐던 사람들이었으므로 청의(淸議)를 주장하는 자들은 이 때문에 그들을 다소 부족하게 여겼다.

허조(許稠, 1369~1439) 조선 초기의 문신. 본관은 하양(河陽), 자는 중통(仲通), 호는 경암(敬菴), 시호는 문경(文敬)이다. 1390년(공양왕 2) 식년문과에 급제하여 예문관제학·예조판서·우의정 등을 역임하였다. 《소학(小學)》과 《중용(中庸)》을 즐겨 읽었고 효행이 지극했으며, 강직한 성품을 지녔다. 세종 때에는 예조판서·이조판서 등을 지내며 1422년(세종 4) 《신속육전(新續六典)》의 편수에 참가하였다. 1438년 우의정을 거쳐 이듬해 좌의정을 지냈다. 청백리로도 명망이 있었다. 세종의 묘정(廟庭)에 배향되었다.

71

발 빠르지 못했더라면
거의 짓밟힐 뻔하였구나

하연(河演) | 남지(南智)
《소문쇄록(謏聞瑣錄)》

하연(河演)이 경상도 감사로 있었는데, 남지가 경상도 도사(都事)로 임명되어 온다는 말을 듣고 이렇게 걱정하였다.

"이 사람은 나이가 젊고 문벌이 높은 집안의 자제여서 필시 직무를 제대로 보지 못할 것이니, 내 장차 어찌할꼬."

그가 처음 부임하여 감사를 뵈러 왔을 적에 하연이 시험 삼아 판단하기 어려운 공문서를 주면서 말씀하기를, "그대는 이를 처결해 오라." 하고 남지가 물러간 뒤에 사람을 시켜서 엿보게 하니, 남지가 장중(帳中)에서 손님과 술을 많이 마시고 있었다.

하연이 탄식하기를, "과연 나의 추측이 틀림없구나." 하였는데, 남지가 이튿날 술이 깨자 일어나 그 문서를 한 번 훑어보고는 손톱으로 그어 표시를 하여 하연에게 드리면서 말씀하기를, "아무 글자는 빠졌으니 아마 잘못된 것 같고 아무 일도 잘못되었으니, 분변하여야겠습니다." 하므로 하연이 자기도 모르게 깜짝 놀랐다.

이후로 하연은 그를 특별히 간곡하게 대우하였다. 그 뒤 하연이 정승으로 있을 때에 남지도 정승이 되니, 하연이 감탄하기를, "감사가 발이 빠르지 못했더라면 거의 도사에게 짓밟힐 뻔하였구나." 하였다.

하연(河演, 1376~1453) 자는 연량(淵亮), 호는 경재(敬齋), 본관은 진주(晉州), 시호는 문효(文孝)이다. 정몽주(鄭夢周)의 문인이다. 1423년에 대사헌으로서 조계종(曹溪宗) 등 불교 7종파를 선(禪)·교(敎) 양종(兩宗) 36본산(本山)으로 통합하고, 혁파된 사원의 토지와 노비를 국가로 환수하고자 하여 그 의논이 채택되었다. 영의정으로 있던 1451년(문종1)에 문종이 대자암(大慈庵)을 중수하려고 하자, 이에 반대하고 치사(致仕)하였다. 의정부에 들어간 후 20여 년간 문 안에 사사로운 청탁을 들이지 않았고 법을 잘 지켜 승평수문(昇平守文)의 재상으로 일컬어졌다. 1454년 문종의 묘정에 배향되고, 숙종 때 진주의 종천서원(宗川書院), 합천의 신천서원(新川書院)에 제향되었다. 편저에 《경상도지리지(慶尙道地理志)》, 《진양연고(晉陽聯藁)》가 있다.

남지(南智, 1400~1453) 조선 초기의 문신. 본관은 의령(宜寧), 자는 지숙(智叔)으로 남재(南在)의 손자이다. 17세 때 음보(蔭補)로 감찰이 되었고, 세종 때 지평(持平) 등을 지내고 의성군(宜城君)을 습봉(襲封)하였다. 1435년(세종 17) 형조참판으로 성절사(聖節使)가 되어 명나라에 다녀와, 대사헌·경상도관찰사·형조판서·호조판서를 지냈다. 1449년 우의정을 거쳐, 1451년(문종 1) 좌의정이 되어 영의정 황보인(皇甫仁)·우의정 김종서(金宗瑞)와 함께 단종을 잘 보필해달라는 문종의 고명(顧命)을 받았으나 1452년 풍질(風疾)로 사직을 청하였다. 1453년(단종 1) 영중추원사로서 사직을 청하였으나 허락받지 못하고, 계유정난 때 사돈인 안평대군(安平大君)과 사위 이우직(李友直) 부자가 죽음을 당하였으나 병으로 화를 면하였다. 죽은 뒤 1489년(성종 20) 손자인 승지 남흔(南炘)의 상소로 충간(忠簡)이라는 시호를 받았다.

어찌 공명(功名)을 피하는 자이겠는가

어변갑(魚變甲)
《패관잡기(稗官雜記)》

어변갑은 벼슬이 집현전직제학에 이르렀으며, 어머니가 늙자, 벼슬을 버리고 함안(咸安)으로 돌아와 어머니를 봉양하였다.

어변갑은 신장(申檣)과 매우 친했는데, 일찍이 서로 약속하기를, "우리들이 충성을 다하여 군주를 섬겨 명성을 얻게 되면 모름지기 돌아가 노친을 봉양하자." 하였다. 어변갑이 집현전에 들어가자 임금의 은혜가 잇달아 겹쳐서 차마 갑자기 떠나지 못하고는 늘 부모 봉양함이 늦어짐을 한하여 매양 탄식하기를, "임금님을 섬길 날은 길지만 어버이를 봉양할 날은 짧다." 하였다.

그러다가 허리 밑에 건습증(乾濕症)이 나자, 어변갑은 곧 사직원(辭職願)을 내고 본가가 있는 고향에 내려가 온천에서 목욕하여 병을 다스리게 해 줄 것을 청하였다. 이에 임금은 승정원에 이렇게 명하였다.

"이 사람을 꼭 써야 하는데, 병을 다스려야겠다고 하니, 어찌 구태여 만류하겠는가. 병이 낫는 대로 빨리 아뢰도록 하라."

어변갑은 고향집에 이르러서 다음과 같은 시를 지었다.

병으로 돌아오니 한 방이 조용한데	謝病歸來一室幽
옛 연못가엔 초목들이 황량하기도 하구나	荒凉草樹古池頭
나와 같은 이 어찌 공명을 피하는 자이겠는가	若余豈避功名者
다만 어머니 살아계시니 멀리 놀지는 못하겠네	只爲慈親不遠遊

그 뒤 신장은 여러 차례 승진하여 참판에 이르렀는데, 어변갑의 아들인 한림(翰林; 예문관 관원) 효첨(孝瞻)에게 이르기를, "내가 자네 어르신과 함께 돌아가 어버이를 봉양할 것을 남몰래 서로 약속하였는데 자네 어르신은 결단성 있게 돌아갔으나 나만은 약속을 저버렸으니 매우 부끄럽네." 하였다.

권제(權踶)가 사람들에게 말씀하기를, "우리나라 사람으로서 벼슬을 사양한 분이 둘이 있었을 뿐이니, 판부사(判府事) 허주(許周)와 어변갑이다." 하였다.

어변갑이 벼슬을 버리고 시골로 돌아가니, 부모가 모두 살아계시고 여러 아우들이 무고하였다. 조석으로 입에 맞는 음식을 드리고 날마다 어버이 마음을 기쁘게 하는 것을 일삼았다.

조정에서는 어변갑의 행실을 높이 여겨 김해부사(金海府使)로 제수하였으나 부임하지 않았고, 또 지사간원사(知司諫院事)로 불렀으나, 끝내 나오지 않고 평생을 마쳤다.

어변갑(魚變甲, 1380~1434) 자는 자선(子先), 호는 면곡(綿谷), 본관은 함종(咸從)으로 조선 초기의 문신이다. 그는 늙은 어머니의 봉양을 위하여 관직을 버리고 함안(咸安)으로 돌아갔는데, 조정에서 그의 행동과 의리를 아껴 김해부사·대사간 등의 벼슬을 내렸으나 취임하지 않고 세상을 마쳤다.

73

제 직분을 다했을 뿐입니다

정갑손(鄭甲孫)
《용재총화(慵齋叢話)》|《필원잡기(筆苑雜記)》

정갑손은 얼굴이 잘 생기고 키가 크며 수염이 아름다웠고 기국(器局)이 넓었다. 그는 비록 여러 대 재상이었으나 집에 저축한 바가 없었으며 삼베 이불과 부들자리로 태연히 거처하였다.

성품이 강개하여 곧은 말씀을 잘해 권세 있는 자를 피하지 않으니, 이로 인해 탐욕스러운 자들이 청렴해지고 나약한 자들이 자립할 줄을 알았으므로 조정에서는 그를 매우 소중하게 여겼다. 일찍이 대사헌이 되었을 때, 이조에서 사람을 잘못 등용한 일이 있었다.

세종이 사정전(思政殿)에 나와서 상참(常參)[1]을 받을 때, 하연(河演)은 겸판서로서, 최부(崔府)는 이조판서로서 입시하였는데, 정갑손이 아뢰기를

---

1 상참(常參) : 세종조에 시작된 제도로 신하들이 매일 아침 배례(拜禮)를 올리던 의식이다.

"최부는 말할 것도 없거니와 하연은 다소 사리를 알면서도 직책에 알맞지 못한 사람을 등용하였으니, 국문하기를 청합니다."

하니, 임금이 온화한 얼굴로 양쪽을 화해시켰다.

조회가 끝난 뒤 밖에 나오니, 하연과 최부는 모두 땀이 물 흐르듯 하였다. 이때 정갑손이 빙그레 웃으면서 말하였다.

"각기 제 직분을 다했을 뿐이니, 서로 해침은 아닙니다."

그리고는 하급관리인 녹사(錄事)를 불러,

"두 분이 매우 더우신 모양이니, 네가 부채를 가지고 와서 부쳐 드려라."

하고 조용한 태도로 조금도 후회하거나 두려워하는 기색이 없었다.

정갑손이 대사헌이 되었을 때에 악을 제거하고 선을 드날렸기 때문에 조정의 기강이 크게 진작되었다. 그러나 성품이 너그럽고 후덕하여 대체를 지녔다.

전례에 공회(公會)가 열리면 사헌부와 사간원이 막차(幕次; 임시로 설치한 천막)를 나란히 세웠으므로 혹 휘장을 걷고 술잔을 서로 주고받는 권장음(捲帳飮)이라는 것을 하였다. 그러나 만일 금주령(禁酒令)을 만나면 사헌부에서는 법을 집행하기 때문에 일절 술을 마시지 않았으나 사간원에서는 술을 마시고 취함이 예전과 다름없었다.

어느 날 간관(諫官)이 술잔을 가득 부어서 희롱하느라 휘장 틈으로 대장(臺長; 장령과 지평)에게 보이니, 대장 역시 희롱하느라 옷소매로 밀어냈는데, 술잔이 휘장 틈으로부터 굴러 떨어져 헌장(憲長; 대사헌)의 책상 앞에 가서 멈췄다.

대장(臺長)들이 모두 황공하여 어쩔 줄을 모르고 대리[臺吏; 사간원과 사헌부의 이속(吏屬)] 역시 서로 쳐다보면서 감히 얼른 치우지도 못한 채 종일토록 책상 앞에 있으니, 사헌부에서는 혹시나 사단(事端)이날까 걱정하였다.

퇴근할 무렵에 정갑손은 아전에게 말씀하기를,

"저 거위 알처럼 생긴 것이 무엇인고? 수정 구슬이 몇 개나 들어갈 수 있을까?"

하니, 아전은 이렇게 대답하였다.

"백 알은 들어갈 것 같습니다."

정갑손은 말씀하기를,

"저것이 굴러 들어왔던 틈으로 던져 버려라."

이에 좌중에 있던 모든 사람들이 그의 아량에 탄복하였다.

사간원에 아란배(鵝卵杯; 거위 알 모양의 술잔)가 있었는데 수정 구슬이 한 되 들어갔으니, 이는 금주령을 피하기 위해 임시로 만든 술잔이었다.

정갑손(鄭甲孫, 1396~1451) 조선 전기의 문신. 본관은 동래(東萊), 자는 인중(仁仲), 시호는 정절(貞節)이다. 대사헌을 거쳐 경기도와 함길도의 관찰사·중추원사·예조판서·우참찬을 거쳐 1450년 좌참찬 겸이조판서에 이르렀다. 맏딸이 세종의 후궁으로 들어가 소용(昭容)이 되었으며, 중종 때 청백리에 녹선되었다.

절충하는 것은 그가 아니면 능하지 못하다

윤두수(尹斗壽)
《상촌집(象村集)》|《기재잡기(寄齋雜記)》|《공사견문록(公私見聞錄)》

 윤두수는 호가 오음(梧陰)이었는데, 여러 정승과 함께 국사를 의논할 때에 사안이 부득이 군주의 뜻에 거슬리게 되면 다른 정승들은 머뭇거리고 바로 말씀하지 못하였으나, 그는 홀로 서리(書吏)에게 붓을 잡으라 하여 반드시 말씀을 다하였다.
 혹 임금의 노여움을 당하기도 했으나 돌아보지 않았으며, 다른 정승들은 얼굴을 붉히는 자가 있었으나 그의 안색은 화평스러웠다. 크고 넓은 도량은 산악이 솟고 못에 물이 머물러 있듯 하여 바라보기만 해도 높고 깊었다.
 윤두수가 공(功)을 이미 이루었으나 배척을 받아 정승에서 해직되어 집으로 돌아가서 자연에 맡겨 고요히 거처하며 군국(軍國)의 기무(機務)에 간여하지 않았으나 국가에 큰 의논이 있으면 더욱 강력히 말씀하였다.
 그가 정승이 된 뒤에 자못 시사(時事)를 담당한 최흥원(崔興源)

과 유홍(俞泓) 두 정승은 힘들이지 않고 두 손만 맞잡고 있을 따름이었다. 그가 하루는 처(妻)의 상을 당하여 비변사(備邊司)에 나오지 못하니, 여러 정승이 종일토록 머리를 맞대고 있었으나 한 가지 일도 결말을 내지 못하였다.

이것을 본 이성중(李誠中)은 이렇게 감탄하였다.

"나는 오늘에야 비로소 훌륭한 정승이 없어서는 안 된다는 것을 알았다. 지금 의정부에는 병아리가 그 어미 닭을 잃은 것과 같아서 논의를 절충할 분이 없구나."

어떤 사람이 말하기를, "영의정(최흥원)과 우의정(유홍)은 정승이 아닌가?" 하니, 이성중은 머리를 흔들며 "이분들은 의논은 할 수 있지만 절충하는 것은 능한 바가 아니다." 하였다.

이원익(李元翼)이 처음 대각(臺閣; 사헌부)에 들어가서 보궤불칙(簠簋不飭)했다는 이유로 윤두수를 탄핵한 일이 있었다. '보궤불칙'은 제기(祭器)인 보궤를 삼가지 않았다는 뜻으로, 관리들의 부정 축재(不正蓄財)를 비난하는 은어(隱語)이다.

그 후 이원익이 공사(公事)로 인하여 그를 찾아가 뵈니, 그는 조금도 서운해 하는 기색이 없이 머물게 하며 다음과 같이 말씀하였다.

"가난한 친족들이 혼인이나 상사(喪事)가 있을 경우, 모두 나에게 의뢰해 오기 때문에 이에 수응하기 위해 보내오는 물품을 받지 않을 수 없었소. 대간의 탄핵은 사리에 당연한 것이니, 내가 무엇을 개의하겠소."

두 사람은 자못 오랫동안 말씀을 주고받았는데, 그 내용이 모두 진심에서 나온 것이었다.

마침 시골에 있는 친족이 편지로 혼수(婚需)를 청해오자, 윤두수는 즉시 여종에게 명하기를, "요전에 역관 아무개가 보내온 포목(布木)이 있으니, 가져오라." 하였으나 여종은 돌아와 고하기를 "본래 그런 물건이 없습니다." 하였다.

그는 웃으며 가져오라고 재촉하여 봉해진 그대로 내주면서 안색이 변하지 않았다.

이원익은 윤두수의 큰 도량에 탄복하고 평생 존경하여 소중하게 여겼으며, 그의 후손들도 지금껏 윤두수를 칭송하고 있다.

윤두수(尹斗壽, 1533~1601) 자는 자앙(子仰), 호는 오음(梧陰), 본관은 해평(海平), 시호는 문정(文靖)이며, 이중호(李仲虎)·이황(李滉)의 문인이다. 1589년 평안 감사를 지내고 명나라에 사신으로 가서 종계(宗系)를 변무(辨誣)한 공으로 광국공신(光國功臣) 2등이 되어 해원군(海原君)에 봉해졌으며 이후 해원부원군(海原府院君)에 봉해졌다. 정유재란 때에는 영의정 유성룡(柳成龍)과 함께 난국을 수습하여, 후에 호성공신(扈聖功臣) 2등에 봉해졌다. 저서에 《오음유고(梧陰遺稿)》, 《기자지(箕子誌)》 등이 있다.

자신을 알아 주는 사람을 위해 죽는다

비령자(丕寧子) 부자(父子)
《삼국사기(三國史記)》

　신라의 진덕여왕(眞德女王) 때 백제군이 신라를 침공하여, 신라와 백제간에 큰 싸움이 벌어지게 되었다. 이때, 김유신(金庾信)이 신라군을 지휘하여 백제군을 맞아 싸웠는데, 전세(戰勢)가 불리하여 신라군이 위험한 처지에 놓이게 되었다. 김유신은 중군(中軍)인 비령자(丕寧子)에게 이렇게 말하였다.

　"추운 겨울을 맞이해 보아야 소나무와 측백나무의 푸른 절개가 변치 않는다는 것을 알게 되고, 난국(亂局)을 맞이해 보아야 영웅의 참다운 가치를 알 수 있는 것이다. 오늘과 같이 형세가 위급한 때에 그대가 아니고 누가 이 난국을 타개하겠는가? 그대가 출전하여 기울어져 가는 전세를 바로잡도록 하라."

　이에, 비령자는 이렇게 대답하였다.

　"이 많은 사람 중에서 이처럼 중대한 임무를 저에게 맡겨 주시니, 이는 대장군께서 저를 알아 주신 것입니다. '남자는 자신을 알아 주는 사람을 위해 죽는다.[士爲知己者死]' 하였으니, 마땅히 죽음으로써 저를 알아 주신 그 뜻에 보답하겠습니다."

그는 즉시 출전 준비를 갖춘 다음, 종 합절(合節)에게 당부하였다.

"나는 오늘 위로는 국가를 위하고 아래로는 나를 알아 주시는 대장군을 위해 죽을 것이다. 너는 그렇게 알라."

그는 창을 비껴들고 백제군의 진영으로 달려가 힘껏 싸우다가 전사하였다. 이때 비령자의 아들 거진(擧眞)은 진중(陣中)에서 부친이 전사한 것을 보고는,

"아버님의 죽음을 보고도 내가 구차하게 살아 있다면, 이것이 어찌 효도가 될 수 있겠는가?"

하고, 그도 백제군의 진영으로 돌입하여 용전분투하다가 전사하였다. 이처럼 비령자의 부자가 함께 전사하자, 비령자의 종인 합절도 전장으로 뛰어들었다.

"주인이 모두 죽어 하늘이 무너졌는데, 내 한 몸도 죽지 않고 무엇하겠는가?"

합절 역시 백제군의 진영으로 달려들어 용감히 싸우다가 죽었다. 비령자는 나라를 위하여, 그 아들은 아버지를 위하여, 그 종은 주인을 위하여 목숨을 바치자, 이것을 본 신라군은 크게 감격하였다. 그리하여, 신라군이 일제히 백제군의 진영을 공격하여 백제군을 대파하였다.

비령자(조寧子) 신라(新羅) 사람으로, 백제(百濟)와 신라의 전쟁에서 신라가 불리해지자 김유신(金庾信)이 그에게 군사들의 사기를 높일 임무를 주었다. 그가 전사

하자 아들 거진(擧眞)과 합절(合節)이 주저하지 않고 용맹스럽게 적군을 향해 돌격하여 함께 전사하니, 이에 신라군의 장병들이 모두 감격하여 일제히 진격해서 적의 수급(首級)을 3천 명이나 베었다고 한다.(《東史綱目 第3下》)

76

가족도 만나 보지 않고 싸움터로 나가다

김유신(金庾信)
《삼국사기(三國史記)》

　신라 진평왕(眞平王) 때의 일이다. 김유신이 백제군의 침입을 막아내고 개선하여 왕에게 복명하고 아직 자기 집에 돌아가지 못하였는데, 또다시 백제군이 국경을 침범했다는 소식이 전해졌다. 이에, 왕은 다시 김유신에게 출정명령을 내렸다.
　"장군이 또 한 번 출정하여 적을 막아주기 바라오."
　김유신은 집에 들르지도 않고 곧바로 출정군의 대오를 정돈시켜 국경을 향해 서쪽으로 출발하였다.
　이때, 출정 장병들의 가족들은 각기 자기 집 문 앞에서 이들의 행군대열을 지켜보았다. 김유신의 가족들도 문 앞에서 그가 행여 집에 들러 주지 않을까 하고 기다렸으나, 그는 자기 집을 돌아보지도 않고 지나갔다.
　김유신은 자기 집에서 50걸음쯤 지나간 뒤에야 발을 멈추고 수행원을 시켜 자기 집의 물 한 그릇을 가져오게 하여, 그것을 마시고는 흐뭇해 하였다.

"우리 집 물맛은 아직 변하지 않았구나!"

김유신이 자기 집 앞을 지나치면서도 가족과 상면조차 하지 않는 것을 본 군사들은 모두 이렇게 다짐하였다.

"대장군께서도 이와 같이 하시는데 우리들이 어찌 가족과 이별한다고 불평을 하겠는가?"

김유신(金庾信) 신라의 삼국통일을 주도한 명장이다. 무예와 지략이 뛰어나 당(唐)나라와 연합하여 백제와 고구려를 차례로 멸망시켰으며, 다시 신라마저 점령하려는 당나라의 야욕을 분쇄하고 통일신라시대를 열었고, 그 공으로 835년(흥덕왕 10)에 흥무대왕(興武大王)으로 추존되었다.

다 같이 분발하면 반드시 이길 것이다

계백(階伯)
《삼국사기(三國史記)》

　백제 의자왕(義慈王) 20년(660)에 신라와 당(唐)나라의 연합군이 백제를 공격하였다. 당나라 군대는 바다를 건너 백마강(白馬江)으로 진출하고, 신라의 군대는 탄현(炭峴)을 넘어 백제의 수도 사비성(泗沘城; 부여)을 향해 진격하였다.
　김유신이 이끄는 신라군 5만 명이 탄현을 넘었다는 보고가 전해지자, 의자왕은 장군 계백에게 5천 명의 결사대를 이끌고 가서 신라군을 격퇴시키라는 명을 내렸다.
　계백은 출전하기에 앞서 다짐하였다.
　"이제 나는 국가의 존망이 달린 싸움에 출전하게 되었으니, 그 승패를 알 수 없다. 만약 내가 패하게 되면, 처자(妻子)들은 신라군에게 잡혀 그들의 노예가 될 것이다. 살아서 치욕을 당하기 보다는 차라리 죽어서 평안을 얻는 것이 나을 것이다."
　그는 자기 처자들을 손수 칼로 베었다. 그리고는 5천 명의 결사대를 이끌고 황산벌로 출전하여 진을 친 뒤에 휘하 장병들에게 이렇게 훈시하였다.

"옛날 중국의 월왕(越王) 구천(句踐)은 5천 명의 병력으로 오(吳)나라의 십만 대군을 격파하였다. 우리가 분발하여 싸운다면 적을 무찌를 수 있을 것이다. 각자 죽음으로써 나라에 보답하도록 하라."

그리하여, 백제군은 용감하게 싸워 신라군을 네 차례나 크게 격파하였다.

계백(階伯) 백제 말기의 장군. 660년(의자왕 20) 김유신(金庾信)과 소정방(蘇定方)의 나당(羅唐) 연합군이 쳐들어오자 결사대 5000명을 거느리고 황산(黃山; 지금의 연산)벌 싸움터에 나갔는데, 그는 전장에 나아가기 전에 처자식들을 손수 죽이고 자신도 나라를 위해 목숨을 바칠 것을 굳게 맹세하였다. 그의 결사대는 김유신의 5만여 군사와 대항하여 싸우다가 결국 장렬히 전사하였다.

용감무쌍한 화랑도

반굴(盤屈) | 관창(官昌)
《삼국사기(三國史記)》

신라가 삼국통일(三國統一)의 대업(大業)을 앞두고 백제와 마지막으로 황산(黃山)벌에서 건곤일척(乾坤一擲)의 결전을 하게 되었을 때의 일이다.

김유신(金庾信)이 신라군을 총지휘하여 황산벌에 도착하니, 백제의 장군 계백(階伯)이 군대를 이끌고 먼저 이 곳에 도착해서 험한 지형을 이용하여 세 곳에 진을 치고 기다리고 있었다.

신라군도 병력을 세 갈래로 나누어 백제군을 공격하였으나 성공하지 못하여 군사들의 사기가 크게 저하되었다. 이에 김유신 휘하의 장군 김흠순(金欽純)이 그의 아들 반굴을 불러 이렇게 당부하였다.

"신하 노릇을 함에는 충성보다 더한 것이 없고, 자식 노릇을 함에는 효도보다 더한 것이 없다. 나라가 위급한 사태에 처했을 때 목숨을 바치면, 충성과 효도를 한꺼번에 다할 수 있는 것이다."

이에 반굴은

"삼가 아버님의 분부를 받들겠습니다."

하고, 백제군의 진영으로 뛰어들어 힘껏 싸우다가 전사하였다. 반굴이 용감하게 싸우다가 전사하는 것을 본 품일(品一)도 그의 아들 관창(官昌)을 불러 말 앞에 세워 놓고 여러 장수들을 돌아보며,

"우리 아이는 나이가 이제 겨우 열여섯 살이지만, 의지와 기개가 제법 용맹스러우니, 오늘의 전투에 능히 전군의 모범을 보여줄 수 있을 것이오."

하고 소개한 다음, 관창으로 하여금 출전하도록 하였다.

관창은 갑옷을 입힌 말을 타고, 한 자루의 창을 들고 백제군의 진영으로 달려갔다. 그러나 관창은 곧 백제군에 사로잡혀 계백 앞에 끌려가게 되었다. 계백은 관창의 갑옷을 벗겨 보고서는 감탄하였다.

"우리 백제가 신라를 대적해서 이길 수가 없겠구나. 소년의 용맹이 이러한데 하물며 신라의 장사들이야 밀할 섯이 있겠는가."

계백은 어린 관창의 용맹이 아까워 관창을 차마 죽이지 못하고 살려서 돌려보내었다. 관창은 본진으로 돌아와 아버지 품일에게 이렇게 고하였다.

"제가 적진에 들어가서 장수도 베지 못하고 깃발도 빼앗지 못한 것은 죽음을 두려워했기 때문이 아닙니다."

그는 말을 마친 다음 손으로 우물물을 움켜 마시고는 다시 백제군의 진영으로 달려갔다. 백제군의 진영에서 좌충우돌하다가 다시 백제군에게 사로잡혔다.

계백은 하는 수 없이 관창의 머리를 베어 말안장에 달아 돌려보냈다. 품일은 관창의 머리를 안고 그의 피에 옷깃을 적시면서 큰 소리

로 외쳤다.

"내 아들의 얼굴이 살아 있을 때와 똑같구나! 나라를 위해 죽었으니, 참으로 장한 일이다."

신라군의 군사들이 이러한 광경을 보고 비분강개(悲憤慷慨)하여 모두 죽기를 결심하고 일제히 진격하였다. 그리하여, 마침내 신라군은 황산벌에서 백제군을 크게 격파하였다.

반굴(盤屈, ?~660) 신라의 무장(武將)으로, 성은 김(金)이다. 경남 사량(沙梁) 사람 각간(角干) 김흠순(金欽純)의 아들이고, 황금서당 보기감(黃衿誓幢步騎監) 김영윤(金令胤)의 아버지이다. 660년(태종무열왕 7) 7월 백제군과의 황산회전(黃山會戰)에서 부친의 뜻을 받들어 충효(忠孝)를 다하여 싸움에 임할 것을 맹세하고, 홀로 적진에 뛰어들어 용전 끝에 전사하였다.

관창(官昌, 645~660) 신라 무열왕(武烈王) 때의 화랑으로 좌장군(左將軍) 품일(品日)의 아들인데 일명 관장(官狀)이라고도 한다. 어려서 화랑이 되었고, 16세 때 무열왕에게 천거되어 백제를 공격할 적에 부장(副將)으로 출전하였다. 황산(黃山) 싸움에 처음 출전하였다가 백제군에게 사로잡혔으나, 백제의 계백(階伯) 장군은 그가 어리고 또 용맹한 데 탄복하여 죽이지 않고 돌려보냈다. 그러나 관창은 적장을 죽이지 못한 것을 분하게 여기고 다시 적진으로 돌진하여 싸우다가 또다시 적군에 사로잡혔다. 계백이 그의 목을 베어 말안장에 매달아 돌려보냈는데, 그의 용감한 죽음은 끝내 신라군의 사기를 돋우어 백제군을 대파할 수 있게 하였다.

활 만드는 비술(秘術)을 외국에 전하지 않았다

구진천(仇珍川)
《삼국사기(三國史記)》

　신라 문무왕(文武王) 때 쇠뇌[弩]를 잘 만드는 구진천이라는 장인(匠人)이 있었다. 신라의 활이 유명하다는 것을 안 당나라의 황제 고종(高宗)이 사신을 신라에 보내어 구진천을 당나라로 데려갔다.
　고종은 구진천에게 나무로 쇠뇌를 만들도록 하였다. 구진천이 쇠뇌를 다 만들자 화살을 쏘아 보았는데, 화살이 30보(步)밖에 날아가지 않았다.
　고종은 구진천을 힐책하였다.
　"너의 나라에서 만든 활은 사정거리가 1천 보나 된다고 들었는데, 지금 네가 만든 것은 겨우 30보밖에 안 되니 어찌 된 일이냐?"
　구진천은 그 이유를 이렇게 설명하였다.
　"재료가 좋지 못한 까닭입니다. 활을 만들 목재(木材)를 저희 나라에서 가져온다면 저희 나라 것과 똑같이 만들 수 있습니다."
　고종은 다시 사신을 신라에 보내어 쇠뇌 제작용 목재를 당나라에 보내도록 하였다. 이에, 신라에서는 대내마(大奈麻) 복한(福漢)으로 하여금 목재를 당나라로 운반하도록 하였다.

신라의 목재가 도착하자, 구진천은 그 목재로 다시 쇠뇌를 만들었다. 그러나, 이번에는 그 쇠뇌의 사정거리가 60보밖에 되지 않았다. 고종이 다시 그 까닭을 추궁하자, 구진천은 이렇게 대답하였다.

"신(臣)도 왜 그런지 그 까닭을 알 수 없습니다. 아마도 나무가 바다를 건너올 때 습기를 심하게 입었기 때문이 아닌가 합니다."

구진천은 이렇게 둘러대고는 그 이유를 밝히지 않았다.

고종은 구진천이 쇠뇌를 만드는 기술을 밝히지 않으려고 고의로 쇠뇌를 잘못 만든 것이라고 생각하여 중벌로 다스리겠다고 위협하였으나, 구진천은 끝내 그가 지닌 궁노(弓弩) 제작의 비술(秘術)을 당나라 사람들에게 전하지 않았다.

구진천(仇珍川, ?~?) 신라 때 쇠뇌를 잘 만든 장인이다. 쇠뇌를 잘 만들어 천보(千步)나 나간다는 소식이 당나라에까지 알려지자, 당나라 고종(高宗)이 그를 초빙(招聘)하여 그곳에서 천보노(千步弩)를 만들게 했으나, 그는 짐짓 불과 60보밖에 나가지 않는 활을 만들어 끝까지 신비한 기술을 가르쳐 주지 않았다고 한다.

80

설득으로 외세를 굴복시키다

서희(徐熙)
《고려사절요(高麗史節要)》

    고려 성종(成宗) 12년(993)에 요(遼)나라(거란족)가 대거 고려를 침범하였다. 중국에서는 당(唐)나라가 멸망하고 송(宋; 북송)나라가 건국하였는데, 그 틈을 타서 북방의 거란족이 천진(天津) 이북의 만주지역과 몽고 지역을 장악하여 요나라를 세우고, 송나라와 패권을 다투게 되었다.

    당시에 고려는 요나라가 압록강 북쪽 지역을 장악하여 고려와 중국 대륙과의 교통을 차단하고 있었기 때문에 해상(海上)으로 송나라와 유대관계를 맺고 있었다. 따라서 요나라로서는 고려가 그들 배후의 위협 세력이 되고 있었으므로, 송나라를 공격하기에 앞서 고려를 먼저 제압하여, 고려를 그들의 우방국이나 속국으로 만들려고 획책하였다.

    그리하여, 요의 성종(成宗)이 그의 사위인 소손녕(蕭遜寧)에게 많은 병력을 주어 고려를 공격하게 하였다. 소손녕의 거란군은 압록강을

도하하여 고려의 서북 국경선(청천강선)을 돌파하고는 파죽지세(破竹之勢)로 고려의 제2의 수도인 서경(西京; 평양)으로 밀고 내려왔다.

이에 고려 조정에서는 평양 이북 지역을 요나라에 떼어주고 항복을 하자는 의견의 대두되었다. 그러자, 장군 서희(徐熙)가 반대하고 나섰다.

서희는 화통사(和通使)가 되어 소손녕과 담판을 벌이기로 하고, 단신 거란군의 진영을 찾아갔다. 서희가 거란군의 진영에 도착하자, 소손녕은 처음부터 서희의 기를 꺾으려는 심산으로 서희에게 무리한 요구를 하였다.

"나는 대국의 귀인(貴人)이니, 고려의 사신은 뜰에서 나에게 배례(拜禮)를 해야 한다."

서희는 소손녕의 속셈을 간파하고는,

"뜰아래에서 배례를 하는 것은 신하가 왕에게나 하는 것이다. 지금 고려와 요나라의 대신이 상견(相見)하는데 이러한 인사란 있을 수 없다."

그는 소손녕의 요구를 완강히 거부한 뒤에 자신의 처소로 돌아와 자리에 누워 버렸다. 소손녕은 서희의 이러한 강한 반발에 부딪히자, 서희를 굴복시킬 수 없다는 것을 깨닫고, 마침내 한자리에서 상견례를 행하도록 하였다.

소손녕은 서희와의 인사를 끝내자, 이렇게 엄포를 놓았다.

"그대의 나라 고려는 신라의 뒤를 이어 일어난 나라가 아니오? 그러므로 고구려의 땅은 본래 그대 나라의 땅이 아닐 뿐 아니라, 이미 우리 땅이 되었소. 그런데 그대들은 우리의 땅을 침식하였소. 그리고 그대 나라와 우리나라와는 국경을 서로 접하고 있는 이웃인데도 대국인 우리를 섬기지 않고, 그대들은 바다를 건너 송나라를 섬기고 있소. 그래서 내가 그대들을 징벌하기 위하여 이렇게 출정한 것이오. 그대들이 우리 땅을 내어놓고 우리를 섬기겠다고 약속한다면 철군할 것이나, 그렇지 않으면 무사하지 못할 것이오."

소손녕의 말은 옛날의 고구려 땅인 평양 이북 지역을 요나라에 할양하라는 것이었다. 이에 서희는 그 말이 부당함을 지적하였다.

"그것은 잘못된 주장이오. 우리나라는 본래 고구려의 옛 땅에서 일어난 나라이오. 그래서 국호(國號)를 '고려'라 하였고, 또 평양을 제2의 수도(서경)로 삼고 있는 것이오. 영토의 소유권을 따지자면, 그대들 나라의 동경(遼陽)도 우리 땅이오. 그러므로 그대들이 오히려 동경을 우리에게 내어 놓아야 하는 것이오. 그리고 압록강 주변은 당연히 우리 땅이나, 지금 여진족이 이곳에 자리를 잡고 있어서 온갖 행패를 다 부리고 있소. 그래서 우리가 그대들 나라와 유대관계를 맺고 싶으나, 여진족이 중간에서 가로막고 있기 때문에 부득이 우리가 바다를 건너 송나라와 외교관계를 맺게 된 것이오. 그대들이 우리와 유대관계를 맺고 싶다면, 먼저 우리 경내에 있는 여진족을 몰아내 주어야 할 것이오. 그러기 위해서는 압록강 이남의 우리 옛 땅을 우리에게 돌려주어 우리가 이곳에 성곽을 쌓고 이 지역을 장악하는 것을 허락해 주어야 하오. 그래야만 우리가 이 지역의 도로를 확보해서 그대들 나라와 수교를 할 수 있지 않겠소?"

이와 같이 서희가 논리 정연하게 따지고 들자, 소손녕은 할 말을 잃고 말았다. 결국 소손녕은 서희의 말에 승복하고 철군하였으며, 그 뒤로 고려는 오히려 청천강 이북 지역을 영토로 편입시켜, 국경을 확장하게 되었다.

서희(徐熙, 942~998) 고려시대의 문신. 본관은 이천(利川), 자는 염윤(廉允), 시호는 장위(章威)이다. 960년(광종 11) 문과에 급제하여 광평원외랑(廣評員外郞), 검교병부상서(檢校兵部尙書), 태보내사령(太保內史令)을 역임하였다. 993년(성종 12) 거란(契丹)의 내침 때 중군사(中軍使)로 북계(北界)에 출전했는데, 전세가 불리해지자 서경(西京) 이북을 할양하고 강화하자는 조정의 결정에 극력 반대하고, 자진해서 국서(國書)를 가지고 가서 적장 소손녕(蕭遜寧)과 담판을 벌여 국토를 회복하는 데에 큰 공을 세웠다.

81

외교는 당당하게

김인존(金仁存)
《고려사(高麗史)》

김인존은 고려 때의 대학자이다. 고려 숙종(肅宗) 7년(1102)에 요(遼)나라의 사신 맹초(孟初)가 고려에 입국하자, 김인존이 접반사(接伴使)로서 맹초를 영접하게 되었다. 당시에 요나라는 세력이 강대하여 세 차례나 고려를 침범한 적이 있었으며, 고려에 대하여 상국(上國) 행세를 하고 있었다. 맹초는 자기를 맞이하는 접반사인 김인존의 나이가 적은 것을 보고는 자못 만만하게 여겼다.

어느 날, 맹초와 김인존은 말을 타고 개경(開京; 개성) 교외로 소풍을 나갔는데, 눈이 내린 직후라서 설경(雪景)이 펼쳐져 있고 말발굽이 땅에 부딪히는 소리만 들릴 뿐이었다. 그러한 경치에 취한 맹초가 문득 시 한 구절을 읊었다.

"말발굽이 눈을 밟으니 마른하늘에 우레 소리 진동하네.[馬蹄踏雪乾雷動]"

이에, 김인존은 즉시,

"깃대 위에 바람이 나부끼니 맹렬한 불꽃이 나는구나.[旗尾翻風烈火飛]"

하고 화답(和答)하였다. 맹초는 김인존의 학식에 깜짝 놀라면서 이렇게 감탄하였다.

"참으로 천재이시오."

이 때문에 김인존과 맹초는 서로의 사이가 두터워져 친밀해지게 되었다. 맹초는 귀국할 때 자신이 차고 있던 황금으로 장식한 허리띠[金帶]를 김인존에게 풀어주고 갔다.

그 후, 김인존은 중서사인(中書舍人)으로 승진했으며, 숙종 10년(1105)에 숙종이 승하하자, 이 국상(國喪)을 요나라에 알리기 위하여 숙종의 부고(訃告)를 가지고 요나라로 갔다.

그가 압록강을 건너 요동(遼東) 지방에 들어서니, 요나라의 동경(東京)에서부터 요나라 수도에 이르기까지 연도(沿道)의 주(州)와 부(府)마다 잔치를 베풀고 풍악으로 그를 맞이하였다.

그러나 김인존은,

"내가 우리나라를 떠나올 때에 국상을 당하여 군신(君臣)이 모두 상복을 입고 곡읍(哭泣)하고 있었는데, 지금 상국(上國)에 오니 이처럼 환대를 해주어 감사하기 그지없으나, 내가 군부(君父)를 잃은 신자(臣子)의 도리로 차마 풍악을 듣고 있을 수는 없소이다."

하고, 풍악을 물리쳐 줄 것을 요나라 측에 요구하였다. 그 말을 들은 요나라 사람들이 크게 감동하였다.

요나라의 서울에 도착하여 요의 황제를 배알하는 자리에서도 그는 나라(고려)의 국상을 들어 자신이 상복(喪服)을 입을 것과 조회(朝

會)할 때에 가무(歌舞)를 삼갈 것을 청하였다. 맹초는 그들 조정의 의견을 모아 이렇게 조치하였다.

"황제를 배알하는 자리에 상복을 입을 수는 없지 않소? 길복(吉服)을 입도록 하오. 그 대신 조회석상에서 가무는 삼가도록 하리다."

이와 같이, 김인존은 당시 고려의 상국이었던 요나라의 조정에서도 고려의 국상에 대한 상례(喪禮)를 다해 줄 것을 주장하는 당당한 기개를 보여, 요나라 측에서 이것을 받아들이도록 하였다.

김인존(金仁存, ?~1127) 고려시대의 문신. 자는 처후(處厚), 시호는 문성(文成)이다. 문과에 급제하여 직한림원(直翰林院)을 거쳐 내시(內侍)로서 선종(宣宗)·헌종(憲宗)·숙종(肅宗) 세 임금을 섬겼다. 개성부사(開城府事), 상서예부원외랑(尙書禮部員外郞), 이부판사(吏部判事)를 역임하였다. 학문과 문장이 뛰어난 당대의 석학(碩學)으로, 중요한 국사(國事)가 있으면 반드시 왕의 자문을 받았으며, 왕명으로 최선(崔璿)·이재(李載) 등과 《해동비록(海東秘錄)》을 산정(刪定)하였고, 박승중(朴昇中) 등과 《시정책요(時政策要)》와 《정관정요주(貞觀政要註)》를 잔진(撰進)하였다. 예종(睿宗)의 묘정(廟庭)에 배향되었다.

오로지 죽음으로써 성(城)을 지킬 뿐이다

최춘명(崔椿命)
《고려사절요(高麗史節要)》

고려 고종(高宗) 18년(1231)에 몽고군이 고려를 침입하였다. 몽고군은 국경지역의 구주성(龜州城; 구성)과 자주성(慈州城; 자산)을 포위 공격하였으나 실패하자, 그대로 고려의 수도인 개성(開城)으로 남진하였다.

개성이 위험하게 되자, 고려 조정에서는 몽고군과 화의(和議)를 하기 위하여, 왕족인 회안공(淮安公) 왕정(王侹)을 몽고군의 진영에 보내어 교섭하게 하였다. 그러자 몽고군에서는 "항복을 하지 않는 구주성과 자주성을 항복시키라."고 요구하였다.

이에 회안공은 즉시 사람을 보내어 구주성과 자주성을 지키는 자들을 설득하여 항복하게 하였다. 우간의(右諫議) 최림수(崔林壽)와 감찰(監察) 민희(閔曦)는 구주성에 가서 구주성을 지키는 박서(朴犀)에게 항복하도록 권유하였다. 박서는 몇 차례나 이들의 항복 권유를 받아들이지 않다가, 민희가 나라의 앞날을 걱정하며 자결을 하려고

까지 하였으므로 항복을 하고 말았다.

한편, 대집성(大集成)이 자주성의 최춘명(崔椿命)을 항복시키려고 하자, 최춘명은 '왕명(王命)이 없이는 항복할 수 없다'고 하였다. 그러자, 대집성은

"이미 회안공이 몽고군에게 항복하였다. 그러니 그대들도 항복하라. 이는 회안공의 명령이다."

하고, 항복할 것을 촉구하였다. 그러나 최춘명은 성루(城樓)에 버티고 앉아서 이렇게 대답하였다.

"이 성 안에 있는 사람들은 회안공이라는 분이 누구인지 모른다."

이 말을 들은 대집성은 최춘명을 설득하기 위해 성 안으로 들어가려고 하였으나 최춘명은 그에게 활을 쏘게 하여 쫓아버렸다.

그 뒤 왕명이 도착하자, 비로소 최춘명은 성문을 열고 몽고군에게 항복하였다.

조정에서는 최춘명이 몽고군의 비위를 거슬렸다 하여 그를 죽이려고 하였다. 그리하여 최춘명은 형장(刑場)에 끌려가 처형을 당하게 되었다.

그러나 최춘명은 "성을 지키는 자는 오로지 죽음으로써 그 성을 지킬 뿐이다." 하고 태연히 죽음을 받으려고 하였다. 이때 마침, 어떤 몽고군의 장수가 처형을 당하려는 최춘명을 보고는 감탄하였다.

"저 사람은 우리 몽고의 입장에서 보면 죄인이다. 그러나 고려의 입장에서 보면 충신이다. 우리 몽고군도 저 사람을 죽이지 않는데, 어찌 고려 사람이 저러한 충신을 죽인단 말인가?"

최춘명은 그 몽고군 장수의 주선으로 죽음을 면하였으며, 그 후에

추밀원부사(樞密院府使)의 지위에까지 올랐다.

최춘명(崔椿命) 고려 후기의 충신(忠臣). 본관은 해주(海州)이다. 1231년에 자주부사(慈州府使)로 성을 지키면서 몽고군에게 포위되었으나 끝내 항복하지 않았고, 화의(和議)를 맺은 뒤에도 끝까지 항복하지 않아 몽고의 압력으로 서경(西京)에 투옥되었다가 최우(崔瑀)의 명령으로 처형을 당하게 되었으나, 오히려 감화를 받은 몽고 원수(元帥) 살례탑(撒禮搭)의 주선으로 석방되었다. 뒤에 논공행상에서 일등공신(一等功臣)이 되고 추밀원부사(樞密院副使)에 발탁되었다.

우리 임금님의 명을 어길 수는 없다

김태현(金台鉉)
《고려사(高麗史)》

    김태현은 고려 충숙왕(忠肅王) 때의 학자이다. 그가 일찍이 친구들과 함께 선배의 집에서 학문을 닦고 있었는데, 그 집에 있던 젊은 과부가 그를 흠모하여, 어느 날 시를 지어 문틈으로 보냈다. 그 시의 내용은 이러하였다.
    "말을 탄 백면서생(白面書生)이 어느 집 도령인지, 석 달 동안 지내면서도 이름조차 몰랐네. 이제 와서 알고 보니 김태현이라 하는구나. 가는 눈, 긴 눈썹이 은근히 정이 드네."
    그 뒤로 그는 그 집을 출입하지 않았다. 김태현은 몸가짐을 바르게 하고 문학을 게을리하지 않아, 문과에 급제하고 충렬왕(忠烈王) 28년(1302) 원나라 황제의 탄신을 축하하는 성절사(聖節使)가 되어 원나라에 갔다.
    그런데 마침 원나라 황제가 감숙성(甘肅省)으로 행차하면서 다른 나라 사람들은 모두 원나라 연경(燕京; 수도)에 머물러 있으라는 명령을 내렸다. 이에 다른 나라에서 온 사신들은 모두 연경에 머물러 있으면서 원나라 황제가 연경으로 돌아오기만을 기다리고 있었으나, 김태현은

"여기 연경에 머물러 있으라는 것은 원나라 황제의 명령이고, 행재소(行在所)에까지 가서라도 황제를 배알하라는 것은 우리 임금님의 명령이시다. 나는 차라리 원나라 황제의 명령을 어겨 죄를 얻는 한이 있더라도 우리 임금님의 명령을 어길 수는 없다."

하고, 원나라 황제의 행재소를 찾아가겠다고 주장하여 원나라 조정의 허락을 받았다.

그리하여 김태현이 감숙성의 행재소까지 가서 원나라 황제를 배알하자, 황제는 그의 충성심을 크게 표창하고, 정동행중서성 좌우사낭중(征東行中書省左右司郎中)의 벼슬을 내리기까지 하였다.

김태현(金台鉉) 본관은 광산, 자는 불기(不器), 호는 쾌헌(快軒)이다. 1275년(고려 충렬왕 1) 감시(監試)에 장원으로 합격하고, 다음 해 문과에 급제하였으며, 도첨의사지사(都僉議司知事), 삼사판사(三司判事) 등을 역임하였다. 성품이 강직하고 언행이 예에 어긋나지 않았으며, 사람을 접대할 때에는 온화하였고, 어머니를 극진히 모셨다. 우리나라의 사료를 모은 《동국통감(東國通鑑)》을 편찬하였다.

84

지도자는 죽음도 피하지 않는다

송상현(宋象賢)
《임진록(壬辰錄)》

    선조(宣祖) 25년(1592), 일본이 임진왜란을 일으켜 왜군(倭軍)들이 동래성(東萊城)을 포위하였다. 당시 동래부사(東萊府使)였던 송상현(宋象賢)은 전력을 다하여 왜군에 대항하였으나 더 이상 성을 지탱해낼 수 없는 최후의 순간을 맞이하게 되었다.

    그는 손에 쥐고 있던 부채에 다음과 같은 글귀를 써서 하인에게 주며, 그의 부친에게 전하게 하였다.

    "외로운 성이 겹겹이 포위되어 왜적을 막아낼 길이 없습니다. 이때를 당하여 부자간의 은혜는 가볍고 군신(君臣)간의 의리는 중합니다.[月暈孤城, 禦賊無策. 當此之時, 父子恩輕, 君臣義重.]"

    마침내 동래성이 함락되어 왜군이 그의 곁으로 몰려들었다. 그는 의관을 갖추고 북쪽을 향해 임금에게 절을 올린 다음, 자리에 앉아 죽음을 기다렸다.

    왜군 중에 그를 아는 한 부장(部將)이 있었다. 그 왜장은 예전에 조선을 왕래하다가 송상현으로부터 후대를 받은 적이 있었으므로, 그 은혜에 보답하기 위하여 송상현에게 눈짓으로 도망가라고 권하였다. 그러나 송상현이 자리에 앉은 채 움직이지 않자, 송상현의 소매를 잡아끌면서 피하라고까지 하였다. 송상현은 끝내 피하지 않고 자리를 지키고 있다가 왜적의 칼에 죽고 말았다.

그러자 왜적은 송상현의 순절(殉節)을 가상히 여겨, 그의 관(棺)을 만들어 염(殮)을 하고 성 밖에 매장한 뒤 표지목(標識木)까지 세워 주었다.

송상현(宋象賢, 1551~1592) 1576년(선조 9) 별시문과에 병과로 급제하여 여러 관직을 거친 뒤에 1591년 통정대부(通政大夫)에 오르고 동래부사(東萊府使)가 되었다. 1592년 4월 13일 임진왜란이 일어나고, 14일 부산진성(釜山鎭城)을 침범한 왜군이 동래성으로 들이닥치자 항전하였다. 성이 함락되자 조복(朝服)을 입고 단좌(端坐)한 채 순사(殉死)하였다.

세자에게 검소함을 가르친 임금

세조(世祖)
《연려실기술(燃藜室記述)》

　세조(世祖) 때에 공조(工曹)에서는 중전(中殿)의 주방(廚房)에서 쓸 금잔(金盞)을 만들기 위하여 왕의 허락을 청하였다. 그러나 세조는 이것을 허락하지 않으며 이렇게 말씀하였다.

　"꽃 그림이 있는 자기(瓷器)를 대신 쓰도록 하라."

　그 후 상의원(尙衣院)에서 세자가 쓸 연적(硯滴; 먹을 갈 때 사용할 물을 담아두는 물통)과 향로(香爐)를 은(銀)으로 만들어야겠다고 아뢰고 허락을 청하였으나 세조는 이번에도 허락하지 않으며 이렇게 말씀하였다.

　"자식을 가르칠 때에는 반드시 먼저 검소함을 가르쳐야 한다. 세자는 궁중에서 태어나서 자랐으므로 사치한 마음이 생기기 쉬운 법인데, 어찌 그런 사치한 물건으로 사치를 가르친단 말인가. 옛날에 당나라 현종(玄宗)은 구리로 향로를 만들었다. 중국과 같은 부(富)를 지닌 대국에서도 그러하였는데, 하물며 우리나라와 같은 작은 나라에서 어찌 그럴 수가 있는가."

세조(世祖, 1417~1468) 조선 제7대 왕(재위 1455~1468). 휘(諱)는 유(瑈), 자(字)는 수지(粹之), 군호(君號)는 수양대군(首陽大君)이다. 나이 어린 단종(端宗)을 몰아내고 즉위한 다음 국방(國防)·외교(外交)·토지 제도 및 관제(官制)의 개혁(改革)과 개편(改編) 따위에 업적을 남겼으며,《국조보감(國朝寶鑑)》과《경국대전(經國大典)》등의 서적(書籍)을 편찬(編纂)하였다.

붓과 먹을 받은 자는 바른말을 내어야 한다

성종(成宗)
《성호사설(星湖僿說)》

성종은 언로(言路)를 여는데 특별히 관심을 쏟았다. 그리하여
"신하가 과감하게 간하여 임금을 바른 데로 인도하는 자는 곧은 신하라 하고, 군주의 비위를 맞추어 칭찬만 받으려고 하는 자는 아첨하는 신하라 한다."
하고 승지(承旨)와 사관(史官) 그리고 육조(六曹)와 삼사(三司; 사헌부와 사간원, 홍문관)의 관원들에게 각각 붓 40자루와 먹 20개씩을 하사하면서 "그대들은 이것으로 나의 과오를 써 올려라." 하였다.

이 때문에 성종조에는 언로가 막힘이 없어 왕이 정치를 바르게 할 수 있었다.

성종이 이처럼 신하에게 바른말을 구하였기 때문에 그 붓과 먹을 받은 자들은 아무리 바른말을 하기 싫어도 하지 않을 수 없었으며, 아첨을 하려고 해도 마음속에 부끄러움이 먼저 생겨 아첨을 할 수가 없었던 것이다.

성종(成宗, 1457~1494) 조선 제9대 왕(재위 1469~1494). 시호는 강정(康靖)이며, 세조(世祖)의 손자이다. 세종(世宗)·세조가 이룩한 치적을 기반으로 하여 문화정책을 펴나갔다. 숭유억불(崇儒抑佛) 정책을 철저히 시행하였고, 1474년(성종 5) 《경국대전(經國大典)》을 완성하여 이를 반포하였으며, 1492년(성종 23)에는 《경국대전》을 더욱 보충하여 《대전속록(大典續錄)》을 간행하였다. 서적 간행에 힘을 써서 《여지승람(輿地勝覽)》·《동국통감(東國通鑑)》·《동문선(東文選)》·《오례의(五禮儀)》·《악학궤범(樂學軌範)》 등을 편찬·간행하였다. 학문을 좋아하였고 사예(射藝)와 서화(書畫)에도 능하였다.

87

열 명의 의견이 어찌 나와 똑같을 것인가

한지(韓祉)
《목민심서(牧民心書)》

　조선 숙종조(肅宗祖)에 청렴하기로 이름났던 한지가 전라감사(全羅監司)로 있을 때였다. 그는 언제나 날이 새기 전에 관복을 갖추어 입고 관아(官衙)에 나와 좌정(坐定)을 하였는데, 자리 곁에는 베개나 안석(案席)을 두지 않았다.

　그는 몸을 바로 세우고 꿇어앉아 몸을 비틀거나 흔드는 일이 없었으며 창가의 난간에 기대어 앉거나 하지도 않았다.

　한지와 함께 3년을 지낸 그의 측근들이 모두 '그가 피곤해서 하품하거나 기지개를 켜는 모습을 본 일이 없다.'고 할 정도였다. 저녁 식사가 끝나면 그는 뒤뜰을 거닐었는데 보행의 절도가 자로 잰 것처럼 언제나 일정하였다.

　아침에 그의 막료들이 문안을 오면 술을 한 잔씩 돌린 다음에는 반드시 이렇게 물었다.

　"내가 어제 한 일 가운데 무슨 잘못이 없었는가?"

"없었습니다."

하고 대답하면 그는 정색을 하고 다시 물었다.

"옛 성인(공자)의 말씀에 '세 사람이 길을 가면 그중에 반드시 나의 스승이 있다.'고 하시지 않았는가? 10여 명의 의견이 어찌 내 의견과 똑같을 것인가? 그대들은 기탄없이 말하라. 그 말이 옳으면 내가 그 말을 따를 것이요, 옳지 않다면 서로 다시 논의할 것이다. 그리하면 또한 깨우치는 바가 없지 않을 것이다."

그는 이와 같이 날마다 막료들에게 묻기를 상례(常例)로 하니, 여러 막료들이 모두 그의 물음에 대해 미리 답변을 준비해 가지고 들어가서 자기 의견을 개진하였다. 그는 막료의 말이 '과연 옳다.'고 생각되면 비록 사안(事案)이 중대하여 변경하기 어려운 것이라도 자신의 의견을 버리고 막료의 말을 따랐다.

그가 관직에 있으면서 아랫사람의 의견을 두루 수렴한 것은 '천하의 일은 한 사람이 독단으로 할 수 있는 것이 아니다.'라는 것이 그의 소신이기 때문이었다.

한지(韓祉, 1675~?) 조선 후기의 문신. 본관은 청주(淸州), 자는 서보(錫甫), 호는 월악(月嶽)이다. 1705년(숙종 31) 증광문과에 을과로 급제하여 수찬·부교리·충청도관찰사·의주부윤 등을 역임하였다. 청렴결백하고 문장에 뛰어났으며, 저서로는 《월악서소(月嶽書疏)》가 있다.

사관의 본분은 시사를 기록하는 것

김과(金科)
《국조보감(國朝寶鑑)》

조선의 제3대 왕인 태종(太宗)이 승지(承旨) 다섯 명과 시독관(侍讀官) 김과(金科)와 함께 모인 자리에서 이렇게 물었다.

"사관이 전일에 내가 사냥하는 곳까지 따라온 적이 있었다. 사관이 어찌 내 사냥길까지 따라다니는가?"

태종의 물음에 승지들이 입을 모아 아뢰었다.

"사관의 직책은 시사(時事)를 기록하는 것이 그 본분입니다. 그러하오니 임금님의 거동을 어찌 기록하지 않을 수 있겠습니까?"

그러자 김과가 앞으로 한 걸음 나아가서 이렇게 힘주어 아뢰었다.

"인군(人君)은 구중궁궐 속에 계시니, 날로 경계심(警戒心)이 풀리고 나태심(懶怠心)이 생기는 것을 막을 수가 없습니다. 그러므로 인군은 하늘과 사필(史筆)을 두려워해야 하는 것입니다."

이 말을 들은 태종이 김과에게 반문하였다.

"그 이유는 어째서인가?"

이에 김과는 다음과 같이 대답하였다.

"하늘은 형상이 없으나 착한 사람에게 복을 주고 나쁜 사람에게 화를 주며, 사필(史筆)은 시정(市井)의 좋고 나쁨과 인군의 잘잘못을 곧게 써서 만세에 전하는 것이니, 이것은 그 어떤 효자(孝子)나 인자한 손자라도 부모와 할아버지의 잘못된 행실을 고칠 수가 없는 것입니다. 그러하니 어찌 두려울만한 것이 아니겠습니까."

이에 태종은 '옳구나.' 하고 수긍하였다. 김과는 다시 다음과 같이 부연 설명하였다.

"전하께서 비록 사관을 입시(入侍)하지 못하게 하시더라도 이 자리에 있는 여섯 승지가 모두 춘추관(春秋館)의 사관을 겸직하고 있어서, 전하의 일동일정(一動一靜)을 빠짐없이 기록하고 있습니다."

태종은 그때까지 그러한 사실을 모르고 승지들을 자기의 측근이라 여겨서 허물없이 대해 왔으나, 김과의 이 말을 들은 뒤로는 승지들 앞에서도 언행을 조심하게 되었다.

김과(金科, ?~?) 조선 전기의 문신.

89

행패 부리는 하인의 주인을 혼내다

전림(田霖)
《연려실기술(燃藜室記述)》

세조(世祖) 때에 전림이 포도청(捕盜廳)의 부장(部將)으로 있을 때였다. 당시 정승 홍윤성(洪允成)은 날아가는 새도 떨어뜨릴 만큼 세도(勢道)를 부리고 있었다. 따라서 홍윤성의 하인들이 아무리 행패를 부리고 날뛰어도 관에서 그들을 막지 못하였다.

어느 날 밤에 전림이 포졸(捕卒)들을 거느리고 재인암(才人巖) 옆에 매복하니, 이곳은 홍윤성의 집과 매우 가까운 곳이었다.

밤중에 홍윤성의 하인 5, 6명이 나타나 인근 민가에 행패를 부리고는 '우리는 홍 정승의 집 사람인데 감히 누가 우리를 어찌겠느냐?' 하였다.

전림은 포졸들을 지휘하여 그들을 포박하게 하고는 다음과 같이 호통을 쳤다.

"홍 정승이 어찌 너희들로 하여금 이런 행패를 부리도록 하셨겠느냐?"

날이 밝은 뒤에 전림이 이들을 끌고 홍 정승에게 찾아갔다.

"이 무리들이 대감의 세력을 믿고 함부로 날뛰고 있사온데 도적은 아닌 모양입니다. 이후로는 엄중히 단속하십시오. 대감께 누가 될까 염려됩니다."

전림이 홍윤성에게 하인 단속을 잘하라고 요구하자, 홍윤성은 크게 기뻐하며 그의 손을 잡고 치하하였다.

"이와 같은 대장부를 내 어찌 이제야 만나게 되었는가?"

그리고는 그를 천거하여 선전관(宣傳官)으로 승진시켰다.

자신의 직책을 잘 수행한 전림은 말할 것도 없거니와 일개 부장의 지적을 받고 과감하게 자신의 잘못을 고친 홍윤성 역시 훌륭하다 하겠다.

전림(田霖, ?~1509) 조선 초기의 무신. 본관은 남양(南陽), 시호는 위절(威節)이다. 무과에 급제하여 전주판관, 첨지중추부사, 전라우도 수군절도사 등을 역임하였으며, 청백리로 학문을 좋아하였다. 회령부사(會寧府使) 등 여러 차례 변장(邊將)이 되어 용맹을 드날렸으므로 야인들이 두려워하였다. 무예뿐 아니라 글도 뛰어났으나, 성격이 지나치게 엄하여 아랫사람을 많이 상하게 하여 탄핵을 받기도 하였다.

산자(山字) 관원이 행차한다

정석견(鄭碩堅)
《대동기문(大東奇聞)》

성종조(成宗祖)의 문신 정석견이 홍문관응교(弘文館應敎)로 있을 때의 일이다. 당시 홍문관에서는 관원이 공무로 행차할 때에는 다른 관아(官衙)의 호위병을 임시로 차출하는 것이 상례였다. 그래서 홍문관의 다른 관원들은 공무로 행차하게 되면 다른 관아로부터 호위병을 빌어 이들을 거느리고 기세당당하게 행차하였지만, 정석견만은 정4품의 관직에 있으면서도 그렇게 하지 않았다.

그는 하인 하나를 앞세우고 자신은 가운데 서고, 하인 하나는 그를 뒤따르게 하는 단출한 행차였다. 이를 본 사람들은 손가락질을 하면서 "저기 산자(山字) 관원이 행차한다."하고 비웃었다. 하인 두 사람의 가운데서 말을 타고 가는 그의 행차 모습이 옆에서 보면 마치 '뫼 산(山)' 자와 흡사하였기 때문이었다.

그가 그런 조롱을 받는 것을 보다 못해 그의 동료들이 그를 윽박질렀다.

"말몰이꾼 몇 명을 빌어 쓰는 것이 뭐 그리 옳지 않은 일이기에 그대가 그처럼 체면을 잃고 다닌단 말인가?"

그러나 정석견은 이렇게 반박하였다.

"호위병 몇 병을 빌리는 것은 남이 보는 앞에서 구걸하는 일이 아니겠는가? 그러나 호위병이 많다고 해도 그들은 내 등 뒤를 따르는 것이니, 나의 등 뒤에서 내가 볼 수도 없는 위세를 부리기 위해 남의 앞에서 구걸하는 일을 해야 한단 말인가? 남들에게 산자(山字) 관원이란 조롱을 받을지언정 위세를 세우기 위해 호위병을 구걸하는 일은 나는 하지 않겠네."

정석견(鄭錫堅, 1444~1500) 조선 초기의 문신. 본관은 해주(海州), 자는 자건(子健), 호는 한벽재(寒碧齋)이다. 1474년(성종 5) 식년문과에 을과로 급제하여 사간원 정언·이조좌랑·사헌부장령·이조참판 등을 역임하였다. 김종직(金宗直)·정여창(鄭汝昌) 등과 도의지교(道義之交)를 맺어 성리학을 강론하였으며, 《삼강행실(三綱行實)》을 산정(刪定)하였다. 청빈하여 전도(前導)가 없이 다니니 '산자관원(山字官員)'이라는 별명을 듣기도 하였다. 선산(善山)의 경락사(景洛祠)에 제향되었다.

자신을 조롱한 동자를 사위로 맞이하다

박원형(朴元亨) | 윤효손(尹孝孫)
《대동기문(大東奇聞)》

　　조선조 초기의 문신 윤효손(尹孝孫)은 어릴 때부터 효성이 지극하였다. 그의 아버지 윤처관(尹處寬)은 의정부(議政府)의 하급 관리인 녹사(錄事)였다.

　　어느 날 윤처관이 공무로 새벽에 정승 박원형(朴元亨)의 집에 갔는데, 그 집 문지기가 그의 명함을 보더니, '대감(박원형)이 아직 잠자리에서 일어나지 않으셨다.'면서 들여보내지 않았다.

　　박원형의 집 대문 밖에서 하루종일 기다리다가 지쳐서 집으로 돌아온 윤처관은 아들 효손에게 박 정승 집에서 모욕을 당한 얘기를 들려주었다. 그리고는 효손에게 이렇게 당부하였다.

　　"나는 학문이 부족한 탓으로 이러한 모욕을 당하는 것이다. 너는 학문에 정진하여 나처럼 남에게 업신여김을 받는 사람이 되지 않도록 해야 한다."

　　아버지의 말을 들은 효손은 아버지의 명함에다 몰래 다음과 같은 시(詩) 한 구절을 써 놓았다.

정승이 해가 높도록 단잠을 자시니	相國酣眠日正高
문 앞에 있는 녹사의 명함에 보푸라기가 이네.	門前刺紙已生毛
꿈속에서 주공(周公)을 만나거든	夢中若見周公聖
밥 뱉어내고 머리 싸매던 일 물어 보시오.	須問當年吐握勞

이 시 가운데 '밥을 뱉어내고 머리를 싸매던 일'이란 성인(聖人)으로 이름난 중국 주(周)나라의 주공이 어린 조카인 성왕(成王)을 보필하여 정사(政事)를 펼칠 적에 선비들이 집으로 찾아오면 밥을 먹다가도 입에 든 밥을 뱉어내고 달려나가 맞이했으며, 또 머리를 감다가도 젖은 머리를 그대로 싸매고 달려나가 손님을 만났다는 고사(故事)를 인용한 것이었다.

윤효손이 쓴 시는 '나라를 다스리는 정승이 늦잠을 자기 때문에 방문객이 문 앞에서 기다리게 되니, 꿈에 주공을 만나거든 주공이 정치를 어떻게 했는가 물어 보라.'는 당돌하고도 날카로운 풍자시였다.

다음 날 자기의 명함에 그런 시구(詩句)가 쓰여 있는 것을 모른 채 그 명함을 가지고 다시 박원형을 찾아간 윤처관은 문지기에게 그 명함을 내밀고 박원형을 뵙기를 청하였다. 박원형은 문지기로부터 윤처관을 불러들인 다음

"이 시는 그대가 지은 것인가?"

하고 물으면서 그 명함을 펼쳐 보았다. 영문을 몰랐던 윤처관이 자기의 명함을 살펴보니, 아들의 글씨로 시구가 적혀 있었다. 그는 하는

수 없이 그간의 일을 사실대로 고하였다.

이 말을 들은 박원형은 윤처관의 아들 효손을 자기에게 보내라고 당부하였다.

윤효손이 박원형을 찾아가서 당돌한 시구로 박원형을 꼬집은 것에 대한 사죄를 하자, 박원형은 그의 총명함과 예절 바름에 감탄하였다. 박원형은 안으로 들어가 그의 부인에게 이렇게 자랑하였다.

"오늘 내가 사윗감을 구하였소."

윤효손은 그 후 박원형의 사위가 되었으며, 벼슬길도 순탄하여 판서에까지 올랐다.

박원형(朴元亨, 1411~1469) 조선 초기의 문신. 본관은 죽산(竹山), 자는 지구(之衢), 호는 만절당(晩節堂), 시호는 문헌(文憲)이다. 1434년(세종 16) 알성문과에 을과로 급제하여 병조좌랑·도승지·영의정 등을 역임하였으며, 익대공신(翊戴功臣) 2등에 책록되고 연성부원군(延城府院君)에 봉해졌다. 성품이 청렴했고, 시문에 능했으며, 율법(律法)의 조문에 특히 뛰어났다. 또한 사체(事體)에 통달하고 전고(典故)에 밝아 명나라 사신들의 접대에는 항상 뽑혔다. 예종(睿宗)의 묘정(廟庭)에 배향되었다.

윤효손(尹孝孫, 1431~1503) 자는 유경(有慶), 호는 추계(楸溪), 본관은 남원(南原), 시호는 문효(文孝)이다. 1453년(단종 1) 문과에 급제하고 전주 부윤(全州府尹), 우참찬 등을 지냈다. 《경국대전》과 《오례의주(五禮儀註)》를 수찬하고, 세자의 복식을 정하는 등 국가의 의전을 정하는 일에 참여하였다.

말이나 살찌울 생각이나 하고 있구나

권벌(權橃)
《퇴계언행록(退溪言行錄)》

충재(沖齋) 권벌(權橃)은 중종(中宗) 때의 문신이다. 아들 권동보(權東輔)가 처음 벼슬을 하여 참봉이 되었는데, 살찐 말을 타고 다니며 허세를 부렸다. 권벌은 아들의 이러한 행실을 보고 이렇게 질책하였다.

"모름지기 벼슬길에 들어서면 백성을 구제할 마음부터 먼저 가져야 한다. 그런데 너는 말을 탄 관리로서 이제 처음 관직에 임용되어 백성을 구제할 생각보다는 네가 타고 다니는 말이나 살찌울 생각을 하고 있구나. 이래가지고서야 네가 어찌 나랏일을 다스리는 자리에 있을 수 있겠느냐."

때마침 동보는 왕의 행차에 수행해야 할 일이 있었는데, 부친의 이러한 꾸짖음을 듣자 자기 말을 버리고 남의 말을 빌어 타고 갔다.

권벌(權橃) 조선 초기의 문신. 본관은 안동(安東), 자는 중허(仲虛), 호는 충재(冲齋)·훤정(萱亭)·송정(松亭), 시호는 충정(忠定)이다. 1496년(연산군 2) 생원시에 합격하고, 1507년(중종 2) 문과에 급제하여 이조정랑·의정부 우참찬·한성부판윤·원상(院相) 등을 역임하였다. 을사사화(1545년)가 일어나 소윤(小尹) 윤원형(尹元衡)의 세력이 대윤(大尹) 윤임(尹任) 세력을 배척하자, 이에 반대하여 윤임 등을 적극 구하는 계(啓)를 올리기도 하였다. 위사공신(衛社功臣)에 책록되었고 길원군(吉原君)에 봉해졌으나, 9월 우의정 이기(李芑)와 우찬성 정순붕(鄭順朋) 등이 자기들과 논의가 다르다고 반대하여 삭훈(削勳)되었다. 독서를 좋아하여 〈자경편(自警篇)〉과 《근사록(近思錄)》을 항상 품속에 지니고 다녔다고 하며, 저서로는 《충재문집(冲齋文集)》이 있다.

내 마음속 도둑과 싸우고 있었다

허조(許稠)
《정암집(靜菴集)》

정암(靜庵) 조광조(趙光祖)의 문집인 《정암집(靜菴集)》에 다음과 같은 기록이 있다.

정승 허조(許稠)가 어느 날 밤에 조용히 책상 앞에 앉아 있는데, 밤중에 도둑이 방으로 들어왔다. 허조는 진흙으로 빚은 소상(塑像)처럼 가만히 눈을 감고 앉아 있었다.

도둑이 간 뒤에 집안 식구들이 그것을 알고 원망하자, 허조는 이렇게 대답하였다.

"그보다 더한 도둑이 내 마음속에 들어왔으므로 나는 그 도둑과 싸우고 있었으니, 어느 겨를에 몸 밖의 도둑을 경계할 수 있었겠는가?"

예전 선비들의 극기(克己) 공부가 이와 같이 독실하였다.

극기 공부란 자신의 사사로운 욕심이나 생각을 극복하는 것을 말한다. 공자는 일찍이 제자 안연(顔淵)에게 "자신의 사사로움을 극복하여 예로 돌아가는 것[克己復禮]이 인(仁)을 행하는 방법이다." 하셨다.

허조(許稠, 1369~1439) 조선 초기의 문신. 본관은 하양(河陽), 자는 중통(仲通), 호는 경암(敬菴), 시호는 문경(文敬)이다. 1390년(공양왕 2) 식년문과에 급제하여 예문관제학·예조판서·우의정 등을 역임하였다. 《소학(小學)》과 《중용(中庸)》을 즐겨 읽었고 효행이 지극했으며, 강직한 성품을 지녔다. 세종 때에는 예조판서·이조판서 등을 지내며 1422년(세종 4) 《신속육전(新續六典)》의 편수에 참가하였다. 1438년 우의정을 거쳐 이듬해 좌의정을 지냈다. 청백리로도 명망이 있었다. 세종의 묘정(廟庭)에 배향되었다.

집에 혼자 있을 때에도 예복을 갖춰 입었다

홍인우(洪仁祐)
《해동소학(海東小學)》

홍인우는 명종(明宗) 때의 유명한 학자이다.

그는 집에 조용히 혼자 있을 때에도 예복(禮服)을 단정하게 갖추어 입고 위엄을 가다듬었다. 그의 아내가 그러한 그에게 물었다.

"어찌하여 혼자 앉아 계시면서도 그처럼 경건한 태도를 잃지 않고 계십니까?"

이에 그는 이렇게 대답하였다.

"위에서는 하늘이 내려다보고 아래에서는 땅이 내 몸을 받치고 어두운 곳에서는 귀신이 보고 있소. 그리고 곁에는 처자(妻子)가 지켜보고 있으니, 내 어찌 스스로 경건한 태도를 가지지 않을 수 있겠소?"

홍인우(洪仁祐) 조선 전기의 성리학자. 본관은 남양(南陽), 자는 응길(應吉), 호는 치재(恥齋)이다. 서경덕(徐敬德)과 이황(李滉)의 문인. 1537년(중종 31) 부친의 권유로 사마시에 합격하였으나 벼슬에 뜻이 없어 대과(大科)를 단념하고 학문에만

정진하였다. 《심경(心經)》·《근사록》·《중용》·《대학(大學)》에 전심하였으며, 성리학에 조예가 깊어 당시 명인들과 강마하고 논란하였다. 뒤에 영의정에 추증되었고, 여주의 기천서원(沂川書院)에 배향되었다. 저서로는 《치재집(恥齋集)》 2권과 《관동일록(關東日錄)》이 있다.

남의 장단점을 꼬집어 말하지 않았다

상진(尙震)
《해동소학(海東小學)》

조선조 명종(明宗) 때에 정승을 지낸 상진이 어느 지방의 들을 지나가는데, 한 늙은 농부가 소 두 마리로 밭을 갈고 있었다. 상진은 그 농부에게 물었다.

"그 두 마리의 소 중에 어느 놈이 일을 더 잘합니까?"

그러나 그 농부는 대답을 하지 않았다. 그가 두세 번 더 물어도 끝내 대답하지 않았으므로 그는 매우 이상하게 여기면서 발길을 돌렸다. 그가 한참 걸어가는데, 그 농부가 쫓아와서 가만히 속삭였다.

"조금 전에 일하는 소의 장단점을 물으셨을 때에 제가 대답히지 않은 것은, 저 두 마리의 소를 내 집에서 부린 지가 오래기 때문에 차마 그놈들이 듣는 앞에서 분명히 말씀드릴 수가 없었던 것입니다. 실은 어린 놈이 더 일을 잘합니다."

이 말을 들은 상진은 그 농부에게 사례하면서 "노인장께서 나에게 큰 가르침을 주셨습니다." 하였다.

그 뒤로 그는 평생토록 남의 옳고 그른 장단점을 꼬집어 말하지 않았다.

위의 내용은 박재형(朴在馨)이 펴낸 《해동소학》을 근거하여 상진(尙震)의 고사로 인용한 것이다. 그러나 뒤에 국가의 기록인 《일성록(日省錄)》에서 정조 22년(1798) 1월 17일의 기록을 보니, 정조(正祖) 임금과 영의정 채제공(蔡濟恭)이 대화한 내용에 황희 정승에 대한 다른 고사가 있으므로 이것을 함께 소개한다.

내(정조)가 이르기를,

"황익성(黃翼成)은 대신(大臣)이었는데 두 마리 소의 우열(優劣)을 비교한 이야기가 있었다. 모든 일을 어찌 박절하게 할 수 있겠는가."

하니, 채제공이 아뢰기를,

"익성공(翼成公) 황희(黃喜)가 농부에게 두 마리의 소 중에 어느 소가 더 낫냐고 묻자 그가 대답하지 않은 일은 《국조명신록(國朝名臣錄)》에 올라 있으니, 이는 실로 후덕한 것입니다. 하지만 조정 일의 체모는 시비를 바로잡고 출척(黜陟)을 분명히 하는 것을 위주로 해야 합니다. 만약 익성공이 의정부에 있으면서 또한 두 마리 소의 우열을 가리지 않는 소신을 가지고 행한다면 어진 자와 불초(不肖)한 자가 뒤섞여 등용될 것이니 어찌 명상(名相)의 사업을 해낼 수 있겠습니까."

그리고 《송와잡설(松窩雜說)》에는 다음과 같은 내용이 더 자세하게 추가되어있다.

익성공 황희는 고려 말기에 적성 훈도(積城訓導)로 있었다. 적성에서 송경(松京)으로 가다가, 길에서 한 노옹(老翁; 노인장)을 만났다. 노옹은 누렁소와 검정소 두 마리를 이끌고 밭을 갈다가 방금 쟁기를 벗기고 숲 밑에서 쉬던 참이었다. 익성공도 또한 그 곁에서 말을 쉬게 하고, 노옹과 서로 말을 나누게 되었다. 익성공은,

"노옹의 두 마리 소가 모두 살지고 크며 건장합니다. 밭 가는 힘에는 우열이 없습니까?"

하고 물었다. 노옹은 옆으로 와서 귀에다 대고 낮은 말소리로,

"어떤 색의 소가 낫고 어떤 색의 소가 못하오."

라고 말하였다. 공이,

"노옹은 어찌 소를 두려워하여 이처럼 가만히 말하오."

하니, 노옹은,

"그대가 나이 젊어서 문견이 별로 없구려! 짐승이 비록 사람의 말을 알아듣지 못하지만, 사람의 말의 좋고 나쁨은 모두 알아듣는다오. 만약 제가 못나서 남만 못하다는 말을 듣는다면 마음에 불평스러운 것이 어찌 사람과 다르겠소? 그대가 나이가 젊어서 문견이 별로 없구려!"

하였다. 익성공은 이 말을 듣고 놀라움을 금치 못하였다. 익성공의 평생에 겸후(謙厚)한 도량은 이 노옹의 한 마디 말에서 얻은 것이었다.

고려가 망하려 하자, 군자(君子)로서 숨어 농사일을 하는 사람이 많았는데, 노옹도 그 중의 한 사람이었다.

상진(尙震, 1493~1564) 조선 전기의 문신. 본관은 목천(木川), 자는 기부(起夫), 호는 송현(松峴)·향일당(嚮日堂)·범허재(泛虛齋), 시호는 성안(成安)이다. 1519년 별시문과에 병과로 급제하여 형조판서, 이조판서, 영의정 등을 역임하였다. 청렴하고 관후자인(寬厚慈仁)한 명상(名相)으로서 조야(朝野)의 신망이 두터웠으나, 만년에는 윤원형(尹元衡), 이기(李芑) 등 소윤(小尹) 일파와 어울려 사림의 지탄을 받기도 하였다.

지나친 예우를 피하다

이황(李滉)
《해동소학(海東小學)》

 선조(宣祖)는 이퇴계(李退溪)를 극진히 예우하였다. 그러나 퇴계는 조정에 나가 정사를 돌보는 일이 매우 드물었고, 조정에 나가게 되더라도 바로 관직을 사양하고 고향인 예안(禮安)으로 돌아갔다. 어떤 사람이 그에게 물었다.

 "주상께서 공을 예우하는 것이 촉한(蜀漢)의 소열제[昭烈帝; 유비(劉備)]가 제갈량(諸葛亮)을 대우하는 것과 다름이 없는데, 어찌하여 주상을 가까이에서 오래 모시지 않습니까?"

 이에 퇴계는 다음과 같이 대답하였다.

 "옛적의 요(堯) 임금과 순(舜) 임금 사이는 친밀하기가 세상에 다시 없는 그런 사이였다. 그러나 국사를 결정할 때에는 그들 사이에 가부(可否)의 의견 차이가 있었고, 그렇게 해서 가장 좋은 의견을 채택하였다. 그런데 지금 주상께서는 이 늙은이의 말이라면 가부(可否)를 묻지 않고 무조건 모두 시행하려고 하시니, 그래서 감히 주상 곁에 오래 머물러 있지 못하는 것이다."

이황(李滉, 1501~1570) 조선 중기의 문신·학자. 본관은 진보(眞寶), 자는 경호(景浩), 호는 퇴계(退溪)·퇴도(退陶)·도수(陶叟), 시호는 문순(文純)이다. 1534년 문과에 급제하였으나 을사사화 이후 관직을 사퇴하고 고향에 은거하여 학자의 삶을 살았다. 명유(名儒)들과 토론하고 《주자대전(朱子大全)》 등 주자학(朱子學) 관련 서적을 주해·편찬하고 후진들을 양성하여 영남학파(嶺南學派) 및 친영남학파를 포괄한 거대한 학파를 형성하였다. 68세에 〈무진육조소(戊辰六條疏)〉와 《성학십도(聖學十圖)》를 써서 선조(宣祖)에게 바쳤다. 사후 그를 기리는 서원을 지어 도산서원(陶山書院) 사액을 받고 위패를 모셨으며, 문묘(文廟)에 종사(從祀)되었다.

97

욕설하는 여인을 내쫓지 않다

이항복(李恒福)
《연려실기술(燃藜室記述)》

선조(宣祖) 때에 정승을 지낸 백사(白沙) 이항복이 조회를 마치고 집으로 돌아가는 길이었다. 한 여인이 그가 탄 말 앞으로 가로질러 지나갔다. 그러자 길을 인도하던 하인이 그 여인을 꾸짖으며 밀치는 바람에 그 여인이 땅에 넘어지고 말았다. 이항복은 집으로 돌아와 하인을 엄하게 꾸짖었다.

"내가 정승의 자리에 있으니, 비록 한 사람이라도 백성이 잘못되는 일이 있으면 그것은 나의 죄이다. 길가는 사람을 밀쳐 땅에 넘어지게 한 것은 참으로 잘못된 행위이다. 너희들은 앞으로 그런 일이 없도록 조심하여라."

잠시 후에 그 여인이 쫓아와 집 앞 언덕에 올라가서 발악하며 큰 소리로 욕설을 퍼부었다.

"머리가 허연 늙은이가 종들을 풀어놓아 행패를 부려 길 가는 사람을 넘어지게 했으니, 네가 정승이 되어 국사를 위해 한 일이 무엇이

기에 그렇게 위세를 부리느냐?"

이항복은 못들은 척하고 하인들도 집 밖으로 머리를 내밀지 못하게 하였다.

마침 그 자리에 손님이 있다가 그 소리를 듣고 해괴하게 생각하여 이항복에게 물었다.

"저 여인이 도대체 누구를 보고 저런 욕설을 하는 것입니까?"

이항복이 껄껄 웃고는

"머리가 허연 늙은이라면 내가 아니고 누구겠소?"

하였다. 그 손님은 더욱 의아해 하며 이렇게 물었다.

"그렇다면 어찌하여 저 여인을 내몰아 쫓아 버리지 않고 저렇게 함부로 욕설을 지껄이도록 내버려 두십니까?"

이에 이항복은 이렇게 대답하였다.

"내가 먼저 잘못을 저질렀으니, 저 여인이 화가 나서 욕하는 것은 당연하지 않소? 나에게 마음대로 욕을 해서 분을 풀고 가도록 내버려 두겠소."

이 말을 전해들은 사람들은 모두 '이(李) 정승은 참으로 도량이 크시구나' 하고 감탄하였다.

이항복(李恒福, 1556~1618) 조선 중기의 문신. 본관은 경주(慶州), 자는 자상(子常), 호는 필운(弼雲)·백사(白沙)·동강(東岡), 시호는 문충(文忠)으로 율곡 이이의 문인이다. 1580년(선조 13) 알성문과에 병과로 급제하여 이조판서, 예문관 대제학, 우의정, 영의정 등을 역임하였다. 정여립(鄭汝立)의 모반사건을 처리한 공로로 평난공신(平難功臣) 3등에 녹훈되었고, 임진왜란 때 선조(宣祖)와 왕비를 호종했고 세자의 분조(分朝)를 보필하여 군무를 맡았으며, 능란한 외교 솜씨로 명(明)나라의 원군 파병(援軍派兵)과 양국 사이의 여러 문제를 조정하고 오성부원군(鰲城

府院君)에 봉해졌다. 사후에 포천(抱川)과 북청(北靑)에 사당을 세워 제향했으며, 1659년(효종 10)에는 화산서원(花山書院)이라는 사액(賜額)이 내려졌다. 저서로는 《사례훈몽(四禮訓蒙)》 1권과 《주소계의(奏疏啓議)》 각 2권, 《노사영언(魯史零言)》 15권과 시문 등이 있다. 한음(漢陰) 이덕형(李德馨)과의 돈독한 우정으로 오성(鰲城)과 한음(漢陰)의 일화가 오랫동안 전해오게 되었다.

황소의 지둔(遲鈍)함을 가르쳐 주다

조식(曺植) | 정탁(鄭琢)
《연려실기술(燃藜室記述)》

선조(宣祖) 때에 정승을 지낸 약포(藥圃) 정탁은 그의 제자들에게 이런 말을 하였다.

"내가 젊었을 때에 남명(南冥) 조식(曺植) 선생을 뵈었는데, 작별할 때에 선생이 갑자기 하시는 말씀이 '내 집에 소 한 마리가 있으니, 자네가 끌고 가게.' 하셨다.

내가 그 말씀이 무슨 뜻인지 알지 못하여 어리둥절해 하니, 선생은 웃으시며 '자네의 언사(言辭)와 의기가 너무 민첩하고 날카로우니 날랜 말이 넘어지기 쉬운 법, 더디고 둔한 것을 택하여야 비로소 멀리 갈 수 있을 것이므로 내가 소를 주는 것일세.' 하셨다.

지금 내가 수십 년을 다행히도 큰 과오 없이 지낸 것은 선생의 가르침을 따랐기 때문이다."

정탁은 임진왜란의 위기를 맞아 정승의 지위에 있으면서 국사를 잘 처리하였다.

조식(曺植, 1501~1572) 조선 중기의 학자. 본관은 창녕(昌寧), 자는 건중(楗仲), 호는 남명(南冥)이다. 과거(科擧)에 실패한 후 처사(處士)로 살면서 학문연구에 전념하였다. 학자로서 명망이 높아지면서 수차례 관직 천거가 있었으나 응하지 않았다. 대신 척신[戚臣; 윤원형(尹元衡)]정치의 폐단과 비리를 통절히 비판하고 시정을 요구하는 상소를 올려 정치에 대한 견해를 피력했다. 정인홍(鄭仁弘)·최영경(崔永慶)·정구(鄭逑)로 대표되는 그의 문인들은 남명학파(南冥學派)를 이루어 북인(北人)의 주축이 되었고, 실천을 강조하는 그의 학문적 특징을 현실 정치에서 구현하며 투철한 선비정신을 보여주었다. 사후 바로 대사간에 추증되고 1615년(광해군 7) 영의정으로 증직되었으며, 진주의 덕천서원(德川書院), 김해의 신산서원(新山書院), 삼가(三嘉)의 용암서원(龍巖書院) 등에 제향되었다. 저서로는 《남명집(南冥集)》·《남명학기유편(南冥學記類編)》·《파한잡기(破閑雜記)》 등이 있다.

정탁(鄭琢, 1526~1605) 자는 자정(子精), 호는 약포(藥圃)·백곡(柏谷), 본관은 청주(淸州), 시호는 정간(貞簡)이다. 조식(曺植)과 이황(李滉)의 문인이다. 1558년(명종13) 식년 문과에 급제하고 좌의정 등을 지냈으며, 호종공신(扈從功臣) 3등으로 서원부원군(西原府院君)에 봉해졌다. 경사(經史)·천문·지리·상수(象數)·병법 등 다방면에 능통했다. 저서로 《약포집》이 있고, 예천의 도정서원(道正書院)에 제향되었다.

99

잘못을 인정할 줄 아는 윗사람

유성룡(柳成龍)
《어우야담(於于野談)》

　서애(西厓) 유성룡이 도체찰사(都體察使)로 있을 때였다. 유성룡은 여러 고을에 공문을 보낼 일이 있어 역리(驛吏)에게 그 문서를 보내게 하였다. 그런 뒤 3일에 그 공문의 내용을 수정할 일이 있어서 역리를 불렀더니, 역리가 그 문서를 그때까지 발송하지 않고 그냥 가지고 있었다.

　유성룡은 그 역리를 꾸짖었다.

　"내가 그 문서를 발송하라고 한 지가 3일이나 되었는데 아직도 발송하지 않았단 말이냐?"

　역리가 아무렇지도 않은 일인 듯이 대답하였다.

　"속담에 '조정공사(朝廷公事) 3일'이라는 말이 있기에 소인 생각으로는 3일이 되면 다시 고칠 줄 알고 그 문서를 여태까지 발송시키지 않았던 것입니다. 대감께서도 3일에 다시 고치시려 하지 않으십니까?"

　유성룡은 화가 났으나, 그 역리를 벌주지 않고 자기 자신을 책망하였다.

"네 말이 맞다. '조정공사 3일'이라는 말을 듣게 한 내가 잘못이다."

유성룡(柳成龍, 1542~1607) 조선 중기의 문신. 본관은 풍산(豊山), 자는 이현(而見), 호는 서애(西厓), 시호는 문충(文忠)이다. 1566년(명종 21) 별시문과에 병과로 급제하여 병조좌랑·대사간·병조판서·영의정 등을 역임하였다. 광국공신(光國功臣) 3등에 녹훈되고 풍원부원군(豊原府院君)에 봉해졌으며, 학문(學問)·문장(文章)·글씨로 이름을 떨쳤고, 특히 영남 유생들의 추앙을 받았다. 저서로는 《서애집(西厓集)》,《징비록(懲毖錄)》,《신종록(愼終錄)》 등이 있다.

친구의 부친을 처벌할 것을 주장하다

장유(張維)
《공사견문록(公私見聞錄)》

인조(仁祖) 2년(1624)에 이괄(李适)의 난(亂)이 일어나자, 인조는 이귀(李貴)에게 임진강(臨津江)을 지키는 책임을 맡겼다. 이귀가 임진강에 도착해 보니, 이괄의 반군이 이미 임진강을 건넌 뒤였다. 그리하여 이귀의 임진강 방어가 실패로 돌아갔다고 조정에 보고되자, 홍문관부제학(弘文館副提學)인 장유(張維)가 사간원사간(司諫院司諫) 오숙(吳翽)과 함께 인조에게 상소하여 이귀에게 '행군률(行軍律)'의 죄를 적용하여 엄하게 치죄(治罪)할 것을 강력히 주장하였다.

행군률이란 군법(軍法)으로 엄하게 처벌하는 것이다. 그러나 왕은 '패전의 책임이 이귀의 잘못에 있지 않다.' 하여 이귀를 군법으로 다스리지는 않았다.

이귀를 군법으로 다스려야 한다고 주장한 장유는 이귀의 아들 이시백(李時白)과 동문수학(同門修學)한 친구지간으로서 그들의 정의는 혈육을 나눈 형제와 같았다. 그럼에도 그는 친구의 부친인 이귀가 패전의 책임을 져야 한다고 주장했던 것이다.

장유로부터 논죄(論罪)를 받은 이귀는 아들 이시백을 불러 이렇게 당부하였다.

"내가 시기를 놓쳐 임진강에서 역도(逆徒)들을 막지 못했으니, 나에게 부여된 임무로 보아 군법에 따라 처벌을 받아야 마땅한 일이다. 장유가 나를 처벌하여야 한다고 주장한 것은 조정의 신하로서 당연히 그래야 하는 것이다. 너는 장유가 나에게 그렇게 대했다고 해서 그를 탓하거나 원망하여서는 안 된다. 너희들의 우정은 변함이 없어야 한다."

장유(張維) 조선 중기의 문신. 본관은 덕수(德水), 자는 지국(持國), 호는 계곡(谿谷)·묵소(默所), 시호는 문충(文忠)이다. 1609년(광해군 1) 증광문과에 을과로 급제하여 대사간·이조참판·이조판서 등을 역임하였다. 1623년 인조반정에 가담해 정사공신(靖社功臣) 2등에 녹훈되었다. 천문(天文)·지리·의술·병서·서화 등 각종 학문에 능통했고, 특히 문장에 뛰어나 이정귀(李廷龜)·신흠(申欽)·이식(李植) 등과 함께 조선 문학의 사대가(四大家)라는 칭호를 받았다. 저서로는 《계곡만필(谿谷漫筆)》,《계곡집(谿谷集)》 등이 있다.

참되게 이끌고 계신가를 근심하소서

이시백(李時白)
《해동소학(海東小學)》

　인조(仁祖)가 세자(世子)와 함께 어수당(魚水堂)에 잔치를 베풀고 이시백 등 중신(重臣) 몇 사람을 초청하였다. 왕은 친히 술잔을 들어 중신들에게 권하여 마시게 하고, 세자를 돌아보며, "세자도 잔을 들어 권하라." 하였다.

　그리고 왕은 이시백에게 묻기를 "요즘 신료(臣僚; 중신)들이 나랏일에 정성을 다하지 않는 일은 없는가?" 하고 물었다.

　이에 이시백은 이렇게 대답하였다.

　"전하께서는 신료들이 나랏일에 정성을 다하지 않는가를 근심하지 마시고, 전하께서 거룩한 마음으로 신료들을 참되게 이끌고 계신가를 근심하소서."

　위에서 말한 '어수당'은 군주가 훌륭한 신하를 만나 기뻐함을 이른다. 후한(後漢) 말 유비(劉備)는 먼 황족(皇族)으로서 망해가는 나라를 구원하려 하였으나 군웅(群雄)이 할거하는 상태에서 뾰족한 계책이 없었다. 책사(策士)인 서서(徐庶)가 어머니 봉양을 위해 떠나가면서 제갈공명[諸葛孔明; 제갈량(諸葛亮)]과 방사원[龐士元; 방통(龐統)]을 천거하자, 융중(隆中)으로 찾아가 삼고초려(三顧草廬)한 끝에 공명을 만나 삼분천하(三分天下)의 계책을 듣고 몹시 기뻐하여 그의 곁을 떠나지 않았다.

이에 유비와 의형제간이며 무장인 관우(關羽)와 장비(張飛)가 불만을 터뜨리자, 유비가 '나에게 공명이 있음은 물고기에게 물이 있는 것과 같다.[孤之有孔明, 猶魚之有水也.]'라고 말한 데서 유래하였다.

이시백(李時白, 1581~1660) 조선 중기의 문신. 본관은 연안(延安), 자는 돈시(敦詩), 호는 조암(釣巖), 시호는 충익(忠翼)으로 이귀(李貴)의 아들이고 김장생(金長生)의 문인이다. 1623년 유생으로 인조반정에 공을 세워 정사공신 2등으로 가선대부(嘉善大夫)에 오르고 연양군(延陽君)에 봉해졌으며, 이조참판·우의정·영의정 등을 역임하였다. 일곱 번이나 판서를 역임하였고 영의정에까지 올랐으나, 청빈해 빈한(貧寒)한 선비와 같았다 한다. 이괄(李适)의 난, 정묘호란, 병자호란 등 나라의 위기 때마다 공을 세웠다. 병자호란의 수습, 대동법(大同法) 실시 등으로 사회 안정에 공헌하였다.

기와집에는 이 물건이 맞지 않을 것이다

조속(趙涑)
《목민심서(牧民心書)》

조선 중기의 시(詩)·서(書)·화(畫) 삼절(三絶)로 유명한 조속이 임피현령(臨陂縣令)으로 있을 때의 일이다. 조속은 대나무 껍질로 만든 자리[竹皮席]란 뜻으로 탁단(籜團)이라는 이름을 붙이고, 이 대나무자리를 채유후(蔡裕後)에게 선물로 보내려고 하였다. 채유후의 집에 초당(草堂)이 있어 대나무자리를 그 초당에 깔도록 하기 위해서였다.

그러나 채유후가 그 초당의 지붕을 기와로 바꾸었다는 소식을 듣게 되었다. 그러자 조속은 "기와집에는 이 물건이 걸맞지 않을 것이다." 하고 그 대나무자리를 보내지 않았다.

채유후는 이 말을 듣고는 깊이 탄식하였다.

"아뿔싸, 내가 초당의 지붕을 기와지붕으로 바꾸지 말았어야 했구나. 초당에는 초가지붕이 제격인 것을…"

모든 일은 분수에 맞아야 한다. 무조건 화려하고 오래가는 것이 좋은 것만은 아니다. 그래서 다산(茶山) 정약용(丁若鏞)의 다산초당이 유명한 것이다.

조속(趙涑, 1595~1668) 조선 중기의 학자·서화가. 본관은 풍양(豊壤), 자는 희온(希溫)·경온(景溫), 호는 창강(滄江)·취옹(醉翁) 등이다. 인조반정에 크게 공로를 세웠으나, 공훈을 사양하였다. 저서로는 《창강일기(滄江日記)》가 있으며 광주(廣州)의 수곡서원(秀谷書院), 과천의 호계서원(虎溪書院), 서천(舒川)의 건암서원(建巖書院), 김제(金堤)의 백석사(白石祠)에 제향되었다. 청빈한 삶으로 이름이 났는데, 때로는 끼니를 걸러야 할 정도로 가난하였으나 개의하지 않았다. 시(詩)·서(書)·화(畫)에 뛰어나 '삼절(三絕)'로 일컬어졌고 고금의 명화와 명필을 수집, 완상하는 것을 유일한 낙으로 삼았다고 한다.

갈모를 돌려주지 않은 사람을 파직시키다

정홍순(鄭弘淳)
《대동기문(大東奇聞)》

정홍순은 정조(正祖) 때의 명신이었다.

그가 젊은 시절 동대문(東大門) 밖에서 동구릉(東九陵)을 다녀오는 영조(英祖)의 행차를 구경하다가 비를 만나 갈모[笠帽]를 꺼내 썼다. 이때 옆에 있던 한 젊은이가 갈모가 없어 비를 맞는 것을 보고는 예비로 가지고 있던 갈모를 그에게 빌려 주었다. 두 사람이 헤어질 때까지도 비가 개지 않자 그 젊은이는 다음 날 갈모를 돌려주기로 하고 헤어졌다.

그 이튿날 비가 개었는데도 그 젊은이는 갈모를 가져 오지 않았다. 정홍순은 그 젊은이를 찾아가서 갈모를 돌려 받으려고 했으나 그가 일부러 회피하여 갈모를 돌려받지 못한 채 돌아오고 말았다.

그 후 20년이 지나서 정홍순이 호조판서(戶曹判書)가 되었을 때에 새로 임명된 좌랑(佐郞) 한 사람이 인사차 그를 찾아왔다. 정홍순이 자세히 보니 옛날 자기 갈모를 빌려 갔던 사람이었다. 정홍순이 기억

을 더듬어

"자네 나에게 빚진 게 없는가? 옛날 동구릉에서 자네가 내 갈모를 빌려 갔는데 그것을 기억 못하겠나?"

하고 물었다. 그 사람은 깜짝 놀라 정홍순을 바라보고는 머리를 숙이며

"죄송하기 그지없사옵니다."

하고 사죄를 하였다. 정홍순은 그의 말을 가로막았다.

"갈모는 하찮은 것이네. 그러나 하찮은 것이라 해서 남의 물건을 빌려간 뒤에 돌려주지 않아서야 되는가? 그렇게 신의 없는 사람이 어찌 나랏일을 맡을 수 있겠는가? 자네가 좌랑이 된 것은 뭔가 잘못된 것 같으니 돌아가서 기다리게."

정홍순은 그 사람을 돌려보낸 즉시 상소하여 그를 파직시키고 말았다.

정홍순(鄭弘淳, 1720~1784) 조선 후기의 문신. 본관은 동래(東萊), 자는 의중(毅仲), 호는 호동(瓠東)이며, 시호는 정민(靖敏)이었다가 뒤에 충헌(忠憲)으로 개시(改諡)되었다. 1745년(영조 21) 정시문과에 병과로 급제하여 이조정랑·호조판서·우의정 등을 역임하였다. 특히 호조판서로 10년간 재직하면서 재정 문제에 재능을 발휘하여 당대 제일의 재정관으로 손꼽혔다.

자네야말로 나의 스승이로다

김굉필(金宏弼) | 조광조(趙光祖)
《동언당법(東言當法)》

성종(成宗) 때의 대학자인 한훤당(寒暄堂) 김굉필이 서울에 머물고 있을 때의 일이다. 그가 꿩을 한 마리 구하여 말려서 고향의 어머니에게 보내 드리려고 하였는데, 꿩을 말리던 중에 고양이가 그것을 물고 가버렸다. 김굉필은 크게 노하여 꿩을 지키던 하인을 꾸짖었다.

이때 그의 문하생인 조광조가 스승의 앞으로 나와서 공손히 아뢰었다.

"어버이를 봉양하려는 정성이 이루어지지 못하게 되었사오나, 군자의 말씨가 너무 과격해서는 안 되는 줄로 아옵니다."

이에 김굉필은 조광조의 손을 덥석 잡고는

"내가 화를 내고 곧 뉘우쳤는데, 자네가 그 말을 하니 부끄럽기 짝이 없노라. 자네의 말이 내 등골에 식은땀이 흐르게 하는구려. 자네야말로 나의 스승이로다."

하고 크게 뉘우쳤다. 이때 조광조의 나이가 겨우 17세였다.

김굉필(金宏弼, 1454~1504) 자는 대유(大猷), 호는 한훤당(寒暄堂), 본관은 서흥(瑞興)이다. 김종직(金宗直)의 문하에서 《소학》을 읽고 스스로 '소학동자'라고 일컬었다. 1480년(성종 11) 사마시에 합격하여 감찰 등을 지냈으며, 1498년(연산군 4) 무오사화 때 희천(熙川)에 유배되고 다시 순천으로 이배되었다가 1504년(연산군 10) 갑자사화 때 사사(賜死)되었다. 시호는 문경(文敬)이다.

조광조(趙光祖, 1482~1519) 조선 전기의 문신·학자. 본관은 한양(漢陽), 자는 효직(孝直), 호는 정암(靜菴), 시호는 문정(文正)이다. 1515년(중종 10) 별시문과에 을과로 급제하여 홍문관부제학·대사헌 등을 역임하였다. 17세 때 어천찰방(魚川察訪)으로 부임하는 아버지를 따라가, 무오사화(戊午士禍)로 화를 입고 희천(熙川)에 유배 중이던 김굉필(金宏弼)에게 수학하였으며 성리학 연구에 힘써 김종직(金宗直)의 학통을 이은 사림파(士林派)의 영수가 되었다. 유교로써 정치와 교화의 근본을 삼아야 한다는 지치주의(至治主義)에 입각한 왕도정치의 실현을 역설하였으나 개혁정치에 반감을 품은 남곤(南袞), 심정(沈貞) 등의 무고로 기묘사화(己卯士禍)가 일어나 유배에 이어 사사(賜死)되었다. 문묘에 종사(從祀)되었다.

오만함도 좋지 않지만 비굴함도 좋지 않다

맹사성(孟思誠)
《대동야승(大東野乘)》

세종(世宗) 때의 명재상인 맹사성(孟思誠)이 상복(喪服) 차림으로 길을 가다가 비를 만나 길가의 누각(樓閣)에 올라가 쉰 적이 있었다. 이때 누각에 먼저 올라와 있던 황의헌(黃義軒)이라는 선비가 뒷짐을 지고 현판에 새겨져 있는 시(詩)들을 입으로 읊어 보고는 오만한 태도로 맹사성을 돌아보면서 물었다.

"노인은 내가 이 시들을 읽어 보면서 느끼는 흥취를 알겠소?"

맹사성은 짐짓 아무것도 모른다는 듯이 대꾸하였다.

"아무것도 모르는 늙은 시골뜨기가 무엇을 알겠습니까? 이 시들에 무슨 내용이 담겨 있습니까?"

그러자, 그 선비는 더욱 도도해졌다.

"이것은 바로 선현(先賢)들이 이 강산(江山)의 뛰어난 경치를 묘사한 것이오. 정말 살아있는 한 폭의 그림과 같은 시들이오."

맹사성은 "좋은 것을 가르쳐 주셔서 감사합니다." 하고 사의를 표하였다.

 잠시 후, 맹사성의 하인들이 뒤따라와 그를 모시게 되자, 그 선비가 하인들에게 물었다.

 "주인이 누구시냐?"

 하인이 맹고불(孟古佛) 대감이라고 말하였다. 고불은 맹사성의 호였다. 그제서야 선비는 그 노인이 맹사성인 것을 알고는 간곡히 사죄하였다. 이에 맹사성은 이렇게 타일렀다.

 "사람은 귀천(貴賤)에 관계없이 마음속에 지닌 의지가 가장 소중한 것이오. 그대는 사람을 대할 때에 오만한 기질이 있었소. 그것은 그대의 마음속에 범상하지 않은 뜻이 담겨 있었기 때문일 것이오. 그렇다면 그런 뜻을 굽히지 않아야 할 것이 아니겠소? 조금 전에는 그대가 그렇게 도도하더니, 지금에 와서 이렇게 비굴하다니, 그대답지 않은 일이오. 오만도 좋지 않은 것이나, 비굴함 또한 좋지 않은 것이오."

106

내가 이 자리에 있는 건
결코 우연이 아니었구나

김우항(金宇杭)
《대동기문(大東奇聞)》

숙종(肅宗) 때에 우의정을 지낸 김우항은 성품이 너그러웠다. 그가 휘릉(徽陵; 인조의 계비 장렬왕후의 능)의 별검(別檢)으로 있을 때의 일이다.

어느 날, 참봉(參奉)으로 있는 권씨(權氏)가 능 구역 안에서 나무를 하던 총각을 붙잡았다.

"네 이놈, 이곳이 어딘 줄 알고 감히 들어와 나무를 베느냐? 곤장을 맞아야겠다."

김우항이 옆에서 보니, 20세쯤 되어 보이는 총각이 얼굴은 잘생겼으나 옷이 매우 남루한 것으로 보아 집이 가난한 것 같았다. 권 참봉이 그 총각의 지게와 도끼를 뺏은 다음 매를 때릴 준비를 하자, 총각이 울면서 용서를 빌었다.

"참봉 나으리, 제발 한 번만 용서해 주십시오. 이번이 처음입니다. 저는 늙으신 홀어머니를 모시고 곧 시집갈 누이와 함께 살고 있습니다. 먹고 살 길이 없어 나무를 해다 끼니를 잇고 있는데, 제가 매를 맞고 움직이지 못하면 우리 어머니와 누이는 굶어 죽는 수밖에 다른 도리가 없습니다."

평소에 남의 딱한 사정을 잘 돌봐준 김우항은 그 총각을 구해주고 싶어 물었다.

"네 말이 거짓이 아니렷다."

"예, 정말입니다. 저의 집에 가셔서 직접 알아보셔도 좋습니다."

"그래, 네 누이는 올해 몇 살이냐?"

"스물 네 살이옵니다."

"혼기가 많이 늦었구나. 정혼한 데는 있느냐?"

"집이 가난한데다 어른마저 안 계시니, 마땅한 혼처가 나서지 않습니다."

"알았다. 그럼 내가 내일 너의 집에 가서 중매를 설 터이니, 너는 그리 알고 먼저 가 있거라."

총각을 보낸 김우항은 권 참봉에게 권하였다.

"지금 그대는 홀아비가 아니오? 아까 그 총각의 누이와 혼인을 하는게 어떻소? 그렇게 되면 그대는 부인을 맞이하게 되고 그 총각의 누이는 시집을 갈 수 있게 되며, 또 그대가 사위된 도리로 그 집안을 돌보아준다면 그 모자는 가난을 다소 면할 수 있지 않겠소? 피차에 좋은 일이니, 내가 중신을 서리다."

이렇게 하여 권 참봉과 그 총각의 누이가 혼인하게 되었다.

그 뒤, 김우항이 전라도관찰사가 되어 전라도로 부임하게 되자, 옛날의 권 참봉을 찾았다. 권 참봉과 반갑게 인사를 나누고 난 김우항은 우연히 후원에서 열심히 기도하고 있는 백발의 노파를 발견하였다.

"저 노파는 누구신가요?"

"예, 저의 장모입니다."

"무엇을 저렇게 열심히 빌고 있습니까?"

"예, 장모는 대감의 은혜에 보답코자 저렇게 매일 열심히 '김우항을 정승이 되게 해주십시오.' 하고 빌고 있습니다."

그 말을 들은 김우항은 크게 감탄하였다.

"아! 오늘날 내가 이렇게 관찰사가 된 것이 결코 우연한 일이 아니었구나. 바로 노파의 기도 덕분이었구나."

위의 내용으로 보아 권 참봉은 벼슬을 그만두고 고향인 전라도로 낙향하였거나 전라도 지방의 수령으로 부임한 듯하며, 늙고 가난한 장모를 모시고 살았던 것으로 보인다. 사람은 은덕을 베풀 줄 알아야 하고, 은덕을 받은 사람은 그 은덕을 잊지 말아야 한다. 그리고 그 결과는 쌍방에 모두 좋은 결과를 가져오게 마련이다.

김우항(金宇杭, 1649~1723) 조선 후기의 문신. 본관은 김해(金海), 자는 제중(濟仲), 호는 갑봉(甲峰)·좌은(坐隱), 시호는 충정(忠靖)이다. 1681년 식년문과에 을과로 급제하여 이조참판·대사성·우의정 등을 역임하였다. 1722년 신임사화(辛壬士禍)로 노론(老論)의 사대신(四大臣)이 화를 입자 이의 부당함을 적극 주장했으며, 또 김일경(金一鏡)의 사친추존론(私親追尊論)을 반대하다가 화를 입었다. 저서로는 《갑봉집(甲峰集)》이 있다.

107

그 혼수는 내가 대신 마련해 드리리다

이창정(李昌庭)
《목민심서(牧民心書)》

　인조(仁祖) 때 함경도관찰사(咸鏡道觀察使)를 지낸 이창정이 순천부사(順天府使)로 있을 때의 일이다.
　당시 그와 이름이 똑같은 사람이 있었는데, 품계도 그와 같았다. 순천부사인 이창정과 성명이 같은 사람의 친구 중에 가난한 선비가 딸의 혼수(婚需)를 마련하는 데에 도움을 받고자 이창정을 찾아왔다. 그는 순천부사가 자기 친구인 줄로 알고 찾아온 것이었다.
　이창정이 찾아온 사람을 만나보니 생면부지였다. 그 사람은 그제서야 사람을 잘못 찾아온 것을 알고 크게 실망하였다.
　이창정은 찾아온 사람을 따뜻이 맞이하고는 찾아온 연유를 물었다. 그 사람은 머뭇거리면서 자기가 찾아온 이유를 사실대로 말하였다. 그러자 이창정은
　"내가 당신이 찾는 이창정이 아니라고 해서 실망하지 마시오. 그 혼수는 당신의 친구 대신 내가 마련해 드리리다."

하고 흔쾌히 혼수를 마련해 주었는데, 한 가지도 빠진 것이 없었다. 딸의 혼수를 구한 그 사람은 감격하여 어쩔 줄을 몰랐다.

"정말 이창정은 두 사람이 아니고 한 사람이군요. 내 친구 이창정이 혼수를 마련해 주어도 이보다 더 잘 구비하지는 못할 것입니다."

이창정(李昌庭, 1573~1625) 조선 중기의 문신. 본관은 연안(延安), 자는 중번(仲蕃), 호는 화음(華陰) 또는 무구옹(無求翁)이다. 1608년(광해군 즉위년) 별시문과에 을과로 급제하여 순천부사·양주목사 등을 역임하였다. 이괄(李适)의 난에 공주(公州)까지 인조(仁祖)를 호종하였고, 함경도관찰사 권반(權盼)의 후임으로 임명되어 명나라 군대의 노략질을 금하는 데 큰 공을 세웠다.

108

곤경에 빠진 여인을 구제하여 돌아온 보답

홍순언(洪順彦)
《대동기문(大東奇聞)》

홍순언은 선조(宣祖) 때의 통역관이었다.

그가 사신(使臣)을 따라 중국 연경(燕京)에 갔을 때였다. 어느 날 저녁에 야경(夜景)을 즐기기 위하여 거리로 나갔다가 어느 집 대문에, '일야치천금(一夜值千金)'이란 글씨가 쓰여져 있는 것을 보게 되었다.

'천금을 내어야 하룻밤을 놀 수 있다.'는 뜻이었다.

알고 보니, 그곳은 기생(妓生)이 있는 청루(靑樓)였다. 홍순언은 문득 호기심이 생겨 '도대체 어떤 미인이기에 하룻밤에 천금을 내야 놀 수 있단 말인가. 먼발치에서라도 그 미인을 꼭 한번 보고 기리라.' 하는 생각을 하고 그 집 문을 열고 들어갔다. 그는 그곳에서 한 미녀를 만나 다음과 같은 사연을 듣게 되었다.

"소녀는 관리의 딸인데, 아버님이 억울한 죄를 쓰고 죽음을 당하였고, 재산도 몰수당하였습니다. 그래서 아버님의 시신을 고향으로 모시고 갈 비용을 구비하지 못하여 하는 수 없이 이곳에 나왔습니다.

만일 소녀를 불쌍히 여겨 천냥을 주신다면, 이 밤을 모시고 아버님의 장례를 치른 뒤에 돌아와서 평생을 낭군으로 모실 것이며, 이것을 허락하지 않으신다면, 낭군을 위하여 평생 수절(守節)하겠습니다."

홍순언은 그녀의 기특한 효성에 감동하여, 가지고 있던 돈을 전부 그녀에게 주고는 그 집을 나와버렸다. 그녀가 길가까지 따라 나오면서 이름만이라도 알려주고 가시라고 애원하였다.

홍순언은 할 수 없이 "그까짓 이름은 알아서 무엇하려고 그러오? 굳이 알고 싶다면 조선에서 온 홍 역관(洪譯官)이라고만 알고 있으시오." 하고 자신의 직함을 알려주었다.

그로부터 오랜 뒤인, 선조 17년(1584)에 홍순언은 다시 주청사(奏請使) 황정욱(黃廷彧) 등의 사신을 따라 중국에 들어갔다.

당시 명나라가 《태조실록(太祖實錄)》과 《대명회전(大明會典)》을 편찬하면서, 조선왕조의 태조(太祖) 이성계(李成桂)를 고려의 권신 이인임(李仁任)의 아들이라고 잘못 기록하였다. 이에 조선에서는 태조의 가계(家系)를 바로잡기 위해 수없이 주청사를 보내 이것을 고쳐줄 것을 요청하였으나, 명나라에서는 고치지 않고 있었다.

그래서 선조는 황정욱을 보내어 중국 측의 잘못 기록한 태조의 가계를 바로잡으려 한 것이었다.

사신 일행이 명나라의 서울인 연경에 도착하자, 명나라 조정의 예부상서(禮部尙書) 석성(石星)이 홍순언을 극진히 영접하여, 그의 집으로 모셔갔다.

홍순언이 석성의 집에 가서 보니, 옛날 자기가 돈을 전부 던져주었던 그 여인이 석성의 부인이 되어 있었다. 바로 그 여인이 홍순언의 은혜를 갚고자 그를 모셔갔던 것이었다. 그리하여 석성의 주선으로 이 태조의 가계 기록을 바로잡는 그 어려운 일을 해낼 수 있었다.

홍순언(洪純彦, 1530~1598) 조선 중기의 통역관. 본관은 남양(南陽)이다. 종계변무(宗系辨誣)와 임진왜란(壬辰倭亂)에 명나라가 원병(援兵)을 보내는데 큰 공을 세워 광국공신(光國功臣)에 책록되어 당성군(唐城君)에 봉해졌고, 임진왜란 때 명장(明將) 이여송(李如松)의 통역을 담당하였다. 사후에는 임진왜란 진압에 기여한 공로로 1604년(선조 37) 선무원종공신1등(宣武原從功臣一等)에 책록되었다.

국고를 축낸 전임관을 그대로 보내주다

김숙자(金淑滋)
《이준록(彛尊錄)》

　강호(江湖) 김숙자는 조선 초기 유명한 학자이다. 그가 처음 관직에 올라 고령군수(高靈郡守)로 부임하였는데, 사무 인수를 하려고 군수품(軍需品)을 조사해 보니, 쌀 3천여 섬이 부족하였다. 그는 이렇게 생각하였다.

　"이 사실을 조정에 보고하면 전관(前官; 전임 군수)은 반드시 국고를 축낸 죄로 처벌을 받을 것이다. 내 어찌 차마 그렇게 할 수 있겠는가? 내가 재직하는 동안 사사롭게 축내지 않는다면, 백성들한테서 쌀을 마구 거둬들이지 않더라도 이 부족한 수량을 채워 놓을 수 있지 않겠는가?"

　김숙자는 곧 사무 인수를 마치고, 전임자를 그대로 보내주었다. 그리고 그는 관청의 모든 경비를 절약하여 불요불급한 비용을 절감하고, 군수 자신을 비롯하여 모두가 절약하는 기풍을 길러, 쌀의 소비를 줄이도록 하였다. 그리하여 5년 만에 그는 당초에 부족했던 쌀을 모두 채워 놓았다.

　이상의 내용에서, 조선 초기 지방 관아의 재정 상태가 대체로 여유가 있어 경비를 절약하기가 용이하였고, 재임하는 기간이 길어 전임관의 포흠을 후임관이 보충할 수 있었음을 알 수 있다. 조선 중기 이후에는 지방관이 3년의 임기를 다 채우기 전에 교체되는 일이 자주 있었으므로 이러한 일이 실현 불가능할 수 있었으니, 상황에 따라 대처하는 수밖에 없었다. 다만 전임관이 처벌을 받지 않도록 배려한 김숙자의 인후(仁厚)한 행위는 우리가 배우고 본받아야 할 일이다.

김숙자(金淑滋, 1389~1456) 조선 초기의 문신. 본관은 선산(善山), 자는 자배(子培), 호는 강호(江湖)·강호산인(江湖散人)이다. 점필재(佔畢齋) 김종직(金宗直)의 부친으로, 야은(冶隱) 길재(吉再)에게 수학하였다. 1419년(세종 1)에 식년문과에 병과로 급제하여 고령현감·개령현감·성균관사예 등을 역임하였다. 문장과 사학에 두루 능하였고, 조선시대 도학(道學)의 정맥을 계승하여 제자인 김굉필(金宏弼)·정여창(鄭汝昌)·김일손(金馹孫) 등에게 지대한 영향을 주었다. 선산(善山)의 낙봉서원(洛峯書院)에 제향되었다.

도둑에게 곡식을 주어 보내다

김윤성(金允成)
《고려사(高麗史)》

　김윤성은 고려 원종(元宗) 때 사람으로 도량(度量)이 넓기로 유명하였다. 이웃에 살고 있던 한 교위(校尉)가 가난을 견디지 못하여 어느 날 밤 김윤성의 집 광의 벽을 뚫고 곡식 한 섬을 도둑질하려 하였다. 그러나 뚫어놓은 구멍이 너무 작아서 곡식을 빼내지 못하였다. 김윤성이 이것을 보고는 안에서 그 곡식을 밀어 내주자, 주인을 본 교위가 놀라서 달아났다. 김윤성은 그를 쫓아가서,

"네가 굶주림에 시달려 이 지경에까지 이르렀는데, 무엇이 두려운가? 내 집안 사람들은 모르고 있으니, 어서 가지고 가거라."

하고 그가 훔치려고 한 곡식을 그에게 주었다. 김윤성은 이 일을 누구에게도 말하지 않았으므로 그의 식구들은 모두 좀도둑이 들어 곡식을 훔쳐간 것으로만 알고 있었다.

　그 후에 그 교위가 녹봉을 받아 술과 음식을 장만해 가지고 그를 찾아와서 크게 사례하였다.

창고의 비단을 훔친 부하를 깨우쳐 주다

남재(南在) | 남지(南智)
《국조인물지(國朝人物誌)》

세종 때 좌의정을 지낸 남지는 개국공신 남재의 손자이다.

그가 처음 과거를 거치지 않고 할아버지의 음덕으로 벼슬길에 나아가 감찰이 되었는데, 퇴근하여 돌아올 때마다 할아버지인 남재는 반드시 그날 있었던 일들을 그에게 낱낱이 물었다. 하루는 그가 돌아와서 할아버지에게 이렇게 아뢰었다.

"오늘 어떤 하급관리가 창고에 들어가서 비단을 훔쳐 품에 넣고 나오기에 제가 그를 다시 창고에 들여보내기를 세 번이나 하였더니, 그 사람은 제 뜻을 알아차리고 비단을 창고에 놓고 나왔습니다."

그 말을 들은 남재는 다음과 같이 말하였다.

"네가 나랏일을 맡는다기에 나는 마음이 놓이지 않았다. 그동안 내가 일일이 너에게 물어본 것은 일을 잘 처리했는가 잘못 처리했는가를 알려고 했던 것이다. 그런데 이제부터는 너에게 묻지 않아도 되겠구나."

그 뒤로 남재는 다시는 남지가 하는 일에 대해 묻지 않았으며, 남지는 명재상이 되었다.

남재(南在, 1351~1419) 조선 초기의 문신. 본관은 의령(宜寧), 초명은 남겸(南謙), 자는 경지(敬之), 호는 구정(龜亭), 시호는 충경(忠景)이다. 1371년(공민왕 20) 진사시에 제5등으로 합격했고, 아우 남은(南誾)과 함께 이성계(李成桂)의 세력에 가담해 고려 조정의 신진 사류로서 구 세력과 대립하였다. 조선이 개국하자 개국공신 1등에 녹훈되고, 1392년 중추원학사(中樞院學士)로 대사헌을 겸했고 의성군(義城君)에 봉해졌다. 이후 도병마사·경기도관찰사·좌의정 등을 역임하였다. 조선과 명나라의 관계를 개선하는 데 기여했고 일지도와 대마도를 정벌했으며, 산술에 능하였으므로 '남산(南算)'이라는 별명이 있었다고 한다. 조선 태조의 묘정(廟庭)에 추가 배향되었다. 저서로는 《구정유고(龜亭遺藁)》가 있다.

남지(南智, 1400~1453) 조선 초기의 문신. 본관은 의령(宜寧), 자는 지숙(智叔)으로 남재(南在)의 손자이다. 17세 때 음보(蔭補)로 감찰이 되었고, 세종 때 지평(持平) 등을 지내고 의성군(宜城君)을 습봉(襲封)하였다. 1435년(세종 17) 형조참판으로 성절사(聖節使)가 되어 명나라에 다녀와, 대사헌·경상도관찰사·형조판서·호조판서를 지냈다. 1449년 우의정을 거쳐, 1451년(문종 1) 좌의정이 되어 영의정 황보인(皇甫仁)·우의정 김종서(金宗瑞)와 함께 단종을 잘 보필해달라는 문종의 고명(顧命)을 받았으나 1452년 풍질(風疾)로 사직을 청하였다. 1453년(단종 1) 영중추원사로서 사직을 청하였으나 허락받지 못하고, 계유정난 때 사돈인 안평대군(安平大君)과 사위 이우직(李友直) 부자가 죽음을 당하였으나 병으로 화를 면하였다. 죽은 뒤 1489년(성종 20) 손자인 승지 남흔(南忻)의 상소로 충간(忠簡)이라는 시호를 받았다.

은(銀)을 훔친 서리(胥吏)를 꾸짖는 방법

김신국(金藎國)
《대동기문(大東奇聞)》

인조(仁祖) 때 김신국이 호조판서로 있었는데, 마침 청나라에 은(銀)을 보내야 할 일이 있었다. 김신국은 이 일이 국가의 중대한 일이라고 여기고 직접 그 은을 포장하는 일을 감독하였다.

그런데, 그를 보좌하는 서리 한 사람이 그의 눈을 피하여 은을 다른 곳에 숨겨두고 돌아왔다. 이것을 아무도 눈치 채지 못하였으나, 김신국은 이것을 알고 있었다. 김신국은 그 서리가 돌아오자,

"내가 전에 앓던 산증(疝症)이 재발하여 자리에 오래 앉아 있지 못하겠다. 이 일은 내일 다시 하자."

하고는 포장하던 은들을 도로 넣어두게 하고, 그 서리로 하여금 그 함을 잘 보관하도록 하였다. 은을 숨긴 서리가 스스로 생각해 보니, 다음 날 일을 다시 시작할 때에 은의 수량이 맞지 않으면 그 허물이 보관 책임을 맡은 자신에게 돌아올 것이 틀림없으므로, 훔쳤던 은을 다시 그 함 속에 넣어두었다. 이 때문에 이튿날 포장할 때에 은의 수

량이 모자라지 않았다.

  10여 일이 지난 뒤, 김신국은 그 서리의 죄를 드러내지 않고 딴 일을 들어 파면시켰다. 그 후에 이 일이 알려지자, 모두 그의 아량에 감복하였다.

김신국(金藎國, 1572~1657) 조선 중기의 문신. 본관은 청풍(淸風), 자는 경진(景進), 호는 후추(後瘳)이다. 1593년 별시문과에 병과로 급제하여 공조판서·형조판서·영중추부사 등을 역임하였다. 1613년(광해군 5) 임해군(臨海君)의 옥사에 관한 공으로 익사공신(翼社功臣)이 되고 청릉군(淸陵君)에 봉해졌으며, 1627년(인조 5) 정묘호란(丁卯胡亂) 때는 호조판서로 이정귀(李廷龜)와 함께 금나라의 사신과 화의를 맺었다.

거위를 살리기 위해 누명을 감내하다

윤회(尹淮)
《국조휘록(國朝彙錄)》

조선 세종(世宗) 때 대제학(大提學)을 지낸 윤회가 여행을 하다가 어느 주막에 투숙하여 뜰에 앉아 있는데, 주인집 아이가 큰 진주(眞珠)를 가지고 놀다가 땅에 떨어뜨렸다.

이때 곁에 있던 거위가 그것을 삼켜버렸다. 조금 후에 주인이 진주를 찾았으나 찾지 못하였다.

그러자 주인은 윤회가 훔친 것으로 의심하여 다음 날 아침에 관아에 고발하려고 하였다. 그는 아무런 변명도 하지 않고 다만 "저 거위를 나의 곁에 매어 주시오." 하고 말하였다.

다음 날 아침에 그 구슬이 거위의 배설물 속에 섞여 나오니, 주인은 사과를 하고 그에게 물었다.

"거위가 구슬을 삼킨 것을 알고 있었다면 왜 진작 말씀해주지 않았습니까?"

"내가 어제 그 말을 했으면, 당신은 틀림없이 저 거위를 죽이고 배를 갈라 진주를 찾으려고 했을 것이오. 그래서 내가 잠시 모욕을 참고 기다렸던 것이오."

하찮은 거위까지도 함부로 죽이지 않게 하기 위하여 주인의 모욕을 감수한 윤회는 참으로 유덕지인(有德之人)이라 하겠다.

윤회(尹淮, 1380~1436) 조선 초기의 문신. 본관은 무송(茂松), 자는 청경(淸卿), 호는 청향당(淸香堂), 시호는 문도(文度)이다. 1401년(태종 1) 증광문과에 을과로 급제하여 대제학·병조판서 등을 역임하였다. 정도전(鄭道傳)이 편찬한 《고려사(高麗史)》를 다시 개정하는 일에도 깊이 관여하였고, 1432년에는 《세종실록지리지(世宗實錄地理志)》의 편찬에 참여하였으며, 이어 1434년에는 《자치통감훈의(資治通鑑訓義)》를 찬집하기도 하였다. 저서로는 《청경집(淸卿集)》이 있다.

스승을 위해 중국에서 서화를 구입해 제주도로 보내다

이상적(李尙迪)

　이상적은 조선 후기의 역관(譯官)으로, 자(字)가 혜길(惠吉)이고 호(號)가 우선(藕船)이며, 관향이 우봉(牛峰)이다. 이상적은 통역을 하기 위해 사행(使行)을 따라 자주 중국을 왕래했었는데, 서화(書畵)와 금석문(金石文)에 조예가 높은 추사(秋史) 김정희(金正喜)를 만나자 그의 인품과 학문에 경의를 표하고 스승으로 대하게 되었다.

　추사는 중국 학자 완원(阮元)과 옹방강(翁方綱)을 사사하였고 그의 문인들과 교유하였는데, 이상적은 중국에 가면 이들과 만나 스승의 안부를 전하고 중국에서 새로 나온 서책과 서화를 구입해오곤 하였다. 추사는 그후 당파(黨派)에 밀려 제주도로 귀양가서 다시는 중국에 갈 수가 없었다.

　이에 이상적은 중국에 가면 신간 서적과 귀중한 서화를 돈을 아끼지 않고 구입하여 가져와서 사람을 구해 저 멀리 제주도에 계신 스승에게 붙이곤 하였다.

사실 옛날 중국을 갔다오려면 언제나 말을 타고 다녔는데, 말을 달려 가는 것이 아니고 하인이 말을 몰고 천천히 걸어가야 했으므로 도보로 가는 것보다 더 지체되었다. 그리하여 한 번 중국에 가려면 언제나 3~4개월 이상 걸리고, 중간에 나이 많은 사신은 병사(病死)하는 경우도 종종 있었다.

양식과 의복은 말할 것도 없고 필요한 서적과 휴대품도 가지고 다녀야 해서 보통 힘든 일이 아닌데, 여기에 서책을 사서 가져온다는 것은 여간 어려운 것이 아니었다. 그런데 이상적은 언제나 이런 것들을 사가지고 와서 다시 사람을 보내어 그 먼 제주도에 계신 스승에게 바쳤던 것이다.

추사는 이상적이 오랫동안 모시고 배운 스승도 아니요, 잘나가는 스승도 아니었다. 또한 조선조는 신분 제한이 매우 엄격하여 잘나가는 스승이라 해도 중인(中人) 출신인 역관은 신분의 격상도 바랄 수 없었다. 오직 스승에 대한 존경과 신의(信義) 때문이었던 것이다.

이러한 제자를 만나보지 못하는 추사는 그 얼마나 비통하고 고마웠을까. 이에 추사는 '세한도(歲寒圖)'라는 그림을 그려 주고 여기에 간곡한 소회(所懷)를 함께 기록해 보여주면서 "한 해가 저물어 날씨가 추워진 뒤에야 소나무와 측백나무가 뒤늦게 시듦을 안다.[歲寒然後, 知松栢之後彫也.]"라고 하신 공자(孔子)의 말씀을 인용하였다. 이는 난세(亂世)가 되어야 군자의 지조가 끝까지 변치 않음을 비유한다. 이 그림에 앙상한 몇 그루의 소나무가 세한의 상징인 것이다.

다음은 〈세한도〉에 적힌 추사의 글이다.

"그대가 지난해에는 계복(桂馥)의 《만학집(晩學集)》과 운경(惲敬)의 《대운산방문고(大運山房文庫)》 두 책을 부쳐주었고, 올해는 또 하장령(賀長齡)이 편찬한 《황조경세문편(皇朝經世文編)》 120권을 보내주니, 이는 모두 세상에 흔히 있는 일이 아니다. 천만 리 먼 곳에서 사오고, 여러 해에 걸쳐서 얻은 것이니, 일시에 가능한 일이 아니다.

또 세상은 온통 권세와 이익을 추구하는데, 이 서책을 얻기 위해서 마음을 쓰고 힘들이기를 이처럼 하고서, 권세와 이익이 있는 자에게 돌려주지 않고 바다 멀리 초췌하고 비쩍 마른 사람에게 보내는 것을 마치 세상에서 잇속을 좇듯이 하였구나!

태사공(太史公) 사마천(司馬遷)이 말씀하기를 '권세와 이익을 바라고 모인 자들은 그것이 다하면 사귐 또한 소원해진다.' 하였다. 그대 또한 세상의 도도한 흐름 속에 사는 한 사람인데, 어찌 세상 풍조의 바깥으로 초연히 뛰어나서 권세와 이익으로 나를 대하지 않는가? 태사공의 말씀이 잘못되었는가?

공자께서 말씀하시기를 '한해가 저물어 날씨가 추워진 뒤에야 소나무와 측백나무가 뒤늦게 시듦을 안다.' 하셨다. 소나무와 측백나무는 사계절 없이 잎이 시들지 않으니, 날씨가 추워지기 전에도 똑같은 소나무와 측백나무요, 날씨가 추워진 뒤에도 똑같은 소나무와 측백나무인데, 성인(공자)께서는 날씨가 추워진 뒤에 특별히 칭찬하셨다.

이제 그대는 나에 대해 예전에도 더 잘함이 없고, 뒤에도 더 줄어든 것이 없다. 그러나 예전의 그대는 칭찬할 만한 것이 없고, 뒤의 그대는 또한 성인에게 칭찬을 받을 만한 것이 아닌가? 성인이 특히 날씨가 추워진 뒤의 소나무와 측백나무를 칭찬하신 것은 다만 뒤늦게 시드는 곧은 지조와 꿋꿋한 절개뿐만이 아니요 또한 날씨가 추워진 뒤에(세상이 나빠진 뒤를 비유함) 감동하여 생각하신 바가 있었던 것이다.

아아! 전한(前漢) 시대와 같이 풍속이 순박하고 인후(仁厚)한 시대에도 급암(汲黯)과 정당시(鄭當時)처럼 어질던 사람조차 그들의 형편에 따라 빈객(賓客)이 모였다가는 흩어지곤 하였다. 하물며 하규현(下邽縣)의 적공(翟公)이 대문에 써붙였다는 글씨 같은 것[1]은 세상 인심의 박절함이 극에 다다른 것이리라. 슬프다! 완당 노인이 쓰다."

이 귀중한 선물을 받은 이상적이 크게 감동했음은 말할 나위가 없겠다. 그는 이 세한도를 가지고 중국에 가서 옹방강과 그의 제자, 그리고 유명한 명사들에게 이 세한도와 글에 대한 논평을 청하였다. 이에 중국 학자들은 이 스승과 제자의 간곡한 정의(情誼)와 훌륭한

---

1 하규현(下邽縣)의……것 : 한(漢)나라 하규현(下邽縣) 출신인 적공(翟公)이 정위(廷尉)로 있을 때에는 빈객이 서로 다투어 찾아오는 바람에 문전성시를 이루었다가, 파직된 뒤에는 한 사람도 찾아오지 않아 문 앞에 참새 잡는 그물을 칠 정도였다. 뒤에 복관(復官)되자 빈객들이 다시 찾아오기 시작하였는데, 적공이 문에다 큰 글씨로 써서 내걸기를 "한 번 죽고 한 번 사니 우정을 알 수 있고, 한 번 가난하고 한 번 부유하니 친구의 태도를 알 수 있으며, 한 번 귀하고 한 번 천해지니 속마음이 다 보이네.[一死一生, 乃知交情, 一貧一富, 乃知交態, 一貴一賤, 交情乃見.]"라고 했다는 고사가 있다. 《史記 汲鄭列傳》

작품에 감탄을 금치 못하고 정중히 글을 써 주었다. 이상적은 이것을 다시 스승에게 보여드렸다. 그리하여 그야말로 국제적인 보물이 된 것이다.

그런데 일제강점기에 일본인의 수중에 들어갔으나 조금의 손상도 없이 우리나라로 다시 돌아왔다. 이것을 찾아오려고 노력한 고 소전(素荃) 손재형(孫在馨) 선생과 이것을 고스란히 넘겨준 일본인 후지츠카 지카시(藤塚隣)에게도 깊이 감사드린다.

이상적(李尙迪, 1804~1865) 조선 후기의 문인. 자는 혜길(惠吉), 호는 우선(藕船), 본관은 우봉(牛峯)이다. 역관(譯官)을 지낸 집안의 서얼(庶孽) 출신으로, 벼슬은 온양군수(溫陽郡守)를 거쳐 지중추부사(知中樞府事)에 이르렀다. 역관으로 12차에 걸쳐 중국을 왕래하였고, 오숭량(吳崇梁), 유희해(劉喜海), 옹방강(翁方綱) 등 중국 문인들과 교유하고, 중국에서 시문집까지 간행했다. 초당(初唐), 만당(晩唐) 시대 시풍을 좋아하였는데, 특히 만당의 이상은(李商隱)의 서곤체(西崑體)를 본받아서 시가 섬세하고 화려하였다. 그의 시를 헌종(憲宗)도 애송하였다 해서 '은송(恩誦)'이라는 별호를 얻어 문집을 《은송당(恩誦堂集)》이라 하였다. 그 밖에도 고완(古玩), 금석(金石) 등에도 조예가 깊었다.

115

사제간의 의리

|

    사제간은 오륜에 있어 붕우유신(朋友有信)에 해당한다. 우리나라는 여말선초(麗末鮮初)부터 정주(程朱)의 성리학이 정착하여 도학(道學)이 나라의 근간이 되었다. 포은(圃隱) 정몽주(鄭夢周)의 학통이 오랫동안 전해오면서 퇴계 이황과 율곡 이이의 대현(大賢)이 배출되었고, 그 외의 훌륭한 스승과 제자들도 많이 배출하였다. 그러나 앞에 소개한 내용 가운데 사제간의 의리를 말한 것이 추사 김정희와 이상적의 고사에 불과하므로 특별히 이 한 조목을 세워 소개하는 것이다.

    춘추시대 진(晉)나라 대부(大夫)인 난성(欒成)은 명재상으로 시호가 공[共; 공(恭)]이어서 난공자(欒共子)라고 불리었는데, 그는 이렇게 말하였다.

    "사람은 아버지·스승·군주 세 분에게서 살게 되었으니, 똑같이 지극 정성으로 섬겨야 한다. 아버지가 낳아주시고 스승이 가르쳐주시고 군주가 밥을 먹여 주셨다. 아버지가 아니면 태어나지 못하고 밥이 아니면 성장하지 못하고 가르침이 아니면 도리를 알지 못하니, 이는 낳아주신 것과 똑같다. 그러므로 한결같이 섬겨서 오직 그 모시고 있는 바에 죽음을 바쳐야 하는 것이다. 나를 낳고 길러주고 가르쳐 주신 세 분에게는 죽음으로써 보답하고 나에게 물건을 주신 분에게는 힘을 다해 보답하는 것이 사람의 도리이다."

이 내용은 춘추시대의 기록인 《국어(國語)》〈진어(晉語)〉에 보이고, 《소학》의 〈명륜편(明倫篇)〉에 다시 인용되었다. 이후로 군사부일체(君師父一體)라 하여 사람은 스승을 부모나 군주와 똑같이 섬겨야 하는 것으로 알려져 있다.

물론 '군주가 밥을 먹여 주었다'는 것은 군주주의 시대의 사고여서 오늘날에는 맞지 않는다. 하지만 옛날분들은 군주와 국가를 동일시하여 군주가 신하와 백성을 길러주는 것으로 인식하였다. 그러나 우리 조선 초기는 학생들이 대부분 관학(官學)인 향교(鄕校)나 성균관에서 배웠으므로 사제간의 정의가 모두 지극한 것은 아니었다. 하지만 비록 관학에서 만났다 하더라도 훌륭한 스승은 자연 명성이 높았고, 또 스승은 훌륭한 제자를 얻어 자신의 학문사상을 전달하려고 노력하였다.

스승에 대한 내용은 《예기》, 그리고 《소학》에도 다음과 같이 보인다.

"어버이를 섬기되 숨김은 있고 범함(바른말을 하고 대듦)은 없으며 좌우로 나아가 봉양함이 일정한 방소가 없으며 부지런히 일하여 죽음에 이르며 3년상(喪)을 지극히 하여야 한다.

군주를 섬기되 범함은 있고 숨김은 없으며 좌우로 나아가 봉양함이 직책에 따라 일정함이 있으며 부지런히 일하여 죽음에 이르며 부모의 3년상과 똑같이 3년동안 슬퍼한다.

스승을 섬기되 범함도 없고 숨김도 없으며 좌우로 나아가 봉양함이 일정한 방소가 없으며 부지런히 일하여 죽음에 이르며 심상(心喪) 3년을 한다."

여기에서 말한 심상이란 상복을 입지 않고 마음으로 슬퍼하여 술과 고기를 먹지 않고 놀이에 참가하지 않으며 부부생활도 하지 않는 것이다.

사제간의 정의(情誼)로는 공자와 그 문도(門徒)들보다 더한 경우는 세상에 없을 것이다. 물론 석가모니와 예수 역시 수행하는 제자가 많았다. 하지만 이들에 대한 기록이 모두 전하지는 않는다. 오직 공자의 제자는 3천 명이었으며, 이 중에 공자의 도(道)를 전한 자는 72명이라고 알려져 있는데, 이러한 내용이 약간의 차이가 있지만 사마천(司馬遷) 《사기》의 〈공자세가(孔子世家)〉와 제자(諸子)의 열전(列傳)에 보이며, 《공자가어(孔子家語)》에도 소개되어 있다.

《예기》〈단궁(檀弓)〉에 다음과 같은 내용이 보인다.

공자가 별세하자 제자들은 복상(服喪) 문제를 어찌해야 할지를 몰랐다. 이에 자공(子貢)이 이렇게 제의하였다.

"옛날 안연(顔淵)이 죽었을 때에 스승께서는 자식의 상을 당한 것처럼 슬퍼하시되 상복은 입지 않으셨으며, 자로(子路)가 죽었을 때에도 이와 같이 하셨으니, 우리들도 아버지의 상을 당한 것처럼 슬퍼하되 상복은 입지 않으면 된다."

이에 제자들은 이와 같이 하여 모두 공자의 묘소에 여막(廬幕)을 치고 심상 3년을 마친 다음 돌아갔는데, 자공은 홀로 그대로 여막에서 3년(만2년)을 더 있다가 떠나갔다. 이러한 내용이 《공자가어》와 《맹자》〈등문공 상(滕文公上)〉에 보인다.

다음은 《논어》〈선진(先進)〉에 보이는 내용이다.

공자가 일찍이 광(匡) 땅에서 포위되어 있었는데, 이때 마침 제자 안연(顔淵)과 헤어져 생사를 알지 못하다가 뒤에 다시 만나게 되었다. 공자는 안연을 반기시며 "나는 네가 죽었다고 생각하였다."라고 말씀하자, 안연은 "스승께서 살아 계시니, 제가 어찌 감히 죽겠습니까."라고 대답하였다.

이에 대해 주자는 《집주》에서 북송의 학자 호인(胡寅)의 말을 다음과 같이 인용하였다.

"선왕의 제도에 사람은 아버지·스승·군주 세 분 때문에 살게 되었으니, 똑같이 정성으로 섬겨서 오직 그 모시고 있는 바에 죽음을 바쳐야 한다. 더구나 안연은 공자에게 있어 은혜와 의(義)가 모두 극진하니, 또 다른 사람의 사제간과 같을 뿐만 아니었다. 만일 공자께서 난(難; 죽음)을 만났으면 안연은 반드시 목숨을 바쳐 난에 달려갔을 것이다."

이에 대해 우리나라 구한말의 학자인 호산(壺山) 박문호(朴文鎬)는 《논어집주상설》에서 다음과 같이 부연 설명하였다.

"만일 공자께서 불행하여 죽임을 당하셨다면 오직 안연만이 그러한 것이 아니요, 자로(子路) 또한 반드시 이렇게 했을 것이다. 옛 책에 '비록 그 있는 바에 죽음을 바친다.' 하였으나, 예로부터 지금까지 스승을 위해 죽은 자가 매우 적막하여 알려짐이 없으니, 방정학(方正學)의 제자들은 모두 스승의 죄에 연루되어 죽은 것이요 제자들이 자진하여 죽음으로 달려간 것이 아니었다. 오직 우암(尤菴) 송시열(宋時烈)의 문인인 송상민(宋尙敏)이 특별히 스승을 위하여 죽었다. 또 연전의 제천(堤川)에서 의병(義兵)을 일으켰을 때에 홍사구(洪思九)란 자가 그의 스승 안승우(安承禹)를 위해 달려가 함께 죽었으니, 이는 보기 드문 일이므로 내가 언급하는 바이다."

참고로 장암(丈巖) 정호(鄭澔)가 지은 송상민의 〈행장(行狀)〉에서 이와 관련한 사실을 다음과 같이 소개하였다.

"군(君)은 휘(諱)가 상민(尙敏)이고 자가 자신(子愼)이며, 석곡(石谷)은 그의 호이다. 갑인년(1674)에 윤휴(尹鑴)와 허목(許穆) 등이 예론(禮論)을 빌려 사화(士禍)를 만들었다. 그리하여 우암(尤菴) 선생이 맨먼저 위리안치(圍籬安置)되는 화를 입었고 동춘(同春; 송준길(宋浚吉)) 선생이 관직을 추후에 삭탈한다는 명이 또 지하에 미치니, 조정의 사대부들 중에 전후로 소(疏)를 올려 억울함을 하소연한 자들이 모두 멀리 귀양갔다.

군은 마침내 한 상소문을 지었는데 예경(禮經)에 근거하고 피차의 의론의 동이(同異)를 참작하여 명백하고 자세히 말하였으며, 우암과 동춘 두 스승이 치욕을 당한 단서를 말하고 여러 간흉이 무함(誣陷)하는 형상을 변론하였는데, 내용이 곡진하여 남김이 없었다. 대궐에 나아가 이 상소를 올리려 하였으나 동료들이 강력히 저지하여 올리지 못하니, 이와 같이 하기를 모두 세 차례 하였다.

군은 항상 한가로울 때에 탄식하였고 혹은 밤새도록 잠을 이루지 못했는데, 을미년 3월 초7일에 이웃사람과 친척에게 알리지 않고 서울로 가서 곧바로 대궐문에 들어가 짧은 소(疏)에다 자신이 엮은 글을 아울러 올리자, 승지(承旨) 안여석(安如石) 등이 군주를 뵐 것을 청하여 대역무도(大逆無道)하다고 극언하니, 상(上)은 마침내 국문(鞠問)을 명하였다. 그리하여 하루에 90대의 곤장을 쳤고, 다음날 또 국문하였으나 얼굴빛이 조금도 변치 않고 의기양양하여 평소와 같으니 보는 자들이 감탄하지 않는 이가 없었다. 그러다가 끝내 곤장 아래에서 죽으니, 바로 3월 17일이다. 향년이 겨우 54세였다."

중국에서 배사(背師; 스승을 배신함)한 사람으로 북송(北宋) 때 이천(伊川) 정이(程頤)의 제자였던 형서(邢恕)가 유명하니, 그는 형제의 항렬을 따라 형칠(邢七)이라고도 불리었다. 우리나라에서는 조선조 후기 송시열(宋時烈)과 그의 문인인 윤증(尹拯)이 뒤에 서로 반목하여 배사하는 불행한 일이 발생하고 이에 따라 송시열을 지지하는 노론(老論)과 윤증을 지지하는 소론(少論)이 두 당파로 갈리어 그 문도

들이 극렬하게 다투었다.

한편, 스승과 중대한 문제에 의견이 달라 부득이 갈라서더라도 적절하게 처신하여 후대의 귀감이 된 경우도 있었으니, 동계(桐溪) 정온(鄭蘊)이 이에 해당한다.

인조(仁祖) 때의 학자이자 강직한 신하였던 정온은 지금의 거창(居昌) 출신으로 합천(陜川)의 내암(萊庵) 정인홍(鄭仁弘)을 사사하였다. 그러나 뒤에 정인홍이 대북파(大北派)의 영수가 되어 광해군을 도우면서 선조(宣祖)의 적자로 나이가 어린 영창대군(永昌大君)을 죽이고 영창대군을 낳은 인목대비(仁穆大妃)를 유폐(幽廢)하자, 정온은 그의 스승에게 이것이 반윤리적인 행위임을 비판하고 여러 차례 글을 올려 만류하였으나 정인홍이 끝내 듣지 않자, 스승과 절교하고 일체 왕래하지 않았다. 물론 절교한 이후에는 도리상 스승에 대한 비판을 더이상 하지 않았다.

그 후 인조반정이 일어나 정인홍은 참형(斬刑)을 당하였고, 정온은 새로운 조정에서 벼슬하였다. 그러다가 병자호란에 인조가 남한산성에서 포위된 가운데 하성(下城)하여 항복할 것을 결정하자, 주전파(主戰派)인 정온은 그 자리에서 할복(割腹)하였다. 어의(御醫)들의 치료로 다행히 목숨을 보전하였으나 즉시 고향으로 내려가고 다시는 벼슬하지 않았으며, 평생 동안 청나라의 연호(年號)를 쓰지 않고 명나라의 마지막 황제인 의종(毅宗)의 연호인 숭정(崇禎)을 그대로 쓰면서 자손들에게도 절대로 청국(淸國)의 연호를 쓰지 못하게 하였다.

정온의 이러한 처신에 대해 조선의 역대 군주는 말할 것도 없고, 학자들도 당파를 떠나 극구 칭송하였다. 그러다가 영조가 탕평책(蕩

平策)을 써서 소론 세력이 점점 줄어들자, 위기의식을 느낀 나머지 이인좌(李麟佐)가 정온의 증손인 남인의 정희량(鄭希亮)을 끌어들여 자신은 청주에서, 정희량은 영남지방에서 반란을 일으켰지만 끝내 모두 실패하여 능지처참되었다.

조선조의 국법에 반란을 일으킨 자는 그의 삼족을 멸하고 집안도 모두 못을 파버리는 것이 상례였으나, 영조는 "동계의 후사(後嗣)를 끊을 수는 없다." 하여 정희량의 집안만 처형하고 다른 후손들은 남겨두어 정온의 불천위(不遷位) 제사를 받들게 하였다.

위 내용은 필자가 일일이 역사 기록을 대조한 것이 아니고 옛날 스승에게 전해들은 말씀을 기억을 더듬어 쓴 것이므로 혹 오류가 있을 수 있음을 양해바란다.

다만 필자가 한국고전번역원 부설 고전번역교육원의 교수로 있으면서 산청(山淸)의 효산서원(孝山書院)에서 여름과 겨울 방학 기간 장학생들을 지도할 적에 동료 교수와 함께 인근에 있는 거창의 동계 고택을 방문하였더니, 대문에 '立春大吉'이라는 글씨와 함께 명나라 연호를 따라 작은 글씨로 '숭정기원후(崇禎紀元後) 몇 년'이라고 그해의 연도와 간지(干支)가 써 있었다. 그리고 나이 많은 종손부(宗孫婦)를 뵈었는데, 자신이 안동(安東) 하회(河回)마을에 있는 서애(西厓) 유성룡(柳成龍) 선생의 종손의 장녀라고 하시는 것을 필자가 직접 들은 바 있다.

아들을 훈계한 다섯 가지 이야기

강희맹(姜希孟)
《사숙재집(私淑齋集)》〈훈자오설(訓子五說)〉

다음은 조선 전기의 명신(名臣)인 강희맹(姜希孟)의 《사숙재집(私淑齋集)》에 실려 있는 〈훈자오설(訓子五說)〉 곧, '아들을 가르치는 다섯 가지 이야기'를 소개한다.

첫 번째 '도둑의 아들 이야기[盜子說]'는 모든 일의 묘리는 스스로 터득하여야 무궁무진하게 응용할 수 있다는 내용이다.

두 번째 '뱀을 먹는 것에 대한 이야기[啗蛇說]'는 모든 나쁜 버릇은 처음에는 싫어하다가도 점차 물들면 이것이 나쁜 행위임을 알지 못한다는 내용이다. 뱀을 먹는 풍습은 지역에 따라 다르므로 이제 일률적으로 비판할 수는 없지만 당시 강릉 지방에 이러한 폐습이 있었던 것임을 알 수 있다.

세 번째는 '등산에 대한 이야기[登山說]'로 모든 일은 각자의 재능보다는 성실하고 꾸준하게 한 가지 일에 집중하여야 소기의 목적을 성취할 수 있음을 밝힌 것이다.

네 번째는 '세 종류의 수꿩 이야기[三雉說]'이다. 봄과 여름 번식기가 되면 수꿩은 암꿩을 차지하려고 허세를 부리며 사람들에게 거침없이 달려들다가 사냥꾼들에게 잡히기 일쑤이다. 그런데 여기에는 세 종류의 부류가 있다. 어떤 놈은 암꿩을 차지하기 위해 물불을 가리지 않고 달려들다가 그 즉시 잡히는 놈이 있으며, 어떤 놈은 잡히지 않으려고 노력하지만 끝내 유혹을 뿌리치지 못해 결국 잡히는 놈이 있다. 그리고 어떤 놈은 위험을 감지하고 끝까지 유혹을 뿌리쳐 생명을 보존하는 놈이 있다. 사람도 이와 마찬가지로 세 종류의 부류가 있어 주색(酒色)이나 도박 등의 재리(財利)를 탐하다가 결국 패가망신하고 사람들의 지탄과 법망(法網)에 걸리는 어리석은 자가 있다. 그 다음은 어느 정도 이것을 경계할 줄 알지만 끝내는 잘못을 범하는 경우이며, 가장 뛰어난 인물은 이러한 유혹에 넘어가지 않고 일생을 잘 마치는 경우이다.

다섯 번째는 시장에 왔다가 급한 볼 일을 보려는 장사꾼이나 하인들을 위해 관가에서 설치한 '오줌통 이야기[溺桶說]'이다. 옛날에는 양반과 학자 그리고 일반 천민(賤民)으로 신분을 구분하였는데, 이 오줌통에 오줌을 누는 자들은 모두 천민이었고 도포와 유건(儒巾)을 쓴 학자와 양반들은 여기에 오줌을 누지 못하게 하였으며 이를 범할 경우 망신을 주는 것이었다. 그런데 어느 양반가의 자제가 일부러 상습적으로 오줌을 누었다. 그러나 사람들은 그 아버지의 위세(威勢)를 두려워하여 그대로 두었으나 끝내 그 아버지가 별세함으로써 그 아들은 몽둥이 세례를 받았다는 내용이다.

이 글의 앞에는 아들 구손(龜孫)을 경계하기 위해 이글을 써준다는 서문(序文) 성격의 내용이 있고, 뒤에는 자신이 공부하기 위해 겪었던 고난(苦難)을 자세히 설명하여 아들을 주의시키는 발문(跋文) 성격의 내용이 있어 더욱 읽는 자들을 감동시킨다.

다음은 〈훈자오설〉을 번역한 것이다.

서문

아들을 훈계하는 다섯 가지 이야기[訓子五說]는 무위자(無爲子)가 아들 구손(龜孫)을 위하여 지은 것이다.

어째서 훈계하였는가? 자식의 부족한 점을 가르치기 위해서이다. 왜 자신의 부족한 점은 헤아려 보지 않고 분수에 넘게 이 이야기를 지었는가? 표현된 말은 저속하지만 그 속뜻은 옛날 성현(聖賢)이 남기신 가르침이기 때문이다. 왜 자식의 부족한 점을 곧바로 지적하지 않고 그 뜻을 은미하게 보였는가? 부자간(父子間)에 말할 때에는 완곡해야 하기 때문이다.

아들 구손이 벼슬을 그만두고 다시 학문을 하려 할 적에, 어떤 사람은 벼슬을 그만두어서는 안 된다고 말하였고, 어떤 사람은 학문은 제때에 해야 한다고 말하여, 의논이 통일되지 않아 자식으로 하여금 취사선택을 망설이게 하였다. 이에 나는 대의(大義)로 타일러 성균관의 학적(學籍)에 나가도록 하였으나, 여전히 미진한 바가 있지나 않을까 염려하여 대략 필담(筆談)으로 보이고 또 다음과 같이 권면하였다.

"날마다 이것을 성찰하여 그 뜻을 깊이 궁구해 보면 취사선택의 구분이 명백해지고 덕을 전전시키는 일이 성숙해져서 다소간 보탬이 없지 않을 것이다."

주자(朱子)가 큰아들 수지(受之)를 친구인 여조겸(呂祖謙)에게 보내어 수학하게 하고 아들에게 준 편지를 읽어 보니, 다음과 같은 내용이 있었다.

"대체로 부지런함[勤]과 삼감[謹]의 두 글자는 이를 따라 진보해 갈 경우 끝없이 좋은 일이 있으리니, 내 비록 감히 말할 수는 없으나 너에게 은근히 바라는 바이다. 이와 반대로 타락해 갈 경우에는 끝없이 나쁜 일이 있으리니, 내 비록 말하고 싶지는 않으나 너를 위하여 염려하지 않을 수 없구나.

네가 학문을 좋아한다면 집에 있어도 충분히 책을 읽고 문장을 짓고 의리를 강론하여 밝힐 수 있을 것이니, 굳이 슬하(膝下)를 멀리 떠나지 않아도 될 것이다. 그런데 너는 이미 이렇게 하지 못하였다. 내가 지금 너를 떠나보내는 까닭은 네가 집에 있으면 세상일에 골몰하여 학문에 전념하지 못하지나 않을까 염려해서이다.

네가 그곳에 도착하여 분연(奮然)히 용기를 내어 옛 습관을 힘써 고치고 한결같이 근면(勤勉)하고 근신(謹愼)한다면, 내가 그래도 너에게 기대를 걸 수 있겠지만, 그렇지 않을 경우에는 집에 있을 때나 다름없으리라. 후일 돌아올 때에 단지 옛날과 똑같은 인물에 불과할 것이니, 네가 장차 무슨 면목으로 돌아와 부모 친척과 고향의 친구들을 볼 수 있겠느냐? 너의 부모를 욕되게 하지 않는 것이 이번 걸음에 달려 있다."

아! 옛날 현철(賢哲)이 부자간에 권면한 뜻과 간곡한 심정을 이 편지에서도 충분히 상상해 볼 수 있으리라.

아버지와 자식의 관계는 비유하면 농부와 곡식과의 관계와 같다. 농부가 곡식을 잘 기르지 못하면 결국 굶주리는 환난(患難)을 겪게 되고, 아버지가 자식을 잘 가르치지 못하면 끝내 외롭고 의지할 데 없는 화를 초래하고 만다. 그러니 곡식을 가꾸기 위하여 거름을 주고 김을 매는 방법과 자식을 가르치기 위하여 훈계하고 편달(鞭撻)하는 방법을 어찌 조금이라도 마음속에 해이하게 할 수 있겠느냐? 더구나 나는 늙어가는 나이에 가지가 많이 번성하지 못하여 열매 두 개만 달려 있으므로(자식이 모두 일찍 죽고 두 아들만 생존함을 비유한 것임) 긴긴 여름 낮과 겨울밤에 끝없이 추도(追悼)하고 사람들이 모인 자리에서도 이 생각이 나면 눈물을 흘리는 등 어느덧 하나의 괴물이 되고 말았으니, 내가 너에게 기대하는 바가 어떠하겠느냐? 내가 이 때문에 이 이야기를 지은 것이다.

남의 아비가 된 자는 나의 이 마음을 체득하여 자식을 가르치고, 남의 자식이 된 자는 나의 이 심정을 민망히 여겨 어버이에게 효도한다면 나의 이 이야기가 부질없는 빈말이 되지 않을 것이다.

무자년(1468) 음력 6월 16일에 진산후학(晉山後學) 무위자(無爲子) 강경순(姜景醇)은 쓰다.

도둑의 아들 이야기[盜子說]

도둑질을 전업(專業)으로 삼는 사람이 있었다. 그는 아들에게 자신의 솜씨를 모두 가르쳐 주었다. 아들은 자신의 재능을 자부하여 자기가 아비보다도 훨씬 낫다고 생각하였다. 그리하여 도둑질하러 나갈 때에는 언제나 반드시 아들이 먼저 들어가고 뒤에 나오며 가벼워 값어치가 적은 것은 버리고 무겁고 귀중한 것만을 들고 나왔다. 게다가 청력이 뛰어나 먼 곳에서 나는 소리까지도 들을 수 있고, 시력이 좋아 어둠 속에서도 물건을 분별하는 능력이 있어서 도둑들 사이에 칭찬의 대상이 되었다.

하루는 그 아들이 아비에게 이렇게 자랑하였다.

"저는 아버지의 솜씨에 비해 조금도 손색이 없고 억센 힘은 오히려 나으니, 이대로 나간다면 무엇인들 못하겠습니까?"

이에 아비 도둑은 이렇게 타일렀다.

"아직 멀었다. 지혜란 배워서 이르는 데는 한계가 있어서 제 스스로 터득함이 있어야 되는 것이다. 그러니 너는 아직 멀었다."

아들 도둑은 이렇게 항의하였다.

"도둑이란 재물을 많이 얻는 것이 제일인데, 저는 아버지에 비해 소득이 항상 곱절이나 되고 나이도 아직 젊으니, 아버지의 연배가 되면 틀림없이 특별한 재주를 터득하게 될 것입니다."

아비 도둑은 다시 타일렀다.

"그렇지 않다. 나의 방법을 그대로 실행하면 겹겹의 성(城)에도 들어갈 수 있고 깊숙이 감춰 둔 물건도 찾아낼 수 있다. 그러나 조금이라도 실수를 하면 화(禍)가 뒤따른다. 아무런 단서도 남기지 않고 임기응변하여 거침이 없는 그런 수준은 자득(自得; 제 스스로 알아냄)의 묘리를 터득한 자만이 할 수 있는 것이다. 너는 아직 멀었다."

그러나 아들은 건성으로 들어 넘기고 깊이 생각하지 않았다. 다음 날 밤 아비 도둑은 아들을 데리고 어느 부잣집에 들어갔다. 아들을 보물 창고 안으로 들여보내고는 아들이 보물을 챙기느라 정신이 없을 때에 밖에서 문을 닫고 자물쇠를 채운 다음 자물통을 흔들어 주인이 듣게 하였다. 주인이 달려와 도둑을 쫓다가 돌아와서 살펴보니, 창고의 자물쇠가 예전처럼 잠겨 있었으므로 주인은 방으로 되돌아갔다.

창고 속에 갇힌 아들 도둑은 빠져 나올 길이 없었다. 그래서 손톱으로 쥐가 박박 문짝을 긁는 소리를 내었다. 주인이 이 소리를 듣고 "창고 속에 쥐가 들었군. 물건을 갉아 망치니 쫓아 버려야지." 하고는 등불을 들고 나와서 자물쇠를 열고 살펴보는 순간, 아들 도둑이 쏜살같이 빠져나와 달아났다. 주인집 식구들이 모두 뛰어나와 도둑을 쫓으니, 아들 도둑은 다급해져서 벗어나지 못할 것을 알고는 연못가를 돌아 도망치다가 큰 돌을 들어 못으로 던졌다. 뒤쫓던 사람들이 "도둑이 물속으로 뛰어들었다." 하고는 못가에 빙 둘러서서 찾았다. 아들 도둑은 그 사이에 빠져나올 수 있었다.

그는 집으로 돌아와 아비에게 "새나 짐승도 제 새끼를 보호할 줄 아는데, 제가 무슨 큰 잘못을 했다고 이렇게 욕을 보이십니까?" 하며 원망하였다. 아들이 창고 속에서 빠져 나와 탈출한 내력을 들은 아비 도둑은 이렇게 감탄하였다.

"이제 너는 천하의 독보적인 존재가 될 것이다. 사람의 기술이란 남에게서 배운 것은 한계가 있지만 스스로 터득한 것은 그 응용이 무궁한 법이다. 더구나 곤궁하고 어려운 일은 사람의 심지(心志)를 굳게 하고 솜씨를 원숙하게 만드는 법이다. 내가 너를 궁지로 몬 것은 너를 안전하게 하려는 것이었고 너를 위험에 빠뜨린 것은 너를 구제해 주기 위한 것이었다. 네가 창고에 갇히고 다급하게 쫓기는 일을 당하지 않았던들 어떻게 쥐가 문짝을 긁는 시늉과 돌을 던지는 기발

한 꾀를 냈겠느냐. 너는 이제 지혜의 샘이 한번 트였으니 다시는 실수하지 않을 것이다. 너는 천하의 독보적인 존재가 될 것이다."

그 후 과연 그는 천하제일의 도둑이 되었다.

도둑질처럼 악한 일도 반드시 자득의 묘리를 터득한 뒤에야 비로소 천하제일이 될 수 있었다. 하물며 도덕(道德)과 공명(功名)에 뜻을 둔 선비야 더 말할 것이 있겠느냐. 대대로 벼슬하여 국가의 녹봉을 먹는 양반집 자제들은 인의(仁義)를 행하는 것이 얼마나 훌륭한 일인지, 학문을 연마하는 것이 얼마나 유익한 것인지 모르면서 몸이 이미 현달하고 나면 '선대의 공(功)을 능가할 수 있다.'고 함부로 말하는데, 이는 바로 아들 도둑이 아비에게 자랑하는 꼴이다.

만약 높은 벼슬을 사양하고 낮은 자리를 택하며 호방한 것을 버리고 담박한 것을 좋아하며 자신을 굽히고 학문에 뜻을 두어 성리(性理)의 연구에 마음을 쏟아서 세속에 휩쓸리지 않을 수 있다면 능히 남들과 대등해질 수도 있고 공명도 이룰 수 있으며, 등용되면 자신의 경륜을 행하고 등용되지 않으면 자신의 지조를 지켜서 어떤 경우라도 합당하지 않음이 없게 될 것이니, 이는 바로 아들 도둑이 곤경을 겪으면서 지혜가 성숙해져 마침내 천하의 독보적인 존재가 될 수 있었던 것과 같다.

너도 또한 이 경우와 비슷하다. 도둑이 창고에 갇히고 다급하게 쫓기던 것과 같은 곤경을 피하지 말고 마음속에서 자득함이 있어야 한다는 것을 생각해야 한다. 이 말을 소홀히 여기지 말라.

뱀을 먹는 것에 대한 이야기[啗蛇說]

명주(溟州; 강릉) 지역에 선약(仙藥)이 많이 생산되니, 내의원(內醫院)의 약국(藥局)에서 2년마다 의원(醫員)을 파견하여 약을 채취하게 하였는데, 한 의원이 이 임무를 도맡아 자주 명주를 왕래하였다. 이 의원은 처음 도착하였을 때에 채약꾼들이 자신의 무리 중에 한두 명을 가리키며 말하기를 "저들은 뱀을 먹는다." 하고 너나없이 냉소(冷笑)하면서 식사할 때도 그릇을 빌려주지 않고 앉을 때도 같은 자리에 앉지 않아 사람으로 취급하지 않았다.

그런데 2년 뒤에 갔을 때에는 조소(嘲笑)하는 자들이 줄어들어 전일에 뱀을 먹는다고 냉소하던 자들과 친근해져 혐오감이 없어졌고, 또다시 2년 뒤에 갔을 때에는 마을에 뱀을 먹는다고 말하는 사람이 없어져 조소하는 말을 이미 들을 수가 없었다.

그래서 차분하게 살펴보니, 사람마다 머리가 두 갈래로 갈라진 목궁(木弓)과 시위를 멘 조그만 굽은 나무를 가지고 긴 숲속 큰 골짜기로 들어가 약초를 캐다가 뱀을 만나면 크고 작은 것을 가리지 않고 두 갈래로 벌어진 목궁으로 뱀의 머리를 누르면 뱀이 머리를 추켜들고 입을 벌렸다. 그러면 굽은 나무의 활시위로 잡아당겨 뱀의 이빨을 모두 제거한 다음 손으로 껍질을 벗겨서 화살통에 넣어 두었다가 밥이 다 될 무렵 뱀에다 소금을 쳐서 구워 놓고 서로 다투어 남김없이 먹어 치우는 것이었다. 장기간 이렇게 하자 뱀에 중독되어 죽은 사람이 줄을 이었다.

아! 뱀은 꿈틀거리며 이리저리 돌아다니는 보기 흉한 파충류여서 비록 어리석은 사람도 모두 뱀을 천하게 여기고 미워하며 피할 줄을 안다. 만일 뱀이 가까이 접근하면 너나없이 구역질이 나오고 전율을 느끼니, 이는 무엇 때문인가? 사람의 타고난 성품이 본래 그러한 것이다.

명주 사람들이 처음에 그들의 잘못된 행동을 배척하였던 것은 그때까지는 타고난 성품을 그대로 간직한 사람이 많은 때문이었고, 중간에는 배척하는 사람이 적어지고 뱀을 먹는 사람이 많아졌으나 혹 타고난 성품을 그대로 간직하여 세속에 물들지 않은 자가 있었다. 그러나 종말에는 온 고을 사람들이 잘못된 것임을 알지 못하여 조소가 일체 끊기고 더러운 풍속에 안주하였다. 이 지경에 이르면 인성(人性)이 모두 가리어져 다시는 시시비비를 논할 수 없게 된다.

어떻게 한 고을의 백성들이 모두 타고난 성품을 상실하여 깨닫지 못하였겠는가. 필시 어떤 사람이 처음에 그런 짓을 하여 오도(誤導)하였을 것이다. 처음 오도할 때에는 반드시 '뱀도 물고기와 같은 종류이다. 고기가 살지고 향기로우며 사람의 주변에 있어 잡기도 쉬운 데다가 그 모양을 따져 보면 가물치나 다름없다. 가릴 것이 뭐 있겠는가.'라고 말했을 것이다. 이에 몇 사람이 시험 삼아 고기를 맛본 결과 해독(害毒)이 없으므로 섬차로 마음에 익숙해져 혐오감이 없어졌을 것이다. 이렇게 세월이 쌓이다 보니, 점점 뱀을 먹는 풍속이 이루어져 태연히 여기고 부끄러워하지 않은 것이다.

이때에 그들이 뱀을 먹는 것이 부끄러워할 만한 일임과 해독이 두려울 만하다는 것을 어찌 알겠는가. 예전에 비난하던 자들까지도 뒤따라 본받으며 말하기를 '저들도 사람이므로 입맛이 다르지 않을 터인데 유독 뱀을 즐겨 먹는 것은 무엇 때문인가? 필시 그 속에 지극한 맛이 있어서일 것이다. 그렇다면 내가 전일에 그들을 비난한 것이 망령된 행위에 가깝지 않음을 어찌 알며, 그들이 즐기는 바가 소견이 없다는 것을 또 어찌 알겠는가?'라고 하였을 것이다. 이로 말미암아 상호간에 점점 물들어 그릇된 행위임을 깨닫지 못하고 있으니, 참으로 불쌍하다.

사군자(士君子)가 재리(財利)와 음악과 여색에 대해서도 이와 마찬가지이다. 탐욕과 방탕이 천하게 여길 만한 일임과 오욕(汚辱)과 패망(敗亡)이 두려울 만하다는 사실을 그 누가 모르겠는가. 그러나 한 번 마음에 겪어 보고는 결국 부끄러움을 망각해 버리니, 어찌 조소하는 말을 들을 수 있겠는가. 너는 마땅히 그 기미를 살펴 소홀히 여기지 말라.

등산에 대한 이야기[登山說]

옛날 중국의 노(魯)나라에 세 명의 아들을 둔 사람이 있었는데, 갑(甲)은 성품이 침착하였으나 발을 절었으며, 을(乙)은 기이한 것을 좋아하고 몸이 완전하였으며, 병(丙)은 경박하였으나 몸이 날래고 용맹과 힘이 크게 뛰어났다. 그래서 평소 일을 할 때에 병이 언제나 으뜸이었고 을이 그 다음이었으며 갑은 애써서 일을 해도 겨우 일과(日課)나 채울 정도였지만 나태한 마음이 없었다.

어느 날 을과 병이 태산(泰山)의 일관봉(日觀峰)에 누가 먼저 올라가는지 힘을 겨루어 보기로 약속하고 서로 앞다투어 나막신을 수선하고 있었다. 갑도 행장(行裝)을 챙기자, 을과 병이 서로 쳐다보고 다음과 같이 비웃었다.

"태산의 봉우리는 구름 위로 높이 솟아 천하를 굽어보고 있으므로 대단한 건각(健脚)이 아니면 올라갈 수 없는데, 어찌 발을 저시는 분이 엿볼 수 있단 말입니까?"

그러나 갑은 빙그레 웃으며 말하기를 "자네들 뒤만 따라가도 천만다행으로 여기겠네." 하였다.

세 사람이 태산 밑에 이르자, 을과 병이 갑에게 당부하기를 "저희들은 일찍이 가파른 절벽도 순식간에 날아서 올라가곤 하였으니, 형님이 먼저 출발하시오." 하니, 갑은 머리를 끄덕이고 그대로 하였다.

병은 아직 산 밑에 있고 을은 산 중턱에 이르렀는데, 날이 벌써 칠흑같이 어두워져 버렸다. 갑은 천천히 쉬지 않고 올라가 곧바로 산꼭대기에 이르러 객사(客舍)에서 유숙하고 새벽에 바다에서 솟구쳐 오르는 태양을 구경할 수 있었다.

세 아들이 집으로 돌아오자, 그 아비가 무엇을 보았는지 물어 보았다. 이에 병은 다음과 같이 말하였다.

"제가 산기슭에 도착하였을 때에는 해가 아직도 많이 남아 있었습니다. 이에 저의 날렵한 용맹을 믿고는 주위의 계곡과 구불구불한 샛길을 모두 걸어가면서 기화요초(琪花瑤草)를 주위 모으느라 끝없이 방황하다 보니, 갑자기 어둠이 닥쳐왔습니다. 바위 밑에서 잠을 자는데 구슬픈 바람 소리가 귀에 시끄럽게 들려오고 계곡의 물소리가 요란하였으며 여우와 멧돼지가 주위를 맴돌며 울어댔습니다. 그러자 마음이 초조해져 힘을 좀 써보려고 하였으나 호랑이와 표범이 무서워서 그만두었습니다."

을은 이렇게 말하였다.

"저는 뭇 봉우리가 겹겹이 늘어서 있고 푸른 절벽이 깎아지른 듯한 것을 보고는 나는 듯이 높은 곳에 올라가 이리저리 옮겨 다니며 뭇 봉우리들을 빠짐없이 탐색하였습니다. 그런데 산봉우리는 갈수록 더 많아지고 더욱더 높아졌으므로 다리의 힘도 따라서 지쳐버려 산중턱에 이르자 해가 지고 말았습니다. 저도 바위 밑에서 유숙하고 있었는데, 구름과 안개가 뒤덮어 지척(咫尺)을 분간할 수 없었고 옷과 신발이 축축하게 젖었습니다. 이에 산꼭대기로 올라가고 싶었으나 아직도 거리가 멀었고 산 밑으로 내려가고 싶었으나 그 역시 거리가 먹었으므로 거기에서 주저앉고 말았습니다."

갑은 이렇게 말하였다.

"저는 스스로 절름발이라는 것을 생각하고 저의 걸음이 느린 것을 염려한 나머지 곧바로 한 길을 찾아 쉬지 않고 올라갔습니다. 그러면서도 여전히 시간이 부족할까 염려하였으니, 어느 겨를에 주위를 돌아다니고 멀리 바라볼 수 있었겠습니까? 마음과 힘을 다하여 조금씩 붙잡고 쉴 새 없이 올라갔더니, 하인이 '이미 정상에 이르렀다.'고 말하였습니다. 제가 하늘을 쳐다보니 해가 닿을 듯하였고, 여러 산들을 내려다보니 푸르고 푸르러 그 끝이 어디인지 알 수 없었습니다. 산들은 쌓아 놓은 흙더미와 같았고 계곡은 주름진 골짝과 같았습니다. 해가 바다로 잠기자 하계(下界)가 칠흑같이 어두워졌는데, 주위를 바라보니 수많은 별들이 반짝거려 손금도 환히 볼 수 있었습니다. 저는 너무나 즐거워 잠자리에 들어서도 좀체 잠이 오지 않았습니다. 새벽닭이 한 번 울자 동방이 점점 밝아지더니, 붉은 빛이 바다를 뒤덮고 금빛

파도가 하늘에 닿아 마치 붉은 봉황과 금빛 뱀이 그 사이에서 요동치는 것 같았습니다. 이윽고 붉은 태양이 돌며 오르락내리락 하더니만 어느새 창공으로 떠올랐는데, 정말로 기막힌 장관이었습니다."

그 아비는 이렇게 당부하였다.

"진실로 이러한 일이 있는 것이다. 자로(子路)의 용맹과 염구(冉求)의 재주로도 끝내 공자(孔子)의 경지에 이르지 못하였으나 노둔한 증자(曾子)는 끝내 이르렀으니, 너희들은 이것을 기억해야 할 것이다."

아! 덕업(德業)을 진취하는 순서와 공명(功名)을 성취하는 방법, 낮은 곳에서 높은 곳으로 올라가고 아래서 위로 나아가는 모든 일이 다 그러하다. 그러므로 자신의 힘을 믿고 자만하거나 게을러져 자포자기(自暴自棄)하지 않는다면 스스로 노력한 절름발이에 접근할 수 있을 것이니, 소홀이 여기지 말라.

세 종류의 수꿩 이야기[三雉說]

꿩은 본성이 음탕하고 싸우기를 좋아한다. 장끼[수꿩] 한 마리가 여러 마리의 까투리[암꿩]를 데리고 계곡 사이로 먹이를 찾아다닌다. 봄과 여름이 교차할 무렵 숲속에서 까투리가 죽죽 울어대는데, 장끼가 한 번 까투리의 우는 소리를 들으면 날개를 치며 달려들어 사람이 접근해도 두려워하지 않는다. 이는 딴 수꿩이 암꿩들을 데리고 노는 것에 대한 질투 때문이다. 사냥꾼이 그 시기에 맞추어 나뭇잎으로 가리개를 만들어 몸을 은폐하고 미끼로 장끼를 생포하여 피리로 암꿩의 소리를 내면서 미끼를 움직여 수꿩이 암꿩에게 구애(求愛)하는 것처럼 한다. 이에 노기를 띤 수꿩이 미끼 앞으로 달려들면 사냥꾼이 그물로 덮쳐서 잡는데, 날마다 수십 마리가 포획되었다.

내가 사냥꾼에게 물어보니, 대체로 꿩은 세 종류가 있는데, 하나는 의심하지 않고 곧바로 달려드는 형이고, 하나는 의심을 하나 끝내는 미련을 버리지 못하여 잡히는 형이고, 하나는 한번 놀라면 영영 접근하지 아니하여 잡히지 않는 형이라 하였다.

내가 미루어 보건대, 이것은 주색(酒色)을 좋아하는 사람들의 경계로 삼기에 충분한 일이라고 여겨진다. 놀기 좋아하는 벗들과 어울려 마음 내키는 대로 여색을 탐하고 사람들의 비난하는 말을 아랑곳하지 않다가 스스로 법망(法網)에 걸려들어 종신토록 깨닫지 못하는 자는 한번 덮쳐 포획되는 수꿩의 부류라 할 것이다.

아! 피리 소리와 미끼의 유혹에 걸려들지 않은 수꿩이 드물고, 아첨하는 말에 넘어가지 않는 사람이 드물다. 아! 부모가 자식에게 바라는 마음은 여기에서 말하는, 단번에 덮쳐 포획되는 그러한 부류이겠는가, 종신토록 포획되지 않는 부류이겠는가? 너는 마땅히 분수를 살펴 소홀히 여기지 말거라.

시장의 오줌통 이야기[溺桶說]

관청에서 큰 시장의 후미진 곳에다가 오줌통을 설치하여 시장 사람들이 급할 때에 이용하게 하였다. 그러나 선비된 자가 몰래 여기에다 오줌을 눌 경우에는 불결죄(不潔罪)로 처벌하였다.

시장 부근에 사는 어떤 양반집에 변변치 못한 아들이 있었는데 몰래 이곳에 가서 오줌을 누곤 하였다. 그의 아버지가 이것을 알고 호되게 꾸짖었으나, 아들은 듣지 않고 늘 그 곳에다 오줌을 누었다. 오줌통을 관리하는 자가 이를 금지시키고자 하였으나, 그 아비의 위세에 눌려 감히 말하지 못하였다.

얼마 후, 그의 아버지가 세상을 떠났다. 아들이 예전에 오줌 누던 곳에 다시 가서 오줌을 누는데, 갑자기 뒤통수에 바람이 일더니, 누군가가 몽둥이로 그의 이마를 매섭게 후려치는 것이었다. 그는 한동안 정신을 잃고 쓰러졌다가 깨어나 예전의 못된 행실을 고치기로 마음먹고, 마침내 착한 선비가 되었다.

나는 목욕재계하여 마음을 깨끗이 가다듬고 손수 '훈자오설(訓子五說)' 한 질을 썼으며, 아울러 아들 구손(龜孫) 용휴(用休)에게 다음과 같은 편지를 보내는 바이다.

부귀한 집안에서 호의호식하고 자란 자제들은 부형이 날마다 부귀를 누리는 것을 보고는 마음속으로 사람들이 모두 다 그러하리라고 여길 것이다. 그러니 저들이 오늘날 비단옷을 입는 것이 바로 선대에 거친 옷을 입은 덕택이라는 것을 어찌 알며, 오늘날 고량진미를 먹는 것이 전일에 푸성귀와 거친 밥을 먹은 결과라는 것을 어찌 알며, 오늘날 수종(隨從)이 앞뒤에서 호위하여 영화롭게 출입하는 것이 전일에 발이 부르트도록 도보로 걸어 다닌 나머지라는 것을 어찌 알겠는가.

나는 비록 크게 성공한 부류는 아니지만, 선조(先祖)의 교훈을 잘 받들어 선조의 뜻을 실추시키지 않은 것으로 말하자면 그렇다고 할 수 있을 것이다. 이에 부지런히 힘쓰고 고생하며 일찍이 학문에 뜻을 둔 일과 부모와 스승의 말씀을 마음속에 깊이 새긴 일들을 대략 기록하여 너를 권면하는 바이니, 너는 잘 살펴야 할 것이다.

  나는 겨우 두 살 때에 양모(養母)에게 의탁하여 자랐는데, 한없이 놀고 장난하여 나이 12세가 되었으나, 학문이 무엇인지 알지 못하였다. 이때 선친인 대민공[戴敏公; 강석덕(姜碩德)]이 양근군수(楊根郡守)로 나가셨는데, 나의 양모를 찾아와서 나를 군학(郡學; 향교)에 보낼 것을 청하셨다. 이에 양모는 눈물을 흘리시며 이렇게 말씀하셨다.
  "저는 이 아이 때문에 마음에 위안이 됩니다. 학문이 성취되고 안 되는 것은 천명에 달려 있는 것입니다. 어찌 굳이 슬하를 멀리 떠나야만 학문을 할 수 있겠습니까?"
  이에 선친도 눈물을 흘리시며 나의 등을 어루만지고 말씀하셨다.
  "네 스스로 학문을 할 줄 알아 성취하는 것도 천명이요, 네가 스스로 허튼 짓을 하여 끝내 떨치지 못하는 것도 천명이니, 네가 하고 싶은 대로 하거라."
  나는 이 말씀을 듣고 스스로 분발하여, 남보다 몇 십 배, 몇 백 배의 노력을 하고서야 비로소 사람들과 어깨를 나란히 할 수 있었다.
  나는 비록 시골의 빈한한 선비는 아니었지만, 학문에 뜻을 둔 자가 의복에 관심을 쏟아 큰일을 소홀히 하는 것을 보았기에 겨울에는 바지 몇 벌과 여름에는 거친 갈포 옷 몇 벌로 추위와 더위를 대략 대비하였을 뿐이다.
  병인년(1446) 겨울에 관찰사 김겸광(金謙光) 등 여러 분들과 함께 광교산(光敎山)의 창성사(昌盛寺)에서 글을 읽고 있었는데, 집의 심부름꾼이 오랫동안 오지 않았다. 속곳을 제때에 갈아입지 못하자 이와 서캐가 속곳에 들끓어 가려움을 견딜 수 없으므로, 불을 펴 놓고 이것을 태웠으나 막을 수가 없었다.

얼마 후 집에서 심부름꾼이 왔기에 새 속곳으로 갈아입고 손수 옷을 개어서 봉하여 보냈는데, 모친(양모)께서는 이것을 차마 펴 볼 수가 없으셨다. 모친께서는 이것을 간직해 두셨다가 내가 과거에 급제하기를 기다려 보여주셨으며, 또 후손들에게 보여주고자 하셨으니, 이는 너희들이 직접 목격한 바이다. 지금은 비록 비단옷을 몸에 두르고 있으나, 내 일찍이 그때의 고초를 잊은 적이 없노라.

갑자년(1444) 여름에는 관찰사 이윤인(李尹仁) 등과 금주산(衿州山; 관악산)에서 글을 읽고 있었는데, 사람은 많고 양식은 부족하였으니, 그 사이에 어찌 굶주려 허기진 괴로움이 없었겠는가. 그리고 이해 겨울에는 황산(黃山)의 사나사(舍那寺)에서 글을 읽었는데, 이때 눈이 쌓이고 날씨가 몹시 추우므로, 가끔 승려들에게 채소를 얻어먹어 굶주림을 해결하였다. 지금은 비록 궁중의 맛있는 음식이 눈앞에 즐비하여 배불리 먹고 있으나, 내 일찍이 그때의 괴로움을 잊은 적이 없노라.

정묘년(1447) 가을에 과거에 급제하여 종부시 주부(宗簿寺主簿)가 되었는데, 의정(議政) 남지(南智) 어른을 사저(私邸)에서 뵙자, 남의정은 이렇게 말씀하였다.

"사람들의 마음이 매우 험악하여 남의 악행을 들으면 행여 들추어 내지 못할까 염려하고, 남의 선행을 들으면 행여 엄폐하지 못할까 염려하네. 처음 벼슬할 때에 처신하기가 가장 어려우며 특히 양반 가문의 자제들이 더욱 어렵네. 지금 그대는 양반 가문의 자제로 젊은 나이에 높은 등급으로 급제하였으니, 조금이라도 근신(勤愼)하지 않으면 잘못에 따라 사람들이 혹은 술주정을 한다고 비난할 것이요, 혹은 여색을 탐한다고 비난할 것이요, 혹은 교만한 사람이라고 비난할 것이네."

나는 이 가르침을 듣고 물러 나와 그 말씀을 외우며 종신의 경계로 삼았다. 이제 비록 뜻을 얻어 부귀영화를 누리고 있으나, 내 일찍이 이 훈계를 생각하지 않은 적이 없노라.

네가 이미 벼슬을 버리고 학문의 길로 돌아왔으니, 마땅히 마음을 비우고 공손히 받아들여야 할 것이다. 마음속에 사사로운 주장이 있으면 선(善)을 보고도 따르지 않으니, 이는 비유하면 마치 바위에 말뚝을 박는 것과 같아 들어가지 못한다. 이와 반대로 마음속에 사사로운 주장이 없으면 의로운 말을 들을 경우 즉시 옮겨가니, 이는 물속에 돌을 던지는 것처럼 잘 들어간다.

강희맹(姜希孟, 1424~1483) 조선 초기의 학자·정치가. 자는 경순(景醇), 호는 사숙재(私淑齋)·국오(菊塢)·운송거사(雲松居士)·무위자(無爲子), 본관은 진주(晉州)이다. 집현전직제학을 거쳐 이조판서, 좌찬성을 지냈다. 문장과 서화에도 능하였고, 문집인 《사숙재집(私淑齋集)》 외에 《촌담해이(村談解頤)》, 《금양잡록(衿陽雜錄)》 등의 저서를 남겼다.

117

남을 질책하기 앞서 자신을 책망하라

공자는 일찍이 "자신을 많이 질책하고 남을 적게 질책하면 남으로부터 원망이 적다.[躬自厚而薄責於人 則遠怨矣]" 하셨고, 자신의 악을 다스리는 방법을 묻는 번수(樊須)의 질문에 "자신의 악을 다스리고 남의 악을 다스리지 않는 것이다.[攻其惡 無攻人之惡]"라고 대답하셨다. 맹자(孟子) 또한 "사람의 병통은 자신의 밭을 버려두고 남의 밭을 김매는 데 있다[人病 舍其田而芸人之田]."고 비유하여 말씀하였다.

북송(北宋) 때의 학자인 범순인(范純仁)은 "사람이 아무리 어리석더라도 남을 질책하는 데에는 밝고, 비록 총명하더라도 자신의 잘못을 용서하는 마음으로 남을 용서하는 데에는 어둡다. 사람이 만일 남의 잘못을 질책하는 마음으로 자신의 잘못을 질책하고, 자신의 잘못을 용서하는 마음으로 남을 용서한다면 성현의 경지에 이르지 못함을 걱정하지 않아도 된다." 하였다.

숙종 때의 학자이며 문장가인 삼연(三淵) 김창흡(金昌翕)은 그가 지은 《삼연집(三淵集)》 〈만록(謾錄)〉에서 다음과 같이 밝히고 있다.

"불은 밖은 밝으나 안은 어둡고, 물은 밖은 어두우나 안은 밝다. 사람의 기질도 물과 불을 모두 구비한 뒤에야 안과 밖이 통달하고 밝아서 편벽되고 어두운 병통이 없을 수 있다. 지금 사람들을 살펴보면 용모와 기상(氣像), 언어와 동작이 모두 뜨겁게 타오르는 불기운뿐이요, 못처럼 깊고 넓은 뜻이 전혀 없다. 그러므로 남의 잘못에 대해서는 털끝만한 것도 반드시 살피지만 자신의 과오에 있어서는 비록 산과 같이 많더라고 반성하지 못한다. 만일 밝은 지혜를 못처럼 깊은 속에 감추어 두고 때에 맞추어 그 밝음을 밖으로 드러낸다면 유도자(有道者)의 기상에 가까울 것이다."

춘추시대(春秋時代)에 진(晉)나라는 신흥강국인 초(楚)나라와 경쟁 관계였다. 진나라 평공(平公)이 "우리나라는 지형이 험고하고 말[馬]이 많이 생산되며, 또 우리와 경쟁국인 제(齊)나라와 초나라에는 내란이 자주 일어난다. 그러하니 우리가 어디를 간들 승리하지 못하랴." 하며, 기고만장하였다. 이에 사마후(司馬候)는 다음과 같이 간언하였다.

"지형의 험고함과 말이 많음은 믿을 것이 못 됩니다. 사악(四嶽)과 삼도(三塗), 양성(陽城) 등의 산지(山地)는 험하기로 이름났으나 이들 지역의 나라들은 오랫동안 보존된 나라가 없고, 기주(冀州)의 북쪽 지역은 말이 많이 생산되지만 흥왕한 나라가 없으니, 지역의 험고함과 말이 많음은 믿을 것이 못 됩니다. 이 때문에 선왕들은 덕을 베풀기를 힘썼던 것입니다. 그리고 이웃 나라의 내란을 기대해서는 안 됩니다. 혹은 내란으로 인해 국가가 더욱 공고해지기도 하고, 혹은 내란이 없음으로 인해 나라가 멸망하고 영토가 줄어들기도 하였습니다. 제나라는 중손(仲孫)의 내란으로 말미암아 환공(桓公)을 얻어 지금까지도 부강(富强)하며, 진나라는 이극(里克)과 비정(丕鄭)의 내란으로 말미암아 문공(文公)을 얻어 제후의 맹주가 되었습니다. 이와 반대로 위(衛)나라와 형(邢)나라는 내란과 외적이 없었으나 또한 멸망하였으니, 남의 환란을 기대하고 좋아해서는 안 됩니다. 임금께서 만약 이 세 가지를 믿고 덕과 정사를 닦지 않는다면 멸망하기에 겨를이 없을 것이니, 어떻게 성공하시겠습니까?"

정조 때의 학자인 성대중(成大中)은 그가 지은 《청성잡기(靑城雜記)》에서 당시 있었던 당파의 당쟁을 다음과 같이 밝히고 있다.

"당론(黨論)은 다만 하나의 전쟁터이다. 그 정탐하고 설득하는 방법을 전국시대(戰國時代)에 갖다 놓는다면 으뜸가는 책사(策士)라도 이보다 더하지는 못할 것이다. 다만 이를 적에게 쓰지 않고 같은 조정에 사용한 것이 애석할 뿐이다.

이입신(李立身)은 허견(許堅)을 위해 목숨을 바치기로 작정한 사람이었다. 허견은 청성부원군(淸城府院君) 김석주(金錫胄)를 꺼려한 나머지 이입신을 보내어 그를 살해하려 하였다. 김석주는 그가 올 것을 미리 알고는 횃불을 감춰두고 기다리다가 그가 오자 횃불을 밝히니, 그는 비수를 숨길 데가 없었다. 김석주가 짐짓 위로하며 '추위와 배고픔을 못 견디어 그랬느냐?' 하고는 그에게 은 천 냥을 던져 주자, 이입신은 이를 소매 속에 넣고 갔다. 이입신이 또다시 살해하러 왔는데도 김석주가 예전처럼 그에게 또 천 냥을 주자, 결국 이입신은 도리어 김석주를 위해 허견을 고변(告變)하여 경신옥사(庚申獄事)가 성립되었다.

　을사환국(乙巳換局)은 남인(南人) 측의 민종도(閔宗道)가 일으킨 것이었다. 노론(老論) 측의 김수항(金壽恒)이 그 정황을 어렴풋이 듣고는, 민종도와 잘 아는 자를 매수하여 정탐하게 하였다. 그가 민종도의 집 앞에 이르렀는데 고요하여 아무도 없었고 민종도가 거처하는 방 앞까지 가도 마찬가지였다. 그가 소리쳐 민종도를 부르자 잠시 후에 민종도가 들어오라고 대답하였다. 들어가 보니 민종도는 얇은 이불에 해진 두건을 쓰고 맨바닥에 자리를 깔고 누웠는데, 곁에 시중드는 사람도 없었다. 민종도는 기운이 없어 말도 제대로 잇지 못하면서 '나는 오늘내일하는 사람인데 그대가 찾아와 주니 참으로 고맙네.' 하고 반겼다.

　정탐하러 갔던 자가 돌아와 김수항에게 아뢰기를 '민종도는 병들어 곧 죽을 것이니 걱정할 것이 없습니다.' 하였다. 그런데 바로 그날 해가 저물기 전에 변란이 일어났다. 이 때 수레를 몰고 병사들을 거느린 채 병조판서로 입궐해서 당당한 위세로 사람들을 벌벌 떨게 한 자는 바로 민종도였다."

　우리는 남북관계나 국제관계에서 제대로 대응하지 못해 상대방에게 당한 적이 여러 번 있었다. 성대중의 말씀처럼 정권을 쟁취하기 위해 쓰는 책략을 돌려서 국익을 위해 상대국에게 이용하기를 바라는 마음 간절하다.

김창흡(金昌翕, 1653~1722) 자는 자익(子益), 호는 삼연(三淵), 본관은 안동, 시호는 문강(文康)이다. 청음(淸陰) 상헌(尙憲)의 증손자이고 문곡(文谷) 수항(壽恒)의 아들이며 창집(昌集)과 창협(昌協)의 아우인데, 형 창협과 함께 성리학과 문장으로 명성이 높았다. 숙종 15년(1689) 기사환국(己巳換局) 때 아버지가 사사(賜死)되자 경기 영평(永平)에 은거하였다. 저서로 《삼연집》 등이 있다.

성대중(成大中, 1732~1809) 자는 사집(士執), 호는 청성(靑城)·순재(醇齋)·동호(東湖) 등이고, 본관은 창녕(昌寧)이다. 1753년(영조29) 생원시에 합격하고, 1756년 문과에 급제하여, 성균관 전적, 교서관 교리, 북청 도호부사(北靑都護府使) 등을 지냈다. 홍대용(洪大容), 박지원(朴趾源), 이덕무(李德懋), 유득공(柳得恭), 박제가(朴齊家) 등과 교유하였다. 저서로 《청성집》 등이 있다.

우계(牛溪) 성혼(成渾)의 청빈한 생활

성혼(成渾)
《우계문집(牛溪文集)》

    우계(牛溪) 성혼은 선조 때의 유명한 학자이다. 율곡(栗谷) 이이(李珥)와 절친한 친구 사이였으며 학문 또한 쌍벽을 이루어 율우(栗牛) 또는 우율(牛栗)로 일컬어지는바 두 분 모두 파주가 고향이다. 우계는 양반 가문의 자제이지만 청빈(淸貧)하기로 유명하였다. 부친인 청송(聽松) 성수침(成守琛)은 정암(靜庵) 조광조(趙光祖)의 문인이며 벼슬을 마다한 은사(隱士)이다.

    요즘 사람들은 우리의 선현을 제대로 알지 못한다. 조선조의 학자를 들라고 하면 퇴계(退溪) 이황(李滉)과 율곡, 그리고 다산(茶山) 정약용(丁若鏞) 등 몇 분에 불과하다. 한편 동양철학이나 한국철학을 연구하는 학자들은 주리설(主理說)이니 주기설(主氣說)이니 하여 조선조의 성리설에 대해 논쟁할 뿐이다. 일반인들은 성리설의 논문을 읽고 강의를 들어도 제대로 이해하지 못한다. 상황이 이렇다 보니 사람들이 선현의 학문을 멀리 하게 되는 것은 물론이고 선현들이 어떻게 생활하고 어떻게 자녀를 교육하였는지도 잘 알지 못한다.

　우계는 한평생 검소한 생활을 실천한 분이다. 《우계문집》에 이러한 내용이 많이 보인다. 아드님인 문준(文濬)에게 보낸 편지에는 "혼인할 때에는 모든 일을 남에게 요청하지 말라. 다만 이경애(李敬愛)에게 말하여 싸리로 만든 횃불 몇 자루와 큰 횃불 두 개를 신용석(辛用錫)과 윤여회(尹汝晦) 등에게 청하도록 하라." 하였고, 또 "율곡의 문인 중에 쌀을 보내온 자가 있으면 모두 받지 않았다. 이는 세속의 준례를 따르다보면 의리에 온당치 못하게 되는 경우를 자주 보았기 때문이다. 그들이 신경을 써서 꿩과 어물, 장류(醬類) 등을 보내주어 지금까지 부족하지 않으나 이 또한 마음에 편치 않다." 하였다.
　다음은 임진왜란 때인 1592년(선조 25) 11월에 우계가 선조대왕과 광해군을 따라 외지에 있으면서 사위 윤황(尹煌)에게 사후의 일을 당부한 내용이다.

　"나는 평소 몸이 허약하여 바람과 추위를 견딜 수 없으므로 겨울이면 따뜻한 방 안에서 거처하였다. 이제 난리를 만나 이리저리 유리하느라 백번 죽을 고비를 겪었으며 얼음과 눈을 무릅쓰고 평안도 순천군(順川郡)에 표류하고 있다. 겨울철에 추위가 더욱 심하여 얼음과 서리가 땅에 가득하고 북풍이 거세게 몰아치니, 이처럼 훼손된 약골로 이와 같은 추위를 무릅쓰면서 천 리 길이나 되는 의주(義州)로 달려간다면 사세로 헤아려 보건대 반드시 도로에서 죽고 말 것이다. 만일 도로에서 갑자기 병이 나서 별안간 죽는다면 유명(遺命)을 말하지 못할까 염려되므로 간략히 이것을 써서 사위인 윤생[尹生; 윤황(尹煌)을 가리킴]에게 부치는 바이다.

죽거든 먼저 얼굴과 손을 씻겨라.
- 염습(斂襲)은 입고 있는 옷에 삼베옷과 검정 띠를 가하여 성복(盛服)으로 삼아라.
- 관(冠)은 정자관(程子冠)을 사용하여라.
- 재력이 있어 관(棺)을 살 만하면 얇은 판자를 사서 염습하도록 하여라. 【관을 살 수가 없으면 짚자리로 싸라. 판자가 얇지 않고 두꺼우면 백골을 가지고 고향으로 돌아가기가 어려우니, 반드시 지극히 얇은 판자를 사용하여라.】
- 죽은 곳에서 가깝고 민가와 멀지 않은 곳을 구하여 묻되 흙을 조금 높게 쌓아 올리고, 민가에 다소의 물품을 주어 은혜를 베풀어 도둑들에게 도굴당하지 않게 하여라.
- 그런 뒤에 돌아가 나의 처자에게 알리되 아침과 저녁에 상식(上食)을 올리지 말도록 하여라.
- 난리가 진정된 뒤에 부모의 산소 곁으로 백골을 가지고 고향으로 돌아가 장례하게 되면 관을 바꿀 필요가 없다. 그리고 봉분을 낮게 하고 표석(標石)을 세워 '창녕성혼묘(昌寧成渾墓)' 다섯 글자만을 쓸 것이며, 재력이 미칠 수 있으면 내가 쓴 지문(誌文)을 묻도록 하여라."

다음은 임진왜란 때인 1598년(선조 31)에 아들 문준에게 사후의 일을 당부한 내용이다.

"난세를 만나 모든 사람들의 가업이 파산되었는데 우리 집은 곤궁함이 더욱 심하니, 장례를 후(厚)하게 치를 수가 없다. 집안의 재정에 맞추어 장례함은 성인이 정하신 제도이다. 관목(棺木)은 농부들이 사용하는 것을 쓸 것이요 절대로 비싼 값을 주고 좋은 목재를 구하지 말라. 염습하여 입관(入棺)을 마친 다음 5, 6일 이내에 즉시 외곽(外槨)을 구할 것이요 많은 날짜를 허비하지 말도록 하여라. 집 뒷산에 자라는 나무 중에 크지 않은 것을 베어서 장강(長杠)을 만들어 소 두 마리가 앞뒤에서 관을 싣고 가게 하되 띠풀을 엮어 그 위를 덮은 다음 5, 6명으로 하여금 소를 몰아 붙들고 가게 하고, 이웃 사람들을 이 일에 동원하지 말도록 하라. 선영의 아래로 돌아가 장례하되 석회(石灰)를 사용하지 말고 성대한 제수를 진설하지 말며 집으로 반혼(返魂)하라. 집 밖에 한 칸의 초가집을 만들어 조석(朝夕)으로 상식(上食)을 올리되 성대한 제수를 사용하지 말고 다만 채소만 사용하며, 소상(小祥)과 대상(大祥)에도 성대한 제수를 진설하지 말고 밥과 국, 술과 과일, 쌀과 면(麵) 등의 음식만을 올리도록 하라.

후일에 다소 남은 재물이 있거든 세 자쯤 되는 표석(標石)을 묘 앞에 세워 '창녕성혼묘(昌寧成渾墓)'라는 다섯 글자만을 새겨 자손들로 하여금 이 곳이 나의 무덤임을 알게 하면 충분하다. 나는 평소 가난하고 담박한 생활에 익숙하고 또 난세를 만났으므로 시신을 오랫동안 지상에 남겨 두지 말고 속히 땅 속으로 돌아가게 하기를 바란다. 이 때문에 이것을 종이에 써서 너에게 부치는 것이다. 또 남에게 도움을 청하지 말고 단지 노복들과 함께 일찍 관곽(棺槨)을 구하여 장례하도록 하며, 장례 또한 하루에 끝마쳐 많은 공력을 들이지 말도록 하여라.

다만 백지(白紙)를 사용하여 명정(銘旌)에 '성군지구(成君之柩)' 네 글자만을 쓰고 외인들에게 만장(挽章)을 요구하지 말라."

옛 분들은 부모를 후장(厚葬)하는 것을 큰 효(孝)로 여겼으며, 사후에 좋은 수의(壽衣)로 염습하고 아름다운 목재로 관곽을 만들어 장례하는 것을 좋게 생각하였다. 그러나 우계는 남에게 폐해를 끼치지 말고 검소하게 장례할 것을 자제들에게 신신당부하였다. 물론 임진왜란이라는 큰 난리가 있었기 때문이기도 하지만 도와줄 수 있는 제자가 여럿 있었는데도 이렇게 사양하였다.

요즘 위정자나 지식층 인사들은 경쟁적으로 사치를 숭상한다. 또한 젊은이들은 서양의 자본주의에 익숙하여 많이 벌어 잘 먹고 잘 쓰는 것을 좋아한다. 배금사상과 물질만능주의가 팽배해 있는 현대 사회에 인간은 오직 돈을 벌기 위해 존재하는 것으로 잘못 인식되어 일가친척은 말할 것도 없고 부모 형제도 돌보지 않는다. 윤리도덕은 발붙일 곳이 없고, 이로 인해 빈부의 불평등 같은 사회의 부조리들이 만연하여 범죄가 날로 증가하고 있다. 이러한 상황에서는 자녀 교육도 제대로 되기가 어렵다.

성혼(成渾, 1535~1598) 자는 호원(浩原), 호는 묵암(默庵)·우계(牛溪), 본관은 창녕(昌寧), 시호는 문간(文簡)이다. 1551년(명종6)에 생원·진사의 양장(兩場) 초시에 모두 합격했으나 복시에 응하지 않고 학문에만 전심하였다. 이이(李珥)와 교유하고 이황(李滉)을 사숙(私淑)하였으며, 조정에서 연이어 내려오는 벼슬을 거의 사양하고 인재 양성과 학문 연구에 전념하였다. 이이의 천거로 이조 참판 등을 역임하기도 하였으며, 임진왜란이 일어나자 세자의 분조(分朝)와 행재소 등에서 호종하였다. 저서에 《우계집》 등이 있다.

119

영의정의 딸, 부인, 어머니

홍섬(洪暹)의 어머니 송씨(宋氏) 부인

홍섬은 자가 퇴지(退之)이며 호가 인재(忍齋)이고 본관이 남양(南陽)이니, 영의정 언필(彦弼)의 아들이다. 중종(中宗) 무자년(1528)에 생원시에 합격하고, 신묘년에 문과에 급제하였다. 청백리(淸白吏)에 뽑혔으며, 정묘년에 예조판서가 되었고, 신미년에 정승이 되어 영의정에 이르렀다. 기로사(耆老社)에 들어갔으며 궤장(几杖)을 하사받았다. 시호가 경헌공(景憲公)이며, 을유년(1585)에 별세하니 나이가 81세였다.

홍섬의 나이 70세에 궤장을 하사받자 영화로운 잔치를 베풀었다. 홍섬의 어머니 송씨(宋氏) 부인은 영의정의 따님으로서 영의정의 아내가 되었고 영의정의 어머니로서 다시 영화로운 잔치를 보게 되었으니, 세상에서 희귀한 일이라고 일컬었다.

홍섬의 외사촌 아우인 여성위(礪城尉) 송인(宋寅)이 추후에 기문(記文)을 짓고 이 일을 그림으로 그려, 가보(家寶)로 간직하였다. 송씨 부인은 94세까지 살았으니 영의정 송질(宋軼)의 따님이다.

남편의 청렴한 덕을 더럽힐 수 있겠는가

유응규(庾應圭)와 그의 부인
《동사강목(東史綱目)》

    고려 명종(明宗) 때에 공부시랑(工部侍郞)을 지낸 유응규는 평장사(平章事) 유필(庾弼)의 아들로, 총명이 뛰어나고 풍채가 아름다워서 당시 사람들이 그를 옥인(玉人)이라고 불렀다. 몸가짐이 바르고 의지가 굳으며 일을 처리하는 데에는 결단력이 있었다.
    그가 남경(南京; 지금의 서울)의 수령(守令)으로 있을 때 공정하고 청렴하게 백성을 다스려 티끌만한 뇌물도 받는 일이 없었다.
    그의 아내가 해산(解産)을 하여 산고(産苦)로 신음을 하는데, 먹을 것이라곤 나물국뿐이었다. 그러한 사정을 딱하게 여긴 한 아전이 몰래 꿩 한 마리를 구하여 그 부인에게 보냈더니, 그녀는
    "남편은 평생에 남의 선물을 받은 일이 없으신데, 내 어찌 입맛이 없다 하여 남편의 청렴한 덕을 더럽힐 수 있겠는가."
하고 그것을 받지 않았다.
    참으로 그 남편에 그 부인이었다.

유응규(庾應圭, 1131~1175) 고려시대의 문신. 본관은 무송(茂松)이다. 판이부사 유필(庾弼)의 아들. 음보로 내시가 된 뒤 참관(參官)이 되었다. 남경(南京)의 지방관으로 나가 청렴하게 정사하여 합문지후(閤門祗候)가 되었으며, 의종(毅宗) 24년(1170) 명종이 즉위하자 공부낭중(工部郞中)이 되어 금나라에 사신으로 가서 선위(禪位)의 사실을 알리고 돌아와 그 공으로 군기감정 겸태자중서사인이 되었다. 명종 4년(1174) 조위총(趙位寵)이 난을 일으키자, 왕명을 받들고 조위총을 설득하여 그로 하여금 항복하게 만들었다. 그러나 조위총이 곧 배반하여 귀로에서 그를 죽이려 하였으나 미치지 못하여 죽음을 면하였다.

썩은 고기를 모두 사다가 묻어버리다

홍서봉(洪瑞鳳)의 어머니
《동언당법(東言當法)》

　인조(仁祖) 때 정승을 지낸 홍서봉의 모친은 집안이 가난하여 항상 소박하게 채식을 하였으나 굶는 때가 많았다. 어느 날 집안에 특별한 일이 있어서 부인이 종을 시켜 고기를 사오게 하였더니, 고기가 색이 변하여 부패한 것을 알 수 있었다.
　부인은 종에게 "네가 사온 것과 같은 고기가 얼마나 더 있더냐?" 하고 물어본 다음, 곧 패물을 팔아서 그 돈으로 시장에 남아있던 고기를 모두 사오게 하여, 담장 밑에 묻어버렸다.
　이는 다른 사람이 그 고기를 사 먹고 병이 생기게 될 것을 염려한 때문이었다. 홍 정승은 이와 같은 모친의 마음씨에 대해 이렇게 말하였다.
　"어머니의 이런 마음씨는 하늘이 감동할 것이오니, 반드시 우리 자손들이 번창할 것입니다."

옛말에 '음덕(陰德)을 쌓으라' 하였다. 음덕이란 남들이 모르게 드러내지 않고 은덕을 쌓음을 이른다. 홍서봉의 가문이 번창하였음은 두말할 것이 없다.

홍서봉(洪瑞鳳, 1572~1645) 조선 중기의 문신. 본관은 남양(南陽), 자는 휘세(輝世), 호는 학곡(鶴谷), 시호는 문정(文靖)이다. 1594년 별시문과에 병과로 급제하여 좌참찬·좌의정·영의정 등을 역임하였다. 1623년 인조반정을 주도하여 정사공신(靖社功臣) 3등에 책록되고, 익녕군(益寧君)에 봉해졌으며, 1640년부터 1645년까지 영의정과 좌의정을 번갈아 역임하며 국왕을 적극적으로 보필하였다.

근검(勤儉)으로 가문을 빛낸 아내

신흠(申欽)의 이씨(李氏) 부인
《지봉집(芝峯集)》

　선조(宣祖) 때의 정승이며 유명한 문장가인 상촌(象村) 신흠의 부인 이씨(李氏)는 청강(淸江) 이제신(李濟臣)의 따님이었다. 그녀는 품성이 검소하고 근면하였는데, 문중(門中)에서 모임이 있을 때마다 내외의 동서들은 호사스러운 옷치장을 하여 서로 자랑하였으나, 이씨 부인은 홀로 검소한 차림으로 얼굴에 화장도 하지 않고 모임에 참석하곤 하였다.
　신흠이 이조(吏曹)의 전관(銓官)으로 관리들의 인사권을 쥐고 있을 적에 어떤 사람이 좋은 벼슬자리를 구하려고 이씨 부인에게 뇌물을 바치자, 이씨 부인은 다음과 같이 단호하게 거절하였다.
　"나는 어려서 아버지를 섬기면서 조금도 어른에게 누(累)를 끼친 일이 없었고, 지금은 남편 받들기를 아버지 모시듯 하고 있는데, 어찌 이익이 되는 일이라고 하여 우리 가정의 규범을 더럽히겠는가."
　신흠의 아들 익성(翊聖)은 선조의 딸인 정숙옹주(貞淑翁主)에게 장가들어 부마(駙馬)가 되었다. 이씨는 가문의 명성이 드러나는 것을 두려워하여 항상 겸손하고 더욱 몸가짐을 조심하였으며, 가정 일로 사사로이 옹주를 찾아가서 부탁하는 일이 없었다. 부인은 날마다 베를 짜는 등 오직 가정 살림에만 힘쓸 뿐이었다.

그 후 오성부원군(鰲城府院君) 이항복(李恒福)은 부인들의 행실을 논할 때에 항상 이렇게 말씀하였다.

"선비 가문(家門)의 부인다운 덕행을 간직한 사람은 오직 이씨 부인뿐이다."

신흠(申欽, 1566~1628) 조선 중기의 문신. 본관은 평산(平山), 자는 경숙(敬叔), 호는 상촌(象村)·현헌(玄軒)·현옹(玄翁)·방옹(放翁), 시호는 문정(文貞)이다. 동인(東人)의 배척을 받았으나 선조의 신망을 얻었다. 뛰어난 문장력으로 대명외교문서의 제작, 시문의 정리, 각종 의례문서 제작에 참여하였다. 이정귀(李廷龜), 장유(張維), 이식(李植)과 함께 한문학의 태두로 일컬어진다. 1651년에 인조 묘정(廟庭)에 배향되었다. 저서로 《상촌집(象村集)》이 있다.

연산서씨(連山徐氏) 가문을 일으킨 이씨(李氏) 부인

《약천집(藥泉集)》

연산서씨(連山徐氏)는 이천서씨(利川徐氏)에서 분파(分派)되었다. 중간에 계통을 잃었고 수효도 많지 않다. 선산(先山)이 대부분 충남 결성(結城)에 있고, 후손들도 주로 충남지방에 분포되어 있다.

선조로는 제주판관(濟州判官) 서련(徐憐)이 풍운조화를 일으키는 뱀을 처단한 고사로 유명하며, 아들 천령(千齡)은 연기현감(燕岐縣監)이었고, 손자 주(澍)는 정유재란에 흉년이 들었을 때 굶주린 자들을 구휼하고 군대에 곡식을 바쳐 사헌부감찰(監察)에 제수되었을 뿐, 이때까지는 명성이 그리 혁혁한 가문은 아니었다.

서주(徐澍)는 약천(藥泉) 남구만(南九萬)의 조부 식(烒)의 장인이다. 전취부인 정씨(鄭氏)에게서 낳은 후적(後積)과 효적(效積) 두 아들과 딸 하나가 있었으며, 후취부인 이씨(李氏)에게서 낳은 네 딸이 있었다. 이 딸들이 모두 명문가로 출가하여 훌륭한 자손을 둠으로써 외가인 서씨 가문을 일약 명문가로 일으켜 세웠다. 또한 두 아들 역시 계모를 효성으로 받들고 형제자매간에 우애가 지극하였으며, 며느리들까지 훌륭하여 존경받는 가문이 되었다.

　남구만은 대제학과 영의정을 오랫동안 지낸 숙종 때의 명재상으로, 《약천집(藥泉集)》 34권이 세상에 전하는바, 약천이 지은 외증조 서주의 묘갈명과 두 아들 후적과 효적의 묘갈명을 간추려 이씨 부인을 여기에 소개한다.

　공은 휘가 주(澍)이고 자가 경림(景霖)인데, 가정(嘉靖) 갑진년(1544)에 출생하여 만력(萬曆) 정유년(1597)에 별세하였다. 임진년(1592)에 왜란과 큰 흉년을 당하였으나, 호서(湖西) 지방만이 다소 온전하였다. 떠돌아다니는 남녀들이 모두 공에게 의귀하자, 공은 오는 대로 구제하였으며, 또 남은 곡식을 모두 군대에 실어다 바치니, 조정에서는 그 공로로 사헌부의 감찰을 제수하였다.

　그러나 공은 본래 벼슬을 얻기 위한 것이 아니라 하여 사은숙배(謝恩肅拜)하지 않았고, 또 집안사람들에게 관직의 이름으로 자신을 호칭하지 말 것을 당부하였다.

　공의 후취부인 이씨는 좌승지(左承旨)에 추증된 응린(應麟)의 따님으로 성품이 엄하고 법도가 있어 여사(女士)의 훌륭한 행실을 보였다. 공이 별세하자, 부인은 여러 달 동안 곡식을 먹지 않았고, 15년 동안 고기를 먹지 않았으며, 큰 아들인 승지공(後積)이 염병을 앓아 위독하자, 부인은 밤낮으로 하늘에 기도하고 자신이 낳은 딸을 가리키며 아들 대신 저 딸을 데려가 달라고 애원하였다.

　얼마 후 자신이 병에 전염되어 위독하자, 딸들이 둘러앉아 우니, 부인은 "어찌 나쁠 것이 있겠는가. 아들이 살고 내가 죽는다면 너희 집안의 경사이다." 하였다.

부인은 경사(經史)를 읽어 대의(大意)를 통달하였으며, 역법(曆法)과 산수(算數), 점술(占術)과 관상법 등을 널리 섭렵하였는데, 특별히 사주(四柱)를 잘 알았다. 아들과 손자가 출생하면 출생한 날짜와 시간을 물어 수명과 부귀를 예언하곤 하였는데, 후일에 많이 적중하였다. 또 지식과 도량이 매우 높아 비록 궁벽한 시골에서 과부로 혼자 살았으나, 자녀를 가르치고 남혼여가(男婚女嫁)함에 모두 마땅함을 얻었다.

세상일의 좋고 나쁨과 선비들의 출처(出處)에 이르러도 사위와 손자들이 질문하면 도리와 사세를 잘 헤아려 시비와 득실의 귀결을 분명히 밝혀주었는데, 시의(時義)에 부합하지 않음이 없었다. 그러나 일찍이 이것을 가지고 스스로 자랑하지 아니하여 외부에 알려지는 것을 원치 않았다.

부인이 문장에 밝고 장수하니, 외손으로서 필선(弼善) 정뇌경(鄭雷卿)과 대제학 김익희(金益熙) 형제, 우리 선친의 형제 일성(一星)과 이성(二星)이 열 살이 못되어 스승에게 배우기 전에 모두 외조모인 부인에게 수학하여 학업을 이루었으며, 늦난 이 구만(九萬)도 어린 나이에 가르침을 받은 것이 여러 해였다.

부인은 4녀를 낳았는데, 생원으로 참판에 추증된 정환(鄭晥)과 현감으로 좌찬성에 추증된 남식(南烒), 참판으로 영의정에 추증된 김반(金槃), 기평군(杞平君)에 봉해지고 영의정에 추증된 유백증(俞伯曾)에게 각각 출가하였다.

생원 부군(府君) 휘 보(寶)로부터 공에 이르기까지 6대가 모두 독자(獨子)를 두었는데, 공이 처음으로 두 아들을 두어 손자와 증손 이하가 백여 명에 이르며, 진사에 합격한 자가 2명이고 무과에 급제한 자가 7명이며 군현(郡縣)을 맡은 자가 4명이니, 이 어찌 수원(水源)이 깊으면 냇물이 풍부해지는 효험이 아니겠는가.

또 외손의 번성함이 세상에 견줄 이가 드물어 지위가 높고 명성이 드러난 자가 이루 다 셀 수 없을 정도이며, 병자년과 정축년의 변고(호란)로 천지가 뒤집히는 때를 당하여 살신성인(殺身成仁)하고 의(義)를 취하는 아름다운 일을 행한 자가 공의 집안에서 많이 배출되었다.

정씨(鄭氏)에게 시집간 딸의 아들로 문과에 장원한 뇌경(雷卿)은 필선(弼善)으로 세자를 모시고 청나라의 심양(瀋陽)에 들어갔는데, 국가를 위하여 역적을 제거하려다가 도리어 살해당하니, 국가에서는 특별히 관직을 추증하고 구휼하는 은전을 내렸다.

남씨(南氏)에게 시집간 딸의 사위로 문과에 장원한 오달제(吳達濟)는 교리(校理)로서 화의(和議)를 반대하다가 청나라 사람들에게 붙잡혀 가서 뜻을 굽히지 않고 죽으니, 국가에서는 관작과 시호를 내리고 사당을 세워 표창하였다.

김씨(金氏)에게 시집간 딸은 청군(清軍)의 침공으로 강도(江都)가 함락되자 생원에 장원한 아들 익겸(益兼)과 함께 절개를 지켜 죽으니, 부인에게는 정려문(旌閭門)을 내리고 생원에게는 관직을 추증하고 사당에 제향하였다.

기평군(杞平君) 유백증(俞伯曾)은 깨끗한 명성과 곧은 절개로 명망이 한때에 군림하였는바, 인조(仁祖)가 남한산성에서 항복한 뒤로는 전야(田野)에 물러나 뜻을 높이고 영화를 사양하였다.

이 분들은 비록 좋지 못한 세상을 만나서 화(禍)에 걸린 것이라 할 수 있으나, 사람들은 이 분들이 남긴 가르침을 우러르고 유풍(流風)을 흠모하고 있으니, 이 어찌 높은 벼슬을 하고 음덕을 논하는 것에 견줄 뿐이겠는가. 그리고 김씨에게 시집간 따님의 증손녀는 중전(中殿)이 되어 한 나라의 국모(國母)가 되었으니, 바로 인경왕후(仁敬王后)이시다. 이 또한 어찌 무궁한 큰 복록이 아니겠는가.

공의 장자인 승지공 후적(後積)은 어려서 모친을 여의고 계모인 이씨 부인을 섬겼는데, 이씨 부인은 공을 극진히 사랑하고 공은 이씨 부인에게 효성을 지극히 하여 모자간에 각각 그 정성을 다하니, 사람들이 전처의 소생인 줄을 알지 못하였다. 관례(冠禮)할 무렵에 선친이 별세하자, 초상과 제사를 모두 예(禮)를 따라 행하여 미음과 죽을 먹으며 3년상을 마쳤다.

승지공은 동복(同腹)인 누님 하나와 아우 하나가 있고 계모 소생의 여동생 넷이 있었는데, 어려서부터 서로 사랑하였고 장성해서도 매우 화목하였으며, 장가들고 시집간 뒤에도 집을 나란히 짓고 한곳에 살아서 형제간에 서로 우애하는 아름다움이 원근에 알려졌다.

승지공은 병자년(1636) 대가(大駕)를 따라 남한산성에 들어갔다가 정축년(1637) 도성으로 돌아와 상서원부직장(尙瑞院副直長)에 제수되었으며, 대가를 호종(扈從)한 공로로 사복시주부(司僕寺主簿)에 오르고 석성현감(石城縣監)으로 나갔다.

이때 이씨 부인이 병난(兵難)을 피하여 용안현감(龍安縣監)으로 있는 사위의 집에 있었는데, 병환이 나자 공이 현감에 제수되었다는 소식을 듣고 말씀하기를 "나는 딸에게 봉양 받는 것보다는 아들에게 봉양 받는 것이 더 편안하다. 그리고 병이 만약 낫지 않는다면 사위의 고을에서 죽는 것보다는 아들의 고을에서 죽는 것이 편안하다." 하고, 억지로 길을 떠났는데 몇 달이 못 되어 세상을 떠났다.

공의 차자인 현감공 효적(效積)은 형과 함께 계모를 정성으로 받들어 뜻을 어김이 없었다. 이씨 부인은 일찍이 전실 소생의 두 아들을 자신의 소생이 아니라고 말씀한 적이 없었으며, 누이들도 어머니가 다른 줄을 알지 못하였다.

기미년과 경신년 사이에 큰 흉년이 들자, 이리저리 떠돌아다니던 사민(士民)들은 현감공에게 모두 의귀하였다. 이에 현감공은 창고를 털어 구휼하였으며, 곡식이 부족하자 또다시 환자곡(還子穀) 수십 섬을 꾸어 계속하였다. 그리고 가을이 되자 환자곡을 숫자대로 다 갚으니, 고을의 원인 윤보벽(尹寶璧)은 현감공의 행위를 의롭게 여겨 환자곡을 다시 수레에 실어 돌려보내며 이렇게 말하였다.

"고을의 굶주린 백성들이 공의 도움으로 살게 되었으니, 나는 이곳의 성주(城主; 군수나 현감)로서 공에게 너무나도 부끄럽다. 또 어찌 국가에 상환하는 것을 받을 수 있겠는가."

현감공의 부인인 무주김씨(茂朱金氏)는 동지 언유(彦瑜)의 따님인데, 시어머니를 섬기고 남편을 받드는 것이 모두 예의와 법도에 맞았으며, 남편이 별세하자 김씨 부인은 소식(素食)을 하여 몸을 훼손함이 6년에 이르렀다. 아들 필성(必成)이 다섯 번 수령이 되어 지극히 봉양하였으며, 수(壽)가 90을 넘어 온갖 영화를 다 누렸으나 부지런히 누에치고 길쌈하여 밤에도 계속하였다. 자손들이 "연세가 높으시니 부디 쉬시어 자손들의 마음을 편안하게 하소서." 하고 아뢰면, 부인은 허락하지 않고 이르기를 "내 스스로 이것을 좋아서 하는 것이다." 하였다.

남구만(南九萬, 1629~1711) 자는 운로(雲路), 호는 약천(藥泉)·미재(美齋), 본관은 의령(宜寧), 시호는 문충(文忠)이다. 송준길(宋浚吉)의 제자로 영의정에 올랐으며 소론(少論)의 영수로 지목되었다. 문장에도 뛰어났고, 저서로 《약천집(藥泉集)》이 전한다.

최씨 부인의 행적
祖妣貞夫人崔氏遺事

오윤상(吳允常)[1] 지음
《영재집(寧齋集)》

1. 나의 조비(祖妣; 할머니)이신 최씨 부인은 어릴 적부터 부모에게 효도하고 여러 오라비에게 공손함이 남다르셨다. 7세일 적에 부친의 상(喪)을 당하여 슬퍼하기를 성인(成人)처럼 하였고 매일 반드시 일찍 일어나서 궤연(几筵)을 깨끗이 청소하였으며, 새로운 과일이 나오면 반드시 집안 식구들 몰래 궤연에 천신(薦新)하셨다.

2. 시집가기 전에 친정어머니인 심(沈)씨 부인을 섬길 적에 좌우(左右)에서 부지런하고 민첩하게 받들어 공양하였으며 어머니의 뜻을 털끝만큼도 어김이 없으셨다. 채소와 과일, 실과 솜 따위를 반드시 안 보이는 데에 보관해 두었다가 다 떨어지면 올려드리니, 어른들이 모두 놀라고 감탄하였다.

---

[1] 오윤상(吳允常, 1746~1783) : 자는 사집(士執), 호는 영재(寧齋), 본관은 해주(海州)이다. 대제학 오재순(吳載純)의 큰아들이고, 오희상(吳熙常)의 형이며, 김원행(金元行)의 문인이다. 학문이 높았으나 37세로 요절하였다. 저서에 《영재집》이 있다.

3. 어릴 적에 집 옆의 나무에 천둥 벼락이 떨어져서 사람들이 모두 놀라 쓰러졌으나, 조비는 홀로 아무런 동요 없이 편안히 앉아 계셨다.

4. 17세일 적에 우리 집안으로 시집오셨는데, 눈앞에 나열되어 있던 진주(珍珠)와 패물(貝物)에 한 번도 눈길을 두지 않으셨다. 그래서 나의 본생가의 증조부이신 정랑(正郞) 공[2]이 조비를 몹시 애지중지하셨다.

5. 증조고인 문효공(文孝公)[3]이 세상을 떠나신 지가 이미 오래되었으나 여러 고모와 늙은 궁녀(宮女)[4]들이 모두 한곳에 거처하여 식구도 많고 일도 많은 탓에 집안 살림을 꾸려 가는 것이 여간 어려운 일이 아니었다. 그러나 조비는 조용히 그사이에 처하여 몸가짐이 정성스럽고 신중하셨으며, 아래 사람들을 엄하게 통솔하면서도 너그럽게 어루만지시니, 규문(閨門) 안의 법도가 엄숙히 유지되었다.

6. 조비는 선조의 제사를 받들 적에 정성과 공경을 지극히 하셨고,

---

2 정랑(正郞) 공 : 공조정랑을 지낸 오진주(吳晉周, 1680~1724)로, 형 오태주(吳泰周 1668~1716)가 아들이 없어서 자신의 큰아들인 오원(吳瑗)을 대를 이을 양자로 보냈다. 따라서 오원의 손자인 오윤상의 입장에서 오진주가 본생가의 증조부가 된다. 오진주는 자가 명중(明仲), 호는 무위재(無爲齋)이다. 갑오년 (1714, 숙종 40) 증광 생원시에 합격하여 사복시주부, 공조정랑 등을 지냈다. 농암(農巖) 김창협(金昌協)의 사위이며, 문학(文學)으로 이름이 났다.

3 문효공(文孝公) : 오태주의 시호로, 자는 도장(道長), 호는 취몽헌(醉夢軒)이다. 명안공주(明安公主)와 혼인하여 현종(顯宗)의 부마(駙馬)가 되어 해창위(海昌尉)에 봉해졌고 명덕대부(明德大夫)의 위계를 받았다. 성품이 본디 평온하고 조용하며 사치스러운 것을 좋아하지 않았고, 예서(隸書)에 능하여 오직 글씨 쓰는 것만을 즐겼다.

4 늙은 궁녀(宮女) : 문효공에게 하가(下嫁)한 명안공주의 궁녀(宮女)들을 가리킨다.

전처인 권(權)씨 부인의 기일(忌日)을 만나면 제수(祭需)를 또한 직접 점검하여 정결함을 지극히 하시고 말씀하기를 "도리가 마땅히 이와 같아야 한다." 하셨다.

7. 갑진년(1724)에 정랑 공이 별세하시니, 조비는 몹시 애통해하여 옆에 있는 사람들을 감동시켰다. 그리고 서(徐)씨 부인[5]을 지극한 정성으로 위로하고 간호하니, 서씨 부인도 매우 소중히 여겨서 큰일을 만나면 반드시 조비에게 자문하셨다.

8. 조비는 서씨 부인을 옆에서 모실 적에 화기(和氣)가 충만하여 서씨 부인의 좋아하는 마음이 말씀과 웃음에 온화하게 드러나니 온 집안사람들이 기뻐하였다. 그리고 종조모(從祖母)들이 모두 말씀하기를 "아무 언니가 아니면 능히 이러한 화기를 이루지 못한다." 하였다.

백고모(伯姑母; 큰고모)가 묻기를 "어머니께서 할머니를 모실 적에는 침착하고 후중한 평소 모습과 차이가 있으십니다." 하자, 조비는 말씀하기를 "침착하며 과묵하고 후중한 모습은 부모를 섬기는 도리가 아니다." 하셨다.

9. 조비는 동서들과 우애가 돈독하여 정성스럽고 신의 있게 대해서 털끝만큼도 간격이 없으시니, 동서들도 사랑하고 공경하였다.

10. 계종조(季從祖)이신 정언(正言) 공은 어렸을 때에 형수인 조비께 양육(養育)을 받은 은혜가 있었다. 장성하자 조비를 섬김에 매우

---

[5] 서(徐)씨 부인 : 정랑 공 오진주의 두 번째 후처(後妻)인 달성서씨(達城徐氏)이다. 오진주의 본처는 김창협의 딸로 경진년(1700, 숙종 26)에 별세하였고, 첫 번째 후처는 동래정씨(東萊鄭氏)로 무자년(1708, 숙종 34)에 별세하였다. 《月谷集 卷12 本生先考工曹正郎府君墓表陰記》

공경하였으나 조비는 예(禮)를 더욱 엄격히 지켰다. 조고(祖考)가 별세한 뒤에 언제나 일이 있으면 반드시 정언 공에게 자문하여 행하였고, 한 번도 자기 마음대로 처리한 적이 없으셨다.

11. 조비는 큰고모를 사랑함이 비록 지극하였으나 가르치기를 매우 엄격히 하여 작은 예절과 하찮은 일도 그대로 지나친 적이 없으셨다. 혹자가 '가르치기를 너무 엄하게 하면 정(情)이 소원해지기 쉽다'고 말하자, 조비는 말씀하기를 "부모가 자식에 있어서 어찌 정이 소원해질 것을 염려하여 가르침을 베풀지 않을 수 있겠는가. 이 아이의 나이가 어리니, 지나치게 자애(慈愛)해서는 안 된다." 하셨다.

12. 큰고모가 어렸을 때에 소설(小說)을 보기 좋아하였는데, 조비께서는 '황당한 말과 상스러운 말을 익혀서는 안 된다.' 하시며 경계하여 보지 못하게 하시고는 권선지로가(勸善知路歌; 선을 권하여 올바른 길을 알게 하는 노래)를 주시며 말씀하기를 "이는 내가 매우 좋아하는 것이니, 네가 부디 마음에 두어 깊이 곱씹어 보아라." 하셨으며, 또 주(周)나라 왕실의 세 어머니[6]의 행적을 써서 주셨다.

---

6   주(周)나라 왕실의 세 어머니 : 통일천하를 이룩한 주나라 무왕(武王)의 조모인 태임(太任)과 무왕의 어머니인 대사(太姒), 그리고 무왕의 후비(后妃)인 읍강(邑姜)을 이른다. 특히 태임은 왕계(王季)의 부인(夫人)으로 단성하고 정숙하였으며 문왕을 낳아 주나라 왕업(王業)을 일으키게 하였다. 율곡(栗谷)의 어머니 신씨(申氏)의 호(號)도 '태임을 사모함'이라는 뜻에서 '사임당(師任堂)'이라 하였다고 한다. 태임의 며느리인 태사 역시 부덕(婦德)이 높아 문모(文母)라 존칭하였으며, 읍강은 강태공(姜太公)의 따님으로, 무왕은 은(殷)나라를 정벌하면서 말씀하기를 "나에게는 나라를 잘 다스리는 열 명의 신하가 있었다.[予有亂臣十人]"라고 하였는데, 공자가 "이 가운데 한 명은 부인이었다." 하셨으니, 그 중에 한 명은 읍강인 것으로 알려져 있다. 《論語 泰伯》

13. 조비께서 일찍이 큰고모에게 이르시기를 "나는 네 엄군(嚴君; 부친)이 마음을 보존하고 자기 몸을 지키고 너를 가르치는 것을 보고는 마음속 깊이 감동하고 기뻐하여 너와 약속하기를 원하노니, 선(善)하지 않은 짓을 행하여 네 엄친의 가르침에 누(累)를 끼치지 말라. 그리고 매일 스스로 자신의 말과 행실을 살펴보고 매월 초하루에 예전에 약속한 경계를 마음속에 반복하여 새겨서 혹시라도 가르침을 실추하거나 해이하지 않는다면 어찌 좋지 않겠느냐." 하셨다. 큰고모는 이로부터 어떤 일을 겪을 때마다 더욱 신중하여 일찍이 그대로 지나치지 않았다.

14. 조비가 계묘년에 처음 아들을 낳았는데, 아이가 겨우 몇 살 먹었을 때였다. 아들이 백고모와 똑같이 전염병을 만나서 모두 위독하였으나, 이윽고 모두 소생하였다. 조비는 큰고모에게 이르시기를 "지난날 내 마음속으로 축원하기를 '만약 두 아이가 모두 온전하지 못하게 되면 차라리 아들 아무개의 목숨을 가지고 너의 목숨을 대신 살리게 해달라'고 기원했었는데, 다행히 모두 쾌차하였다." 하셨다. 큰고모가 이 얘기를 듣고 깜짝 놀라 말씀하기를 "저는 여자인데 어찌 아무개와 견줄 수 있습니까?" 하자, 조비가 말씀하기를 "나는 다시 아들을 낳으면 되지만 너는 네 선비(先妣; 별세한 어머니)에게 오직 하나뿐인 고아(孤兒)이니, 어찌 소중하지 않겠느냐." 하셨다.

15. 조고(祖考)께서 평소 거처할 적에 큰고모에게 옛날 경서(經書)와 역사 사실을 말씀해주시자, 조비가 말씀하기를 "딸아이를 가르치는 방도로는 《내훈(內訓)》과 《여교(女敎)》[7]가 좋습니다. 여자가 총명하고 영민(英敏)해서 글을 잘 알면 덕에 유익할 것이 없으니, 가르치

지 마시기를 원합니다." 하니, 조고가 그 말씀을 받아들이셨다.

16. 조비는 가난하고 곤궁한 사람을 구휼하고 돌봄에 항상 부족한 듯이 여기셨다. 일찍이 한 걸인(乞人)이 찾아와서 말하기를 "저는 본래 양반 가문의 출신이었는데 쌀을 구걸하여 노모(老母)를 봉양하려고 합니다." 하면서 말이 매우 슬프고 괴로워 보였으나 듣는 자들이 모두 믿지 않았다. 그러나 조비는 홀로 측은히 여기시며 말씀하기를 "언사(言辭)에 조리가 있고 용모가 또 천한 사람이 아니다." 하시고는 쌀과 음식을 후하게 주어서 계집종과 하인으로 하여금 그가 사는 곳으로 운반해 주게 하시니, 걸인이 감복하였다. 하루는 그 걸인이 해진 상자에 과일을 담아 가지고 와서 바치니, 조비는 흔쾌히 맛보셨다. 혹자가 "걸인이 먹던 것을 어찌 차마 먹습니까?" 하고 만류하자, 조비가 말씀하기를 "사람이 성의(誠意)로 나에게 주는데 내가 비루하게 여겨 먹지 않으면 신명(神明)이 어찌 두렵지 않겠는가." 하셨으니, 늙은 궁녀가 감탄하기를 "식견과 도량이 이와 같으니, 후일 가문이 번창함을 이루 헤아릴 수 없을 것이다." 하였다.

---

7 《내훈(內訓)》과 《어교(女敎)》: 옛날 규문(閨門)의 여인이 법도로 삼아야 할 것을 모아서 만든 책들로, 비슷한 이름의 책 몇 종류가 있었는데 여기시는 어사서(女四書)에 포함되는 명(明)나라 인효문황후(仁孝文皇后)가 편찬한 《내훈》과 한(漢)나라 반소(班昭)가 지은 《여계(女誡)》를 칭한 것으로 보인다. 여사서는 이 두 책과 당나라 덕종(德宗) 때 송분(宋棻)의 딸로 여학사(女學士)를 지낸 송약소(宋若昭)가 지은 《여논어(女論語)》, 명나라 왕절부(王節婦)인 유씨(劉氏)가 지은 《여범(女範)》이 포함되는바, 조선조에서는 영조(英祖)가 1736년(영조 12) 서당(西堂) 이덕수(李德壽)에게 명하여 여사서를 언해하게 한 뒤 활자로 인행(印行)하면서 더 크게 유행하였다.

17. 조고가 문과(文科)에 급제하자 집안 사람들이 모두 서로 경하(慶賀)하였으나, 조비는 자못 즐거워하지 않으시며 말씀하기를 "세상 길이 지금 험난한데 남편은 급제하기 전부터 명예가 매우 드러났다. 명예가 드러나면 책임이 무겁고 책임이 무거우면 그 실제에 부응하기 어려우니, 오늘의 상황에 이 일은 우려할 만하고 기뻐할 만한 것이 아니다." 하셨다.

18. 조고는 성품이 평소 담박하셨다. 조비는 살림살이와 집안의 일을 조고께 묻지 않고 크고 작은 일을 모두 직접 관리하셨는데, 큰 강령과 작은 조목이 모두 잘 거행되어 질서정연하여 조리가 있었다. 조고의 성품이 살림살이를 다스리는 것을 좋아하지 않으셔서 그렇게 하셨을 뿐만 아니라, 조비가 일을 잘 처리한다는 것을 깊이 아셨기 때문에 그렇게 하셨던 것이다. 그러나 조비는 항상 겸연쩍어하시며 스스로 만족하지 않고 말씀하기를 "내가 집안일을 경영함은 부득이해서이다." 하셨다.

19. 경신년 조고가 별세하시자 영조(英祖)께서 관(棺)에 쓸 재목(材木)을 하사하셨는데, 재목의 품질이 매우 나빴다. 집안에 마침 관에 쓰려고 마련해둔 재목이 있어서 이것을 사용하려고 의논하자, 조비가 말씀하기를 "이 재목은 별세한 남편께서 일찍이 노친을 위하여 마련해놓은 것인데, 오늘날 이것을 사용하는 것은 남편의 뜻에 맞지 않다. 또 재목의 품질이 비록 나쁘다 하더라도 마땅히 하사한 재목을 써야 한다." 하시니, 듣는 자들이 모두 탄복하였다.

20. 조비께서는 간혹 잔치 모임을 인하여 궁궐로 들어가시면 언어와 행동거지를 매우 조심하여 민첩하면서도 일정한 법도가 있으시

니, 궁중에서 모두 아름답게 여겼다. 조고가 별세한 뒤에 인원왕후(仁元王后)[8]가 자주 편지를 보내어 부르셨는데, 조비는 말씀하기를 "미망인(未亡人)이 궁궐을 출입하는 것은 마땅하지 않습니다." 하시고는 한 번도 궁궐로 달려가지 않으셨다.

21. 왕실의 귀부인(貴夫人)이 궁궐에 들어갔을 때 하사받는 물건이 있으면 의례히 궁궐 아래로 내려가서 하사한 은혜에 감사의 예를 표하였다. 당시 다른 부인들은 모두 사배(四拜)를 하였으나 조비는 홀로 팔패(八拜)를 하시니, 좌우에 있던 모든 사람이 남들과 다르게 하는 것을 혐의하지 않고 바른 예를 준행(遵行)한 조비를 칭찬하였다.

22. 인원왕후가 승하하시자, 조비가 궁중의 뜰에 거적자리를 펴고 엎드려 몹시 슬프게 곡하시니, 모시는 자들이 모두 조비로 인하여 눈물을 흘렸다. 소상(小祥)과 대상(大祥)에도 또한 이와 같이 하셨다.

23. 조비는 자손들에게 이르시기를 "너희들의 피부와 골수에 스며있는 것은 모두 국가의 은혜이니, 마땅히 은혜에 보답할 것을 생각할 것이요, 한갓 관작과 녹봉을 영화로이 여기지 말라. 국가에 어려운 일이 있으면 언제나 마음에 맹세하여 잊지 말도록 하라." 하셨다.

24. 막내숙부가 소과(小科; 생원진사시)에 합격하여 태학(太學)에 올라 창방(唱榜)[9]하는 날에 풍악(風樂)을 연주할 것을 청하자, 조비는 허락하지 않고 말씀하기를 "미망인인 내가 무슨 마음으로 풍악을

---

8 인원왕후(仁元王后) : 숙종(肅宗)의 두 번째 계비(繼妃)로, 본관은 경주(慶州)이니, 최씨(崔氏)의 시누이가 된다.
9 창방(唱榜) : 소과(小科)에 합격한 자와 대과(大科; 문과)에 급제한 자의 명단을 큰소리로 창(唱)하여 발표함을 이른다.

듣겠는가." 하셨다. 그래서 전후(前後)로 과거에 합격하는 경사가 있었을 때 한 번도 풍악을 설치하지 않으셨다.

25. 가친(家親)이 막내숙부와 서로 뒤이어 현달(顯達)하자, 조비는 더욱 깊은 못에 임한 듯, 살얼음을 밟는 듯이 두려워하고 염려하여 벼슬이 차라리 남에게 뒤질지언정 빨리 승진하는 것을 원치 않으셨다.

26. 조비는 말씀하기를 "오직 조심해야 복(福)을 오게 하고 오직 삼가야 재앙을 멀리할 수 있으니, 하늘을 두려워하고 사람을 두려워하는 데에 감히 마음을 놓은 적이 없었다." 하셨다.

27. 조비는 항상 말씀하기를 "내가 어려서 시골집에서 성장하면서 나물과 채소를 달게 먹고 삼베옷을 편안하게 입었다. 그래서 나는 진수성찬과 아름다운 의복을 그다지 좋아하지 않는다. 또 몸을 망치고 집안을 망하게 하는 것이 대체로 사치(奢侈)에 기인하니, 우리 자손들은 늘 사치를 조심하라." 하셨다.

28. 연로하셔서도 곤궁한 집안을 돌보는 것에 더욱 돈독하셨고 옷과 이불을 나누어 준 탓에 두 벌을 갖추어 사용한 적이 없으셨다. 항상 남에게 말씀하기를 "나 홀로 편안히 지내면서 종족(宗族)들의 곤궁함을 수수방관하는 것은 차마 하지 못하겠다." 하셨다.

29. 친정 부모님의 기일(忌日)을 만나면 제물(祭物)을 반드시 손수 장만하여 보냈으며, 친정의 묘소를 꾸미는 의식(비석 등)이 갖추어지지 못하면 여러 조카에게 부탁해서 재물을 모아 비석을 세우게 하셨다.

30. 길쌈하거나 누에고치 실을 다스림에 부지런하시어 잠시의 시간도 허투루 보내는 것을 아까워하셨다. 나이가 70이 넘어서 비록 병환 중에 계시더라도 길쌈 등의 일을 게을리하지 않으시니, 자손들이

병환을 조리함에 방해될까 염려하면, 조비는 말씀하기를 "나는 할 일 하는 것을 즐거워하여 수고로운 줄을 모른다." 하셨다.

31. 성품이 침착하고 굳세고 너그러워서 평소에 시선을 아래로 내리고 생각을 깊이 하셨다. 담소를 거의 안 하셨으나 사람들과 담소를 나누실 때에는 온화하여 포용함이 있으셨다.

32. 급박하고 위태로운 때를 당하면 얼굴빛을 변치 않고 행동거지를 더욱 신중히 하셨다.

33. 큰일을 만나면 반드시 그 종말(終末; 끝)을 생각하여 조처하셨다.

34. 말씀은 사실보다 지나치게 하신 적이 한 번도 없으셨다.

35. 남이 자신을 칭찬하는 말을 들으면 반드시 위축되어 편안하게 여기지 못하셨다. 비록 자손이라 하더라도 사람들이 그 자손을 지나치게 칭찬할 경우 번번이 기뻐하지 않으시며 말씀하기를 "지나친 칭찬은 반드시 아이의 앞길을 망친다." 하셨다.

36. 지혜와 사려가 보통 사람보다 뛰어나서 일을 헤아리시면 맞지 않는 일이 적었고, 사람들이 또한 감히 속이지 못하였다. 그러나 지혜롭다고 자처하지 않으셨다.

37. 남의 선(善)하지 못함을 보면 자신의 고통과 같이 여기시어 비록 어린아이와 미련한 사람이라도 성심으로 깨우쳐 주고 타일러서 반드시 스스로 잘못을 깨닫는 데에 이르게 하고자 하셨으며, 남의 선(善)한 일을 들으시면 기쁜 마음이 반드시 얼굴빛에 크게 드러나셨다. 그리고 비록 천인과 하인의 말이라 하더라도 선하면 반드시 받아들이셨다.

38. 지조를 지킬 것이 있으면 의지가 확고하여 바꾸지 않으셨다.

말년에 여러 딸과 며느리에게 당부하시기를 "나는 성품이 지나치게 강하니, 이는 부인의 도리에 크게 맞지 않는다. 나는 이것을 크게 뉘우친 뒤로 되도록 온순하고 공손하려고 하였으니, 너희들은 이것을 기억하거라." 하셨다.

39. 일찍이 가친의 평강(平康) 임소(任所)에 가시다가 양주(楊州)에 있는 본가(친정)를 방문한 적이 있었다. 마침 들불[野火]이 났었는데, 사람들은 도적이 놓은 불이라고 오인하였고, 계집종이 경황없이 달려와 그대로 아뢰었다. 밤 깊은 시각에 발생한 일이어서 사람들은 모두 대경실색(大驚失色)하였으나, 조비는 천천히 말씀하기를 "나라에 기강이 있으니, 도적이 어찌 감히 수령을 범하겠느냐." 하시고는 태연히 담소를 나누셨다.

40. 재물을 쓰시게 되면 되도록 근검절약하였으나, 남에게 베푸는 것은 조금도 인색하지 않으셨다.

41. 아랫사람들을 다스릴 적에 일찍이 권모술수(權謀術數)와 형벌과 위엄을 쓰지 않았으나 사람들은 스스로 두려워하고 존경하였으니, 사나운 종이 감히 그 기운을 부리지 못하였고 간사한 노예가 감히 그 속임수를 쓰지 못하였다.

42. 온 규문이 정돈되고 엄숙하여 앞에서 심부름하는 계집종과 하인들이 감히 말을 많이 하거나 밀담(密談)을 나누지 못하였으며, 간혹 남의 나쁜 소문을 전하기 좋아하는 자가 있으면 배척하여 멀리하셨다.

43. 내외(內外)의 손자들이 모일 적에 남녀의 구별을 매우 엄격히 가르쳐서 비록 나이가 어리더라도 앉을 때에 서로 동석(同席)하지 않

고, 음식을 먹을 적에 한 그릇으로 함께 먹지 않게 하셨다.

44. 자손들이 조비를 모시고 음식을 먹을 적에 구운 고기가 조금 식었다고 다시 데워줄 것을 청하면, 조비는 "남자를 우대한다고 해서 어릴 적부터 습관을 이렇게 들여서는 못쓴다." 하고 허락하지 않으셨다.

45. 어린 손자가 혹 달리다가 넘어지는 일이 있으면 조비는 반드시 종아리를 치시며 "너는 어찌하여 발을 신중히 옮기지 않는 것이냐?"라고 말씀하신 뒤에 어루만져주셨다.

46. 부엌에서 음식을 만드실 적에 술과 안주가 소박하고 간략해서 특이한 재료나 맛이 없었다.

57. 혼사(婚事)를 의논하실 적에 먼저 상대 가문이 사치한가 검소한가를 물어서 반드시 검소한 사람을 취하고 사치한 사람을 피하며 말씀하기를 "자손이 사치해지느냐 검소해지느냐가 여기에 달려 있으니, 삼가지 않으면 안 된다." 하셨다.

48. 여아(女兒)의 혼인을 의논하실 적에는 그 아이가 듣지 못하도록 하셨다.

49. 자손들을 훈계하실 때마다 매번 선왕(先王; 옛날의 어진 임금)의 법도에 맞는 옷이 아니면 감히 입지 말고 선왕의 법도에 맞는 말이 아니면 감히 말하지 말라고 하시니, 자손들이 감히 사치하고 화려한 복장으로 뵙지 못하였고 비속하고 외설한 말씀을 아뢰지 못하였다.

큰고모가 손수 조비의 말씀과 행실에 대해 몇 조항을 언문으로 기록하셨는데, 내가 삼가 이것을 한문으로 바꿔 기록하고서 직접 보고 들은 것도 참고로 기록하여 유사를 지으니, 모두 49개의 항목이 되었다. 아! 원통하다. 조비의 아름다운 자품(資稟)과 성대한 덕행, 그리고 규문을 다스리고 자손을 훈계한 훌륭한 규범과 아름다운 법칙을, 이 기록에서 거의 알 수 있을 것이다. 그러나 문자와 언어로 다 형용할 수 없는 것도 있었으니, 후손들은 이것을 가슴속에 깊이 간직해야 할 것이다.

   기해년(1779, 정조3) 10월 하순에 불초한 손자 윤상(允常)은 피눈물을 흘리며 삼가 쓰노라.

125

오씨 부인의 행적
伯姑母行狀

오윤상(吳允常) 지음
《영재집(寧齋集)》

    정조(正祖) 4년(1780) 5월 13일에 나의 큰고모인 숙인(淑人) 해주 오씨(海州吳氏)가 서울의 양덕방(陽德坊) 집에서 별세하여 3월 24일에 양주(楊州)에 있는 모(某) 좌향(坐向)의 산에 장례하였다.

    장례를 마친 뒤에 숙인의 따님 중에 이씨(李氏)에게 시집간 유인(孺人)이 숙인의 행실을 기록한 것을 가지고 울면서 나에게 이렇게 당부하였다.

    "현명하신 우리 어머니가 좋은 운명을 얻지 못하셨는데, 게다가 훌륭한 행적이 그대로 매몰되어 선해지지 못한다면 제가 한스러워서 죽어도 눈을 감지 못할 것입니다. 그래서 장차 묘지명(墓誌銘)을 지어 무덤에 넣으려 하니, 그대가 우리 어머니의 행적을 차례로 엮어주세요."

    숙인은 아들이 없으시니, 유인이 나에게 부탁함이 당연하다. 숙인은 나의 조고(祖考)이신 공조참판을 지내고 이조판서에 추증된 휘

(諱) 원(瑗)의 따님이시다. 숙인의 조부는 해창위(海昌尉)로 시호(諡號)가 문효공(文孝公)인 휘 태주(泰周)이고, 증조는 형조판서를 지내고 의정부 영의정에 추증되고 시호가 충정공(忠貞公)인 휘 두인(斗寅)이시다. 숙인의 선비(先妣)는 정부인(貞夫人)에 추증된 안동권씨(安東權氏)인데 고성군수(高城郡守)를 지낸 휘 정성(定性)의 따님이고, 호가 수암(遂菴)이고 시호가 문순공(文純公)인 상하(尙夏)의 증손녀이시다.

숙인은 숙종(肅宗) 42년(1716) 3월 19일에 출생하셨는데, 젖을 떼기 전에 권씨 부인이 별세하니 조모(祖母)이신 숙인(淑人) 송씨(宋氏)가 데려다가 기르셨다. 숙인은 성품이 공손하여 어른들의 뜻을 잘 받들었고 말씀과 웃음이 매우 적었으며, 행동거지가 법도에 맞지 않은 것이 드물었다. 어머니를 기쁘게 받드는 사람을 보면 별세하신 권씨 부인이 생각나서 번번이 눈물을 흘리곤 하셨다. 부친이신 참판 공이 편지를 보내시자, 숙인은 항상 이 편지를 가슴속에 간직하고 말씀하기를 "우리 아버지의 글을 보면 우리 아버지를 뵙는 듯하다." 하시니, 송씨 부인은 숙인이 어리면서도 현명함을 매우 사랑하셨다.

더 성장하여서는 새어머니인 최씨(崔氏) 부인을 잘 섬겨서 그 가르침을 매우 잘 따르니, 새어머니 또한 말씀하기를 "딸이 나를 잘 안다." 하셨다. 인자함과 효성이 돈독하고 지극하여 숙인에 대해 흠잡는 말을 하는 사람이 없었다.

숙인은 날마다 부친 참판 공을 모셨는데, 옛사람과 지금 사람들의 어질고 어리석음과 간사하고 바름, 행한 일의 옳고 그름을 듣기 좋아하셨다. 그리고 부친이 당부하시는 말씀을 들으면 곧바로 이해하여 비록 들어본 적이 없는 것이더라도 추측하여 분석하면 맞지 않는 일이 드물었다. 그러나 여자가 공부를 많이 해서 유식해지면 덕에 유익할 것이 없음을 알고는 책과 역사서를 배우려고 하지 않으셨다. 참판공이 평소 거처하실 적에 숙인으로 하여금 곁을 떠나지 못하게 하고 말씀하기를 "나는 네가 내 곁에 있으면 언제나 즐겁고, 네가 내 곁에 없으면 즐겁지 않으니, 아들이 아닌 것이 애석하구나." 하셨다.

15세일 때 평창군수(平昌郡守)인 남공(南公) 휘 공필(公弼)의 배필이 되셨다. 남공은 본관이 의령(宜寧)으로, 선고(先考)인 휘 유상(有常)은 승정원주서(承政院注書)를 지내고 홍문관부수찬(弘文館副修撰)에 추증되셨고, 조고인 휘 한기(漢紀)는 동지돈녕부사(同知敦寧府事)를 지내고 의정부 좌찬성(議政府左贊成)에 추증되셨다. 증조인 휘 정중(正重)은 경상도관찰사를 지내고 이조판서에 추증되셨는데, 이 분은 대제학을 지내고 호가 호곡(壺谷)이고 시호가 문헌공(文憲公)인 용익(龍翼)의 현손(玄孫)이시다.

숙인이 시집오셨을 적에 시아버지인 주서(注書) 공은 이미 별세하셨고 시어머니 영인(令人) 이씨(李氏)는 오래전부터 병을 앓고 있으신 상황이었다. 숙인은 시어머니를 봉양할 때 시어머니의 얼굴빛을 살펴서 뜻을 받들었고 말씀으로 물어서 뜻을 받들지 않았으며, 성심을 다하여 받들어 모셨고 겉으로만 받드는 척을 하지 않으셨다. 온화하고 공손하며 게으르지 않아서 시어머니의 환심을 크게 얻었으며, 비록 하찮은 일이라도 감히 마음대로 처리하지 않으시니, 시어머니가 매우 편안히 여겨서 오랜 병고를 거의 잊고 사셨다.

숙인은 시아버지 주서 공을 미처 봉양하지 못했다 하여 시할아버지인 동지(同知) 공을 더욱더 효성을 다하여 섬기셨다. 주서 공의 여동생이 눈병을 앓아 앞을 보지 못하였는데, 숙인이 매번 그녀를 위하여 길쌈하고 옷을 꿰매고 말씀하기를 "돌아가신 시아버지께서 이 고모를 몹시 사랑하셨다 하니, 내가 감히 고모에게 마음을 다하지 않을 수 있겠는가." 하셨다.

집안 살림을 조용히 꾸려나가셔서 호통치거나 낯빛을 바꾸는 일이 없으셨지만 살림이 모두 잘 처리되었다. 집안 형편이 오래전부터 가난하여 숙인의 때에 양식이 거의 다 떨어졌으나 손님들은 자기 집으로 오는 것처럼 기쁜 마음으로 방문하였고, 노비들도 숙인을 부모처럼 사랑하고 존경하니, 화기(和氣)가 가문 안에 가득하였다.

남편인 군수(郡守) 공은 문헌공(文憲公; 남용익)의 제사를 받드는 종손이었다. 남씨는 한 골목에서 몇 가호가 함께 살았는데, 숙인은 이들을 한결같이 자혜롭게 대접하여 질병이나 우환이 있을 경우 행여나 제때 구휼하지 못할까 하는 마음으로 살폈으며, 혹 끼니를 제대로 이어가지 못하는 상황에 처하더라도 베푸는 것에 인색하지 않으니, 남씨 집안의 사람들이 숙인의 어진 덕을 오래도록 끊임없이 칭찬하였다.

군수 공은 성품이 청렴결백하여 당신의 마음에 드는 자가 적었으나 숙인에 대해서만은 매우 마땅하게 여기셔서 집안에 거처할 적에 숙인으로 인하여 눈살을 찌푸린 적이 한 번도 없으셨다. 군수 공이 별세한 뒤에 아들과 손자가 모두 이어서 요절하여 제사를 받들 대가 끊어져서 숙인이 의지할 사람 없는 외로운 신세가 되자, 숙인을 아는 사람들이 눈물을 흘리지 않는 이가 없었다.

숙인은 말씀하기를 "친정어머니(최씨 부인)가 크게 연로하신데 그 마음을 기쁘게 해 드릴 수 없으니, 내 처지를 슬퍼하여 친정어머니를 더 슬프게 할 수 있겠는가. 이 또한 나의 운명이 이미 기구해서이니, 나는 이것을 편안히 받아들이는 것이 마땅하다." 하셨다. 그리하여 친정으로 와서 항상 최씨 부인의 곁에 있으면서 슬퍼하는 마음을 겉으로 드러내지 않으시니, 사람들은 더욱 가엾게 여겼다.

이윽고 친정어머니의 상을 당하자, 숙인은 말씀하기를 "내 지금 이대로 살아갈 수가 없으니, 시부모의 사당을 지키면서 여생을 마치겠다." 하시고는 마침내 남씨 집안으로 돌아가셨는데, 얼마 안 있다가 병을 만나 별세하셨다. 아, 세상에 복록(福祿)을 누리고 자손이 번성한 자들이 많은데 운명이 유독 숙인에게만 인색함은 어째서인가?

숙인은 1남 2녀를 낳았으니, 아들 일구(一耉)는 진사(進士)였는데 어질었으나 일찍 죽었으며, 장녀는 진사 이희운(李羲雲)에게 출가(出嫁)하였고 차녀는 진사 김기정(金基鼎)에게 출가하였다. 일구는 1남 1녀를 두었는데, 딸은 송정래(宋鼎來)에게 출가하였고 아들 종헌(宗獻)은 장가들고서 이내 요절하여 미처 후사를 세우지 못하였다. 김기정은 1남 원선(元善)을 낳았다.

숙인은 천성(天性)이 순결하고 단정하고 자혜로워서 외모와 마음이 모두 깨끗하였으며, 행실이 온화하면서도 지조가 있었고 절개가 있으면서도 남들에게 너그러우셨다. 어떤 일을 당하였을 때 비록 처리하기 어려운 것이라 하더라도 뒤탈이 없도록 잘 처리하셨다.

윤리와 의리에 돈독하여 반드시 훌륭한 옛 부인처럼 되려고 노력하였고, 이른바 부귀영화(富貴榮華)와 같이 세상 사람들이 원하고 바라는 것을 일체 시샘하거나 탐하는 마음이 없었으며, 재물에는 더욱 담담하여 관심을 가지지 않으셨다. 사람을 대할 적에 평탄하고 온화하여 속마음을 드러내어 자세히 말씀하되 한두 시간 동안 하더라도 싫어하지 않으시니, 이는 모두 옛날 현부인(賢夫人)의 아름다운 행실이었다. 왕왕 대장부(大丈夫)의 출처를 논하시면 이 또한 모두 의리에 부합하였고, 오직 남의 잘못을 지적하는 것을 좋아하지 않으셨다. 이 때문에 젊었을 적에는 존장(尊長)들이 사랑하였고 늙어서는 아랫사람들이 흠모하였다. 그래서 집안에 잔치가 있을 적에 비록 소원(疏遠)한 친척이라 하더라도 숙인과 한 번이라도 말을 나누어 본 사람은 숙인과 차마 쉽게 헤어지지 못하였다.

　문청공[文淸公; 남유용(南有容)]이 일찍이 숙인을 칭찬하기를 "높은 식견과 고아한 격조를 갖추었으니, 부귀한 집안에서 생장한 부류라고 보기 어렵다." 하셨고, 또 말씀하기를 "성품이 깨끗하고 온화하고 인자하니, 참판 공의 전형(典型; 모습)이 남아 있다." 하셨다. 문청공은 바로 남편 군수 공의 중부(仲父)이시다. 여사(女史)의 일을 기록하는 사람은 부디 이 말씀을 살피고 믿을지어다.

덧붙이는 말

　필자가 '우리 선조들의 지혜'를 끝마치면서 우리 할머니들의 훌륭한 고사를 소개한 것은 앞의 머리말에서도 밝힌 바 있지만 중국이나 우리나라를 막론하고 대부분의 기록이 남자 중심으로 되어 있다는 사실이다. 하지만 '우리 선조'란 말에는 당연히 할머니들도 포함됨은 두 말할 나위가 없겠다.

　옛날의 남자들은 정치와 병역(兵役) 등 대외 활동을 하였고, 부인들은 집안에서 살림을 하고 어린 자녀를 가르쳐 대외 활동하는 것을 좋게 여기지 않았기 때문이다. 또한 현명한 부인이 있어도 되도록 이를 밖에 드러내지 않고 숨기는 것을 미덕으로 여겨왔다.

　그러나 '맹모삼천지교(孟母三遷之敎)'에서 볼 수 있듯이 훌륭한 어머니나 할머니의 역할은 자녀 교육에 실질적으로 큰 영향을 끼쳐온 것 또한 부정할 수 없는 사실이다. '맹모삼천지교'란 맹자의 어머니 장씨(仉氏)가 어린 맹자를 가르치기 위해 세 번이나 이사하여 공자(孔子)의 손자인 자사(子思)의 서당이 있는 곳으로 가서 크게 성취한 일을 가리킨다.

　이 책에 기록하지는 못하였으나 충남 논산에 있는 광산김씨(光山金氏)의 허씨(許氏) 할머니는 고려말 개성(開城)에서 결혼하고 남편이 일찍 별세하자, 어린 아들을 데리고 시댁이 있는 연산(連山)으로 찾아와서 잘 가르쳐, 세속에서 말하는 연산김씨 집안을 우리나라 최고의 명문으로 일으켰으며, 동시대에 은진송씨(恩津宋氏)의 민씨(閔

氏) 할머니 역시 비슷한 고사가 전해온다.

그리고 위에 소개한 '연산서씨(連山徐氏) 가문을 일으킨 이씨(李氏) 부인 역시 전처(前妻) 소생(所生)의 두 아들과 한 따님, 그리고 자신이 낳은 네 따님을 잘 가르쳐 서씨 집안은 말할 것도 없고 따님들이 명문가로 시집가서 훌륭한 자녀를 낳아 국난에 순국하고 정승과 대제학, 왕비(王妃)와 유명한 학자가 된 사실을 읽었을 것이다.

조선조 숙종 시절 대제학과 영의정을 지낸 약천(藥泉) 남구만(南九萬) 역시 어렸을 때 외증모이신 이씨 할머니에게 글을 배웠음을 스스로 밝힌 바 있다.

그리고 맨 끝에 덧붙인 영재(寧齋) 오윤상(吳允常)의 할머니 최씨(崔氏) 부인의 행적과 그의 큰고모(伯姑母)인 오씨 부인의 행적은 원문이 한 번도 세상에 발표된 적이 없는 내용이기에 필자가 특별히 이를 번역 소개하는 것이다.

〈최씨 부인의 행적〉도 원래 큰고모가 한글로 기록했던 것을 오윤상이 한문으로 번역하고 자신이 보고 들은 것을 추가한 것으로 보인다. 이는 오윤상의 발문에 '되쳐 기록했다.'는 기록이 있으므로 추측하여 알 수 있는 것이다.

영재 오윤상은 자녀도 없이 37세에 요절하여 그의 문집 역시 내용이 서로 다른 필사본 두 본이 있을 뿐이다. 그리하여 한국고전번역원에서 이미 간행한 '한국문집총간'은 말할 것도 없고 속집(續集)에도 실려 있지 않다.

내용 역시 처음 이 글을 읽는 분들은 그 뜻을 제대로 파악하지 못하고 오해할 소지가 있으므로 당시의 풍속, 그리고 큰 따님(오윤상의 큰고모)과 최씨 부인의 관계를 밝히는 것이다.

〈오씨 부인의 행적〉에는 '최씨 부인'은 그저 '어머니'라고만 칭하여 두 분의 관계가 분명하지 못하다. 그러나 내용을 자세히 읽어 보면 남씨에게 시집간 큰고모와 오윤상을 낳아준 최씨 부인은 그녀의 친어머니가 아니고 계모였던 것이다. 큰고모의 생모는 권씨(權氏) 부인인데, 딸 하나를 낳고 일찍 죽어 최씨 부인을 다시 맞이했던 것이다.

최씨 부인은 전처 소생의 딸과 자신이 낳은 아들이 함께 병에 걸려 위독하자, 마음속으로 기도하기를 "둘 다 소생하지 못할 바에는 내 아들을 데려가고 하나밖에 없는 권씨 소생의 큰딸을 살려 달라."고 기원했었다.

그러나 끝내 두 아이가 쾌차하자, 최씨 부인은 이러한 사실을 딸에게 말씀하니, 따님(오윤상의 큰고모)은 "저는 계집애이고 남동생은 귀하디 귀한 아들인데 어찌 그럴 수 있습니까." 하고 질문하자, 그녀의 어머니(계모)는 "나는 다시 아들을 낳으면 되지만 너는 네 어머니[先妣]의 오직 하나 뿐인 딸인데, 어찌 귀하지 않으냐." 하고 대답하였다.

이들 모녀간의 대화에서 큰딸은 언제나 최씨 부인을 '어머니'라고 칭하여 최씨 부인이 계모임을 한 번도 말하지 않았다. 다만 딸과 대화하는 가운데 '선비(先妣)'란 말이 보여 좀 이상할 뿐이다. '선비'는 '돌아가신 어머니'란 뜻으로 그녀를 낳고 죽은 전처를 가리킨 것이다. 그리고 배다른 친정의 조카가 큰고모를 위해 행장을 지었다. 이 일은 그 당시에는 크게 이상할 것이 없었겠지만 지금에는 매우 보기 드물며, 오윤상의 문집 역시 쉽게 얻어 볼 수 없으므로 말미에 특별히 번역하여 소개하는 바이다.

옛날에는 부인들이 출산을 하거나 병을 앓다가 죽으면 후취 부인이 전처 소생의 자녀를 자식처럼 길러줌은 물론이요, 그 자식들 역시 계모라고 생각하지 않았었다.

간혹 옛날에도 전처 소생의 자녀들을 홀대한 계모가 없지는 않았다. 공자의 제자 민자건(閔子騫)의 계모는 한겨울이 되면 전처 소생인 민자건에게는 갈대꽃으로 만든 솜옷을 입혀주고 자신이 낳은 두 아들에게는 누에고치로 만든 솜옷을 입혀주었으며, 진(晉)나라의 효자인 왕상(王祥)의 계모 주씨(朱氏)는 전처 소생의 왕상을 홀대하였다. 그러나 민자건과 왕상은 지극한 효성으로 계모를 감동시킨 내용이 역사책에 기록되어 있다.

그러나 우리 조선조의 양반 가문에서는 이러한 갈등이 거의 없었다. 그리하여 전처 소생의 자녀들은 계모가 죽으면 친어머니와 똑같이 3년의 상복(喪服)을 입었던 것이다. 이 최씨 할머니와 남씨에게 시집간 전처 소생의 따님(오윤상의 큰고모)은 정말 친모녀처럼 다정하였다. 물론 남아 선호 사상은 당시의 풍습이므로 이해하여야 한다.

예전에는 어머니와 자식간에 대부분 사별(死別)을 하였지만 요즘은 이혼 가정이 많아 생이별하는 경우가 대부분인데, 이들 계모와 전처 소생의 자식간에는 서로 차별을 둘 뿐만 아니라, 원수지간이 되어 서로 인연을 끊는 일도 자주 접하게 된다.

또한 우리들은 부모에 대한 기록을 잘 남기지 않는 습성이 있다. 특히 부인(어머니)에 대해서는 더욱 그러하다. 그런데 오윤상의 큰고모는 계모의 훌륭한 사실을 기록으로 남기고 조카인 오윤상에게 이 사실을 글을 써서 남겨줄 것을 부탁하였으며, 오윤상은 마음씨착하고 훌륭한 큰고모가 시댁이 불행하여 남편과 자식, 어린 손자가 차례로 세상을 떠나자, 큰고모의 행적을 기록하여 후세에 남겼던 것이다. 그것도 겨우 37세에 죽으면서 말이다.

그리고 필자는 여기에 한 가지 부연하여 옛날 분들의 사상을 밝히려 한다. 〈최씨 부인의 행적〉의 내용 중 '내 아들을 대신 데려가고 우리 큰딸을 살려 달라.'는 말은 남아 선호 사상이 없어지고 서구문명이 발달한 지금 사람들의 사고로는 도저히 이해할 수 없는 내용이다.

그러나 옛날 분들은 동서고금을 막론하고 사람의 운명은 하늘에게 달려 있다고 생각하였으며, 훌륭한 사람이 일찍 죽는 것은 자신의 조상이나 천상(天上)의 옥황상제가 그 사람이 필요하여 데려간다고 여겼다.

그리하여 주(周)나라의 무왕(武王)이 어린 아들을 두고 병환이 위독하자, 성인(聖人)으로 알려진 무왕의 아우 주공(周公)은 자기 아버지 문왕(文王)과 할아버지 왕계(王季), 그리고 증조할아버지 태왕(太王)의 세 제단(祭壇)을 만들고 무왕 대신 자신을 데려가 달라고 기도했던 것이다. 이것이 오늘날 전하는 《서경(書經)》의 〈금등(金縢)〉인 바, '금등'은 이 축책문(祝冊文; 기도한 내용을 적은 축문)을 쇠사슬로 엮어둔 데에서 이름 붙여진 것이다.

요즘은 낯모르는 남의 고아를 입양(入養)하여 잘 길러주는 양부모도 얼마든지 있다. 부부간에 사별을 하였든 생이별을 하였든 해서 어쩔 수 없이 서로 만난 계모와 전처 소생의 자녀들은 상대방을 적대시하지 말고 서로 돌보아 아껴주어 화목한 가정이 되기를 진심으로 바라는 바이다.

문헌 소개

【ㄱ】

고려사(高麗史) 조선 초기에 편찬된 고려시대의 기전체(紀傳體) 역사책. 세가(世家) 46권, 지(志) 39권, 연표 2권, 열전 50권, 목록 2권 총 139권으로 되어 있다. 1392년(태조 1) 태조의 명으로 시작되어 태종·세종을 거쳐, 1451년(문종 1)까지 59년 동안 만들고 수정되었다. 그러나 고려 전기와 중기는 기록이 매우 소략함을 면치 못하였다.

공사견문록(公私見聞錄) 조선 효종의 부마(駙馬) 정재륜(鄭載崙, 1648~1723)이 궁중에 출입하면서 공적·사적으로 견문한 것을 기록한 책. 필사본. 4책. 효종·현종·숙종·경종의 4대에 걸친 가언 선행(嘉言善行)과 경계해야 할 일을 적은 것이다. 정지현(鄭之賢)의 서문(1701)과 정행원(鄭行源)의 발문(1708)이 있다.

기재잡기(寄齋雜記) 조선 인조 때의 문신 박동량(朴東亮)이 지은 역사책. 필사본. 7권 1책. 조선 초부터 명종에 이르는 역대의 야사(野史)를 기술하였으며, 《대동야승(大東野乘)》에 수록되어 있다. 제1권은 조선 초부터 연산군까지, 제2권은 중종, 제3권은 중종부터 명종까지의 구전(口傳)되는 일화와 기타 사실(史實)들을 기록하고, 저술자의 의견도 간간이 삽입하였다. 정사(正史)에 빠진 채 전해지는 기사(奇事)를 포함하여 명인들의 전기(傳記) 및 시사(時事)와의 관계도 보충하였다.

【ㄷ】

대동기문(大東奇聞) 1925년 서울 한양서원(漢陽書院)에서 조선시대의 인물들에 얽힌 일화를 모은 책. 신활자본. 4권 1책. 구한말 진사 강효석(姜斅錫)이 편찬하고 윤영구(尹甯求)와 이종일(李鍾一)이 교정하여 출간하였다. 배극렴(裵克廉)이 태조에게 국새(國璽)를 바치고 방석(芳碩)을 세자로 추대한 일로부터 을사조약 후 민영환(閔泳煥)의 자결에 이르는 총 716항의 사건이 각 왕조별 순서에 따라 수록되어 있으며, 부록으로 고려 말에 절개를 지킨 인물들에 대한 98항이 실려 있다. 그러나 옛날부터 전해오는 기이한 이야기를 그대로 기록하다 보니, 사실과 맞지 않는 부분도 없지 않다.

대동야승(大東野乘) 조선시대의 패관(稗官) 문학서(文學書). 필사본. 72권 72책. 편자·간년 미상. 수록된 저서가 57종 130권에 달하는 방대한 분량이다. 조선 개국 초부터 인조 때까지 약 250년 동안에 나온 역사 관계의 만록(漫錄)·야사(野史)·일기·전기·수필·설화(說話) 등의 저술과 역대 왕조의 일사(逸事) 및 명인들의 일화(逸

話)·소담(笑談) 등이 광범위하게 수집되어 있다. 당파를 초월하여 다양하게 채집됨으로써 여러 사화(士禍)와 당파의 분열 및 임진왜란과 병자호란을 연구하는 데 중요한 사료(史料)이다. 또, 당시의 풍속과 세정을 널리 살필 수 있다.

동국여지승람(東國輿地勝覽) 조선 성종 때의 지리서(地理書). 성종(成宗)의 명에 따라 노사신(盧思愼)·양성지(梁誠之)·강희맹(姜希孟) 등이 명나라의 《대명일통지(大明一統志)》를 참고하고 세종 때의 《신찬팔도지리지(新撰八道地理志)》를 대본으로 하여 편찬하였다. 성종 12년(1481)에 50권이 완성되었고, 성종 17년에 다시 증산(增刪)·수정하여 35권이 간행되었다. 그 후 연산군 5년에 개수(改修)를 거쳐 중종 25년(1530)에 이행(李荇) 등의 증보판이 나왔는데, 이것을 《신증동국여지승람(新增東國輿地勝覽)》이라고 한다.

동사강목(東史綱目) 조선 후기 순암(順菴) 안정복(安鼎福)이 고조선부터 고려말까지를 다룬 역사책. 필사본. 20권 20책. 서술 체제는 편년체(編年體)이며, 본편 17권, 부록 3권으로 되어 있다. 안정복이 1756년(영조 32)에서 1758년 사이에 초고를 완성하였고, 22년이 지난 1778년(정조 2)에 완성되었다. 편찬하는 과정에서 《삼국사기》·《고려사》·《해동제국기(海東諸國紀)》 등 43종과 《사기》·《한서》를 비롯한 중국 서적 17종 등 광범위한 자료들을 참고, 비교, 검토하는 고증학적 연구방법을 사용하여, 조선시대 대표적인 역사서로 평가되고 있다.

【ㅁ】

목민심서(牧民心書) 조선시대의 문신이자 실학자 다산(茶山) 정약용(丁若鏞)이 고금(古今)의 여러 책에서 지방관의 사적을 가려 뽑아 치민(治民)에 대한 도리(道理)를 논술한 책. 필사본. 48권 16책. 조선 후기의 지방 실정에 대한 사회경제사 연구에 귀중한 자료이다.

【ㅂ】

부계기문(涪溪紀聞) 조선 중기 인조 때 병조판서로서 팔도도원수·사도체찰사를 겸임하였던 김시양(金時讓, 1581~1643)이 보고 들은 것을 앞 시기의 인물과 정치상황을 중심으로 수록한 책. 필사본, 2권 1책. 《부계문기(涪溪聞記)》라고도 한다. 110개의 기사가 실려 있다. 부계는 함경도 종성(鍾城)의 다른 이름으로, 저자가 1612년(광해군 4)에 향시(鄕試)에 출제한 문제가 왕의 실정을 빗댄 것이라는 공격을 받아 그곳에 유배되었을 때 썼다. 노수신(盧守愼)·백인걸(白仁傑)부터 윤두수(尹斗壽)·윤근수(尹根壽)에 이르기까지 16세기에 활동한 문신들에 얽힌 일화를 중심으로 자유로이 해석과 평가를 붙였다.

【ㅅ】

사숙재집(私淑齋集) 강희맹(姜希孟, 1424~1483)의 시가와 산문을 엮어 12권 5책의 목활자로 간행한 시문집이다. 1805년(순조 5) 후손들에 의해 무장(茂長) 선운사(禪雲寺)에서 간행되었다. 권두에 서거정(徐居正)의 구서(舊序)와 권말에 10대손 주선(柱善)의 발문이 있다. 국립중앙도서관, 고려대학교도서관 등에 소장되어 있다.
강희맹의 호 '사숙재(私淑齋)'에는 특별한 의의가 있다. 그의 형 희안(希顏)은 안자(顏子)가 되기를 희망한다는 뜻이고, 희맹(希孟)은 맹자(孟子)와 같은 분이 되기를 희망한다는 뜻이다. 《맹자》〈이루 하(離婁下)〉에 "나는 공자의 문도가 될 수 없었으나 다른 사람에게서 사숙하였다.[子未得爲孔子徒也, 予私淑諸人也.]"라고 한 맹자의 말씀이 보인다. 사숙은 공자처럼 훌륭한 분을 직접 사사하지 못하고 그의 제자 등에게 배워 좋은 사람이 됨을 이른다. 여기의 '사숙재'는 자신이 맹자처럼 옛 성현을 사숙한다는 뜻도 되고 자신이 맹자를 사숙한다는 뜻도 될 듯하다. 옛날 분들이 자(字)를 이름과 연결시켜 짓는 경우는 자주 있었으나 호를 이름과 연결시킨 경우는 드물었다.

삼국사기(三國史記) 고려시대 김부식(金富軾) 등이 기전체(紀傳體)로 편찬한 삼국의 역사서. 구성은 크게 본기(本紀) 28권, 지(志) 9권, 연표(年表) 3권, 열전(列傳) 10권으로 이루어졌다. 1145년(인종 23) 국왕의 명령을 받은 김부식의 주도 아래 최산보(崔山甫) 등 8명의 참고(參考)와 김충효(金忠孝) 등 2명의 관구(管勾)가 편찬하였다. 이들은 자료의 수집과 정리에서 함께 작업했지만, 〈진삼국사기표(進三國史記表)〉와 머리말, 논찬(論贊) 및 사료의 선택, 인물의 평가 등은 김부식이 직접 했을 것으로 여겨진다.

송남잡지(松南雜識) 조선 후기의 학자 조재삼(趙在三)의 저서. 필사본. 14책. 규장각 도서. 일종의 백과사전으로 천문(天文)·인사(人事)를 비롯한 동·식물 등의 33개 부문으로 나누어 각 부문에 관계되는 사항을 모아 서술하였다. 권1은 천문·세시(歲時)·지리·국호(國號)·역년(歷年)·외국, 권2는 농정(農政)·어렵(漁獵)·가옥·의식(衣食)·재보(財寶)·집물(什物), 권3은 방언(方言), 권4는 계고(稽古)·이기(理氣)·인물·조시(朝市), 권5는 화약(花藥)·초목·음악·기술·구기(拘忌), 권6은 인사·가취(嫁娶)·상제(喪祭)·성명(性命)·과거(科擧)·문방(文房)·무비(武備), 권7은 선불(仙佛)·상이(祥異)·충수(蟲獸)·어조(魚鳥) 등으로 분류하였다. 권3의 방언은 국어 연구의 주요한 자료이다.

【ㅇ】

연려실기술(燃藜室記述) 조선 후기의 학자 이긍익(李肯翊, 1736~1806)이 지은 조선시대 야사총서(野史叢書). 필사본. 59권 42책. 저자가 부친의 유배지인 신지도(薪智島)에서 42세 때부터 저술하기 시작하여 타계(他界)할 때까지 약 30년 동안에 걸쳐 완성하였다. 400여 가지에 달하는 야사에서 자료를 수집·분류하고 원문을 그대로 기록하였다. 이 책은 객관적인 기사본말체(記事本末體)로 기록되었다는 점과 사견(私見)이 조금도 가해지지 않은 불편부당(不偏不黨)의 공정한 필치로 엮어졌다는 점에서 역사서의 백미(白眉)라 할 수 있다.

오산설림(五山說林) 조선 중기에 오산(五山) 차천로(車天輅, 1556~1610)가 지은 시화(詩話)·수필집. 《오산설림초고(五山說林草藁)》라고도 한다. 조선 초부터 선조 때까지의 조선조 명인(名人)들의 일화(逸話)·사적(事蹟)·시화(詩話) 등을 비롯하여 중국 시문(詩文)에 대한 평어(評語)를 실었는데, 특히 성종 때의 군신(君臣)에 관한 이야기가 많이 들어 있다. 《대동야승(大東野乘)》·《광사(廣史)》·《시화총림(詩話叢林)》 등에 실려 있다. 김려(金鑢)의 정사발문(淨寫跋文)이 실려 있다.

용재총화(慵齋叢話) 조선시대의 문신·학자인 성현(成俔)의 수필집. 활자본. 3권 3책. 1525년(중종 20)에 경주에서 간행. 내용은 문담(文談)·시화(詩話)·서화(書畵)에 대한 이야기와 인물평(人物評)·사화(史話)·실력담(實歷談) 등을 모아 엮은 것으로, 문장이 아름다운 조선시대 수필문학의 백미(白眉)이다. 고려에서 조선 성종 대에 이르기까지 형성·변화된 민간 풍속이나 문물제도·문화·역사·종교·예술 등 문화발전을 다루고 있어 민속학이나 구비문학(口碑文學) 연구의 자료로서 중요하다.

율곡일기(栗谷日記) 율곡(栗谷) 이이(李珥)가 명종~선조 연간의 17년간 경연(經筵)에서 강론한 내용을 적은 《경연일기(經筵日記)》를 말한다. 필사본. 1책. 《석담일기(石潭日記)》라고도 한다. 율곡의 친필로 되어 있는 이 책은 저자가 임금에게 경적(經籍) 등을 진강(進講)한 내용을 수록한 것으로, 당시의 주요 사건과 인물들에 관해 소상히 기록하고 있다.

이순록(二旬錄) 조선시대의 무신 구수훈(具樹勳, 1685~1757)의 저서. 구수훈은 영조 때 함경도병마절도사, 통제사(統制使), 황해도병마절도사, 경기도수군절도사, 좌포도대장(左捕盜大將) 등을 지냈다.

일월록(日月錄) 춘파일월록(春坡日月錄)의 약칭으로 보인다. 《춘파일월록》 참조.

【ㅈ】

자해필담(紫海筆談) 조선 중기의 문신 김시양(金時讓 1581~1643)의 수필집. 필사본. 1책. 정치인·명인(名人)·고구(故舊)의 일화 및 한국의 고사(故事) 등을 수록하였으며, 간혹 중국 문헌에 보이는 고사와 한국의 고사에 대한 저자의 평어(評語)를 붙였다. 《대동야승(大東野乘)》권71에도 실려 있다.

지봉집(芝峰集) 조선 중기의 학자·문신인 지봉(芝峯) 이수광(李睟光)의 시문집. 목판본. 34권10책. 1633년(인조 11) 아들 성구(聖求)·민구(敏求) 형제가 편집, 간행하였다. 대부분이 시집이고, 문은 잡저 이하 몇 편에 불과하나 자료로서 귀중한 가치가 있다.

【ㅊ】

청성잡기(靑城雜記) 조선 후기의 학자 성대중(成大中, 1732~1812)의 잡록집(雜錄集). 필사본. 1책. 성대중은 서얼(庶孼) 출신이었으나, 영조의 탕평책에 편승한 서얼통청운동으로 청직(淸職)에 임명되었으며, 박지원(朴趾源)·박제가(朴齊家)·유득공(柳得恭)·이덕무(李德懋) 등과 교유관계를 가졌다. 내용은 취언(揣言)·질언(質言)·성언(醒言)의 세 부분으로 나누어져 있다. 취언이란 '헤아려 쓴 말'이라는 뜻으로 10편의 중국 고사에 평론이 붙어 있다. 질언이란 '딱 잘라 한 말'이라는 뜻으로 댓구로 이루어진 120여 항의 격언(格言)을 모아 놓은 것이며, 성언이란 '깨우치는 말'이라는 뜻으로 100여 편의 국내 야담을 모아 놓았다.

청야만집(靑野漫輯) 고려 말부터 조선 숙종 때까지의 역사적 사건을 엮은 책. 필사본. 25책. 1739년(영조 15) 이희겸(李喜謙)이 저술한 것으로, 책머리에 아동교양용이라고 밝혔다. 고려 공민왕 때 신돈(辛旽)의 난정(亂政)부터 시작하여 조선 역대의 역사적 대사건들을 추려서 비교적 상세하고 정확하게 서술하였다. 등장인물의 행적을 시대마다 간추려 실었는데, 특히 사화(士禍) 관계, 단종 퇴위(端宗退位)와 사육신(死六臣)의 충절 관계, 연산군의 학정(虐政), 임진(壬辰)·병자(丙子)의 국난 관계와 동서(東西) 분당을 비롯하여 노소(老少) 분당에 이르기까지의 당쟁 관계 등을 자세히 기록하였다.

춘파일월록(春坡日月錄) 조선 현종~숙종 연간의 문신 춘파 이성령(李星齡, 1632~?)이 엮은 야사(野史). 조선 태조 이래 1638년(인조 16)에 이르기까지의 조선 초기·중기의 역대 사실(史實)을 편년체로 엮었다.

【ㅌ】

택당집(澤堂集) 조선시대의 문신 택당(澤堂) 이식(李植, 1584~1647)의 시문집. 원집 10권과 속집 6권 및 별집 18권으로 구성되어 있다.

【ㅎ】

해동소학(海東小學) 조선 후기 박재형(朴在馨)이 펴낸 책. 《소학》의 가언 선행(嘉言善行)을 모방하여 고려 때부터의 명유(名儒), 석보(碩輔), 유일(遺逸), 의사(義士), 숙원(淑媛) 등의 언행을 적어 엮었다. 6권 2책.